公立幼稚園教諭・保育士採用試験対策シリーズ

# 2025年度

専門試験

# 保育士
# (認定こども園)

## 大分市・中津市

協同教育研究会 編

本書には，保育士採用試験を徹底的に分析したうえで，ポイント，演習問題，解説を掲載しています。また，演習問題には，以下のように５段階で難易度を示しています。問題に取り組む際の参考にしてください。

**難 易 度**

■□□□□　非常にやさしい
■■□□□　やさしい
■■■□□　普通
■■■■□　難しい
■■■■■　非常に難しい

本書に掲載されている資料や法令文の標記・基準は，2024年２月現在の情報を掲載しています。

# まえがき

本書は，大分市・中津市の公立保育士(認定こども園)採用試験を受験する人のために編集されたものである。

保育士は，0歳から小学校就学までの乳児・幼児に対して，年齢に応じた指導を行うことをその職務とする。具体的には，健康状態のチェック，遊び，絵画，音楽や運動など，心身の発達を伸ばす保育を行うものである。その他には，環境整備（清掃を含む），園児の行動記録など，仕事の範囲は多岐に渡る。

保育士試験は，その職務を全うできる有為な人材を，幅広い範囲から登用するために，公務員試験の原則に則り，公開平等の原則によって実施される。すなわち，一定の基準点に達すれば合格する資格試験とは根本的に違い，有資格者であれば，誰にでも門戸が開かれた選抜競争試験である。そのため毎年，多数の人が受験している人気職種である。

このような保育士という職務の重要性を鑑み，激烈な関門を突破するためには，まず自分の適性・素養を確かめると同時に，試験内容を十分に研究して対策を講じておく必要があろう。

本書はその必要性に応え，公立保育士採用試験で出題される「専門試験」，「論作文試験」，「面接試験」について，最近の出題傾向を徹底分析した上で，ポイント，問題と解説などを加えたものである。これによって短期間で学習効果が現れ，自信をもって試験に臨むことができよう。

公立保育士をめざす方々が本書を十分活用され，難関を突破して目標を達成されることを心からお祈りする。

協同教育研究会

＊目次＊

# 第 1 章

# 大分市・中津市の公立保育士（認定こども園）

# 試験概要

令和５年度（夏）

# 大分市職員採用試験案内

【申込受付期間】　令和５年　４月１日(土)～令和５年　４月26日(水)
【第１次試験日】　令和５年　５月８日(月)～令和５年　５月28日(日)

インターネットでお申し込みください。

申込みはこちらから➡ 

【お知らせ】

・第１次試験は、テストセンター方式により、教養試験（SCOA-A）のみ実施します。
・第２次試験において、専門試験または作文試験等を実施します。

※テストセンター方式とは、全国約300か所以上の試験会場でコンピュータを使用し、受験者が希望する会場・日時で受験できるテスト方式です。
試験会場は、次のURL（https://cbt-s.com/testcenter/?type=cbt）からご確認ください。

【募集する試験職種等】

| 試験職種 | 区分 | 記号 | お問合せ先 |
|---|---|---|---|
| 事務職（障がい者を含む） | Ⅰ種 | A | 〒870-8504<br>大分市荷揚町２番31号<br>**大分市総務部　人事課**<br>☎（直通）097－537－5604<br>☎（代表）097－534－6111（内線1141） |
| 事務職【福祉】 | Ⅰ種 | B | |
| 事務職B【化学】 | Ⅰ種 | C | |
| 事務職【心理】 | Ⅰ種 | D | |
| 土木 | Ⅰ種 | E | |
| 建築 | Ⅰ種 | F | |
| 電気 | Ⅰ種 | G | |
| 機械 | Ⅰ種 | H | |
| 農業 | Ⅰ種 | I | |
| 林業 | Ⅰ種 | J | |
| 造園 | Ⅰ種 | K | |
| 保育教諭 | Ⅱ種 | L | |
| 獣医師 | Ⅰ種 | M | |
| 薬剤師 | Ⅰ種 | N | |
| 臨床検査技師 | Ⅰ種 | O | |
| 保健師 | Ⅰ種 | P | |
| 栄養管理士 | Ⅰ種 | Q | |
| 現業職A | Ⅲ種 | R | |
| 現業職B | Ⅲ種 | S | |
| 現業職（高崎山） | Ⅲ種 | T | |
| 消防士<br>※男女共通の試験区分となります | Ⅰ種 | U | 〒870-0044<br>大分市舞鶴町一丁目１番１号<br>**大分市消防局　総務課**<br>☎（直通）097－532－2188<br>☎（代表）097－532－2187（内線327） |

## 1. 募集する職種及び人員

| 試験職種 | 職務内容 | 試験区分 | 採用予定者数※ |
|---|---|---|---|
| 事務職 | 市の一般行政事務に従事します。 | Ⅰ種 | 30名（障がい者を含む） |
| 事務職【福祉】 | 市の福祉事務及び一般行政事務に従事します。 | Ⅰ種 | 3名 |
| 事務職B【化学】 | 市の環境衛生等の化学分析及び環境衛生関係法等に関する業務又は一般行政事務に従事します。 | Ⅰ種 | 1名 |
| 事務職【心理】 | 市の心理相談事務及び福祉業務又は一般行政事務に従事します。 | Ⅰ種 | 1名 |
| 土木 | 市の専門業務等に従事します。<br>例として土木工事の計画、設計（製図・積算）、施工監理等が挙げられます。 | Ⅰ種 | 7名 |
| 建築 | 市の専門業務等に従事します。<br>例として建築工事の計画、設計（製図・積算）、施工監理等が挙げられます。 | Ⅰ種 | 2名 |
| 電気 | 市の専門業務等に従事します。<br>例として電気設備工事の計画、設計（製図・積算）、施工監理等が挙げられます。 | Ⅰ種 | 2名 |
| 機械 | 市の専門業務等に従事します。<br>例として機械設備工事の計画、設計（製図・積算）、施工監理等が挙げられます。 | Ⅰ種 | 3名 |
| 農業 | 市の専門業務等に従事します。<br>例として農業に関する知識・技術の普及指導、研究等が挙げられます。 | Ⅰ種 | 2名 |
| 林業 | 市の専門業務等に従事します。例として林業に関する知識・技術の普及指導、研究等が挙げられます。 | Ⅰ種 | 1名 |
| 造園 | 市の専門業務等に従事します。例として公園や緑地の新設・維持管理等が挙げられます。 | Ⅰ種 | 1名 |
| 保育教諭 | 市の保育所、認定こども園又は幼稚園等において、専門的業務に従事します。 | Ⅱ種 | 5名 |
| 獣医師 | 市の専門業務に従事します。<br>例として保健所に勤務し、狂犬病予防法等に関する業務、食品衛生の監視・指導業務等が挙げられます。 | Ⅰ種 | 1名 |
| 薬剤師 | 市の専門業務に従事します。<br>例として保健所に勤務し、薬事法等に関する業務、食品衛生の監視・指導業務等が挙げられます。 | Ⅰ種 | 1名 |
| 臨床検査技師 | 市の専門業務に従事します。例として保健所に勤務し、衛生検査等の業務に従事します。 | Ⅰ種 | 2名 |
| 保健師 | 市の専門業務に従事します。<br>例として保健所に勤務し、健康づくり、母子保健等の業務に従事します。 | Ⅰ種 | 1名 |
| 管理栄養士 | 市の管理栄養士としての業務や食品衛生の監視・指導業務等に従事します。 | Ⅰ種 | 1名 |
| 現業職A | 市のごみ収集、し尿収集及び葬斎場等での作業に従事します。 | Ⅲ種 | 4名 |
| 現業職B | 市立小学校、保育所、認定こども園において、給食調理等の業務に従事します。 | Ⅲ種 | 1名 |
| 現業職（高崎山） | サルの生態に関するガイド・山中でのサルの誘導・一般事務・入園受付等、高崎山自然動物園に係る業務全般に従事します。 | Ⅲ種 | 1名 |
| 消防士 | 消防署等において、警防、救急等消防業務全般に従事します。 | Ⅰ種 | 2名 |

※採用予定者数は、変更になることがあります。

## 2. 受験資格

※大分市では、学歴区分でなく、年齢区分により試験を実施しています。

| 試験職種 | 試験区分 | 記号 | 受験資格 |
|---|---|---|---|
| 事務職 | Ⅰ種 | A | 平成８年４月２日から平成14年４月１日までに生まれた人 |
| 事務職［障がい者］ | Ⅰ種 | A | 平成５年４月２日から平成14年４月１日までに生まれた人で、身体障がい、知的障がい、精神障がい、その他の心身の機能の障がいがある人 |
| 事務職【福祉】 | Ⅰ種 | B | 平成８年４月２日から平成14年４月１日までに生まれた人で、社会福祉士の資格を有する人（令和５年度実施の国家試験で取得見込みの人を含む） |
| 事務職B【化学】 | Ⅰ種 | C | 平成８年４月２日から平成14年４月１日までに生まれた人で、化学の専門的知識・技能を有する人 |
| 事務職【心理】 | Ⅰ種 | D | 平成５年４月２日から平成12年４月１日までに生まれた人で、臨床心理士又は公認心理士の資格を有する人（令和６年３月31日までの資格取得見込みの人を含む） |
| 土木 | Ⅰ種 | E | 平成５年４月２日から平成14年４月１日までに生まれた人で、土木の専門的知識・技能を有する人 |
| 建築 | Ⅰ種 | F | 平成５年４月２日から平成14年４月１日までに生まれた人で、建築の専門的知識・技能を有する人 |
| 電気 | Ⅰ種 | G | 平成５年４月２日から平成14年４月１日までに生まれた人で、電気の専門的知識・技能を有する人 |
| 機械 | Ⅰ種 | H | 平成５年４月２日から平成14年４月１日までに生まれた人で、機械の専門的知識・技能を有する人 |
| 農業 | Ⅰ種 | I | 平成５年４月２日から平成14年４月１日までに生まれた人で、農業の専門的知識・技能を有する人 |
| 林業 | Ⅰ種 | J | 平成５年４月２日から平成14年４月１日までに生まれた人で、林業の専門的知識・技能を有する人 |
| 造園 | Ⅰ種 | K | 平成５年４月２日から平成14年４月１日までに生まれた人で、造園の専門的知識・技能を有する人 |
| 保育教諭 | Ⅱ種 | L | 平成5年4月2日から平成16年4月1日までに生まれた人で、次の全ての条件を満たす人<br>・保育士の資格を有する人<br>（令和６年３月31日までの資格取得見込みの人を含む）<br>・幼稚園教諭一種、二種又は専修免許状を有する人<br>（令和６年３月31日までの免許取得見込みの人を含む） |
| 獣医師 | Ⅰ種 | M | 平成５年４月２日から平成12年４月１日までに生まれた人で、獣医師の免許を有する人（令和５年度実施の国家試験で取得見込みの人を含む） |
| 薬剤師 | Ⅰ種 | N | 平成５年４月２日から平成12年４月１日までに生まれた人で、薬剤師の免許を有する人（令和５年度実施の国家試験で取得見込みの人を含む） |
| 臨床検査技師 | Ⅰ種 | O | 平成５年４月２日から平成14年４月１日までに生まれた人で、臨床検査技師の免許を有する人（令和５年度実施の国家試験で取得見込みの人を含む） |
| 保健師 | Ⅰ種 | P | 平成５年４月２日から平成14年４月１日までに生まれた人で、保健師の免許を有する人（令和５年度実施の国家試験で取得見込みの人を含む） |
| 管理栄養士 | Ⅰ種 | Q | 平成５年４月２日から平成14年４月１日までに生まれた人で、管理栄養師の免許を有する人（令和５年度実施の国家試験で取得見込みの人を含む） |
| 現業職A | Ⅲ種 | R | 平成５年４月２日から平成10年４月１日までに生まれた人 |
| 現業職B | Ⅲ種 | S | 平成５年４月２日から平成10年４月１日までに生まれた人で、調理師の免許を有する人（令和６年３月31日までの取得見込みの人を含む） |
| 現業職（高崎山） | Ⅲ種 | T | 平成５年４月２日から平成14年４月１日までに生まれた人 |
| 消防士 | Ⅰ種 | U | 平成8年4月2日から平成14年4月1日までに生まれた人で、次の全ての身体条件を満たす人<br>［身体条件］<br>・視力（矯正視力を含む）が、両眼で１．０以上、かつ、一眼でそれぞれ０．５以上であること。<br>・赤色、青色、黄色の識別ができること。<br>・聴力が正常であること。<br>・四肢いずれも正常であること。 |

### (1) 重複受験（併願）について

この試験においては、**いずれかひとつの試験職種を選択**してください。複数の試験職種を併願することはできません。

### (2) 日本国籍の有無について

**消防士は日本国籍を有する人**としますが、その他の職種は日本国籍の有無を問いません。ただし、永住者又は特別永住者に限ります。永住許可又は特別永住許可を申請中の人は、令和６年３月31日までに永住者又は特別永住者の在留資格を取得できないときは、この試験に合格しても採用される資格を失うものとします。

日本国籍を有しない人の採用後の担当業務等については、「９．その他」の項を熟読してください。

### (3) 採用要件について

**次の場合は、この試験に合格しても採用される資格を失うものとします。**

①事務職【福祉】、獣医師、薬剤師、臨床検査技師、保健師又は管理栄養士の受験者で、令和５年度実施の国家試験で該当する資格・免許を取得見込みの人が、その国家試験に合格しない場合

②事務職【心理】、保育教諭又は現業職Ｂの受験者で、令和６年３月31日までに資格要件である免許又は資格を取得見込みの人が、その免許又は資格を取得できない場合

※大分市職員採用試験申込書や試験に関する調査書類等に記載漏れや不実記載がある場合、この試験に合格しても採用される資格を失う場合がありますので注意してください。

### (4) 欠格事由について

**次のいずれかに該当する人（地方公務員法第16条該当者）は、この試験を受験できません。**

①禁錮以上の刑に処せられ、その執行を終わるまで又はその執行を受けることがなくなるまでの人

②大分市において懲戒免職の処分を受け、当該処分の日から２年を経過しない人

③日本国憲法施行の日以後において、日本国憲法又はその下に成立した政府を暴力で破壊することを主張する政党その他の団体を結成し、又はこれに加入した人

### (5) 居住要件について（消防士に限る。）

消防士については、採用後は業務の都合上、市内又は最寄りの署所まで徒歩８時間以内で参集可能な区域に居住することを原則とします。

## 3. 試験日程、内容及び合格発表

**【第 1 次試験】**

**(1) 日 程 等**

① 試　験　日　**令和5年5月8日（月曜日）～令和5年5月28日（日曜日）**
② 会　　場　**各地に設置されたテストセンター会場のうちから受験者が選択する会場**

| 【市内の会場】 | ①　大分オアシステストセンター（大分市高砂2-50 OASISひろば21 3階）<br>②　ハロー！パソコン教室　フレスポ春日浦校（大分市王子北町5-9 フレスポ春日浦2階） |
|---|---|

※　テストセンター会場は、47都道府県に約300か所以上設置されています。
**利用可能な会場については、次のURL(https://cbt-s.com/testcenter/?type=cbt)からご確認ください。**

※　障がい者等で配慮等が必要な人（車椅子を使用する人、ルーペ等の補装具等を持込使用する人等）は、申込みの際、試験等の配慮欄にその旨を記入するとともに、総務部人事課までその旨を連絡してください。
また、障がい等の理由によりテストセンターでの受験が困難な場合は、総務部人事課までご相談ください。

**(2) 内　　容**

| 試験種目 | 試験内容 | 対象者 | 試験時間 | 出題範囲 |
|---|---|---|---|---|
| **教養試験** | 一般的知識及び知能について択一式による試験（試験区分別） | 受験者全員 | 60分 | 【択一式】(Ⅰ種:大卒程度、Ⅱ種:短卒程度、Ⅲ種:高卒程度)文書読解能力、数的能力、論理的思考能力、人文・社会、自然等に関する一般知識、基礎英語等 |

**(3) 合 格 発 表**

発表時期は、6月上旬から中旬です。第1次試験期間終了後（5月29日（予定））に専用サイト（インターネットによる申込等をするサイトです。）のマイページにて発表日時をお知らせします。
発表方法は、次のとおりです。
①　市役所前の掲示場に合格者の受験番号を掲示
②　市ホームページに合格者の受験番号を掲載
③　専用サイトのマイページにてお知らせ
なお、不合格者には、専用サイトのマイページにて、得点、順位等試験成績をお知らせします。

**【第 2 次試験】**

**(1) 日 程 等**

① 試　験　日　**6月下旬から7月上旬**
※　第1次試験の合格者を対象とします。詳しい試験日程・試験会場等は、別途合格者に通知します。指定した日時に集合しなかった場合は、試験を辞退したものとみなします。

**(2) 内　　容**

| 試験種目 | 試験内容 | 対象者 |
|---|---|---|
| **専門試験** | 専門的知識、能力、技術等について択一式又は記述式による筆記試験（詳細は、次頁参照） | 第1次試験合格者（現業職A・B・高崎山及び消防士を除く。） |
| **作文試験** | 主として現状把握力、課題解決力、文章表現力等についての筆記試験（試験時間は、60分） | 第1次試験合格者（現業職A・B・高崎山及び消防士に限る。） |
| **体力試験** | 職務遂行に必要な体力についての測定 | 第1次試験合格者（現業職A・B・高崎山及び消防士に限る。） |
| **適性検査** | 公務員として必要な適性を有するかどうかについての性格検査 | 第1次試験合格者全員 |
| **面接試験** | 主として集団面接による性格等の試験 | |

専門試験の内容

| 試験種目 | 対象者 | 試験時間 | 出題範囲 |
|---|---|---|---|
| 専門試験 | 事務職〈Ⅰ種〉[障がい者を含む] | 120分 | 【択一式】<br>憲法、行政法、民法、経済学、財政学、社会政策、政治学、行政学、国際関係 |
| | 事務職【福祉】〈Ⅰ種〉 | 90分 | 【択一式】<br>社会福祉概論（社会保障及び介護等を含む。）、社会学概論、心理学概論 |
| | 事務職B【化学】〈Ⅰ種〉 | 120分 | 【択一式】<br>数学・物理、物理化学、分析化学、無機化学・無機工業化学、有機化学・有機工業化学、化学工学 |
| | 事務職【心理】〈Ⅰ種〉 | 120分 | 【択一式】<br>一般心理学（心理学史、発達心理学、社会心理学を含む。）、応用心理学（教育心理学、産業心理学、臨床心理学）、調査・研究法、統計学 |
| | 土木〈Ⅰ種〉 | 120分 | 【択一式】<br>数学・物理、応用力学、水理学、土質工学、測量、土木計画（都市計画を含む。）、材料・施工 |
| | 建築〈Ⅰ種〉 | 120分 | 【択一式】<br>数学・物理、構造力学、材料学、環境原論、建築史、建築構造、建築計画（都市計画、建築法規を含む。）、建築設備、建築施工 |
| | 電気〈Ⅰ種〉 | 120分 | 【択一式】<br>数学・物理、電磁気学・電気回路、電気計測・制御、電気機器・電力工学、電子工学、情報・通信工学 |
| | 機械〈Ⅰ種〉 | 120分 | 【択一式】<br>数学・物理、材料力学、流体力学、熱力学、電気工学、機械力学・制御、機械設計、機械材料、機械工作 |
| | 農業〈Ⅰ種〉 | 120分 | 【択一式】<br>栽培学汎論、作物学、園芸学、育種遺伝学、植物病理学、昆虫学、土壌肥料学、植物生理学、畜産一般、農業経済一般 |
| | 林業〈Ⅰ種〉 | 90分 | 【記述式】<br>森林経営、森林科学、測量、林産物利用等 |
| | 造園〈Ⅰ種〉 | 90分 | 【記述式】<br>造園学原論、造園材料・施工、造園管理、造園計画・設計（都市・地方計画を含む。）、造園関連基礎、生物学概論、生態学等 |
| | 保育教諭〈Ⅱ種〉 | 90分 | 【択一式】<br>社会福祉・子ども家庭福祉（社会的養護を含む。）、保育の心理学、教育学・教育法規、保育原理・保育内容、子どもの保健<br>※障害児保育については、上記いずれかの分野で出題することがあります。 |
| | 獣医師〈Ⅰ種〉 | 90分 | 【記述式】<br>獣医療の基本的事項、獣医学の基本的事項、衛生学に関する事項、獣医学の臨床的事項等 |
| | 薬剤師〈Ⅰ種〉 | 90分 | 【記述式】<br>物理・化学・生物、衛生、薬理、薬剤、病態・薬物治療、法規・制度・倫理、実務等 |
| | 臨床検査技師〈Ⅰ種〉 | 90分 | 【記述式】<br>医用工学概論（情報科学概論及び検査機器総論を含む。）、公衆衛生学（関係法規を含む。）、臨床検査医学総論（臨床医学総論及び医学概論を含む。）、臨床検査総論（検査管理総論及び医動物学を含む。）、病理組織細胞学、臨床生理学、臨床化学（放射性同位元素検査技術学を含む。）、臨床血液学、臨床微生物学、臨床免疫学等 |
| | 保健師〈Ⅰ種〉 | 90分 | 【択一式】<br>公衆衛生看護学、疫学、保健統計学、保健医療福祉行政論 |
| | 管理栄養士〈Ⅰ種〉 | 90分 | 【記述式】<br>社会・環境と健康、人体の構造と機能及び疾病の成り立ち、食べ物と健康、基礎栄養学、応用栄養学、栄養教育論、臨床栄養学、公衆栄養学、給食経営管理論等 |

体力試験の内容

| 試験種目 | 対象者 | 試験時間 | 試験内容 |
|---|---|---|---|
| 体力試験 | 現業職A・B・高崎山〈Ⅲ種〉 | | 上体おこし、反復横とび、立幅とび |
| | 消防士〈Ⅰ種〉 | | 上体おこし、反復横とび、立幅とび、1500m走（男性）・800m走（女性） |

⑶　**合 格 発 表**

発表時期は、７月中旬です。発表日時は、第２次試験当日にお知らせします。

発表方法は、次のとおりです。

①　市役所前の掲示場に合格者の受験番号を掲示

②　市ホームページに合格者の受験番号を掲載

③　専用サイトのマイページにてお知らせ

なお、不合格者には、専用サイトのマイページにて、総合得点、順位等試験成績をお知らせします。

## 【第 3 次 試 験】

⑴　**日　程　等**

①　試　験　日　　**7月下旬から８月上旬**

※　第２次試験の合格者を対象とします。詳しい試験日程・内容等については、別途合格者に通知します。指定した日時に集合しなかった場合は、試験を辞退したものとみなします。

⑵　**内　容　等**

| 試験種目 | 試　験　内　容 | 対　象　者 |
|---|---|---|
| 面　接　試　験 | 主として個別面接による性格等の試験 | 第２次試験合格者全員 |

⑶　**合 格 発 表**

発表時期は、８月上旬です。発表日時は、第３次試験当日にお知らせします。

発表方法は、次のとおりです。

①　市役所前の掲示場に合格者の受験番号を掲示

②　市ホームページに合格者の受験番号を掲載

③　専用サイトのマイページにてお知らせ

なお、合格者へは合格通知文書を郵送します。また、不合格者には、専用サイトのマイページにて、総合得点、順位等試験成績をお知らせします。

## 【　配　点　】

・第１次試験合格者は、第１次試験の総合得点の高い順に決定します。

・第２次試験合格者は、第２次試験の総合得点の高い順に決定し、第１次試験の成績は反映されません。

・最終合格者は、第３次試験の総合得点の高い順に決定し、第２次試験の成績は反映されません。

| 職　種 | 第１次試験 | 第２次試験 | | | | 第３次試験 |
|---|---|---|---|---|---|---|
| | 教養試験 | 専門試験 | 集団面接 | ／ | 適性検査 | 個人面接 |
| 下記以外の職種 | 100点 | 400点 | | | | 240点 |
| | | 100点 | 300点 | ／ | − | |

| 職　種 | 第１次試験 | 第２次試験 | | | | 第３次試験 |
|---|---|---|---|---|---|---|
| | 教養試験 | 作文試験 | 集団面接 | 体力試験 | 適性検査 | 個人面接 |
| 現業職Ａ・Ｂ・高崎山 | 100点 | 430点 | | | | 240点 |
| | | 100点 | 300点 | 30点 | − | |

| 職　種 | 第１次試験 | 第２次試験 | | | | 第３次試験 |
|---|---|---|---|---|---|---|
| | 教養試験 | 作文試験 | 集団面接 | 体力試験 | 適性検査 | 個人面接 |
| 消防士 | 100点 | 560点 | | | | 240点 |
| | | 100点 | 300点 | 160点 | − | |

### ※災害時等の情報提供について

災害時（台風・地震等）等の際は、試験の実施に関する連絡事項を大分市のホームページ「職員採用情報」に掲載するとともに、専用サイトのマイページにてお知らせします。

## 4. 受 験 申 込 み

【申込受付期間】

**令和５年４月１日（土曜日）～４月26日（水曜日）（24時間申し込むことができます。）**

【申込方法】

**インターネットでお申し込みください。**

**インターネットによる申込みが困難な方は、総務部人事課までご相談ください。**

※　申込締切直前は、サーバーが混み合うことなどにより申込みに時間がかかるおそれがありますので、余裕をもって早めに申込手続を行ってください。

※　システムの保守・点検等を行う必要がある場合又は重大な障害その他やむを得ない理由が生じた場合は、事前の通知を行うことなく、本システムの運用の停止、休止、中断又は制限を行うことがありますので、あらかじめご了承ください。また、このために生じた申込みの遅延等には一切の責任を負いません。

## 5. 申込みの際添付する書類

| 職　種 | 添付書類 | 備　考 |
|---|---|---|
| 事務職【福祉】 | 社会福祉士登録証の写し | PDF 形式のファイル（データサイズは最大３MB）を添付してください。 |
| 事務職【心理】 | 臨床心理士資格証又は公認心理師登録証の写し | |
| 保育教諭 | 次の全ての書類を添付してください。<br>①保育士資格証明書の写し<br>②幼稚園教諭普通免許状の写し | |
| 獣医師 | 該当する職種の免許証の写し | |
| 薬剤師 | | |
| 臨床検査技師 | | |
| 保健師 | | |
| 管理栄養士 | | |
| 消防士 | 次の全ての書類を添付してください。<br>①身体検査証明書・体力試験用診断書<br>※試験案内にある本市指定の様式で提出してください。<br>②自動車運転免許証の写し<br>※保有していない人は、身体検査証明書・体力試験用診断書の「色の識別」の診断が必要です。 | ＜申し込み時に必要なデータ＞<br>（各々**最大３MB、PDF 形式**）<br>・「身体検査証明書・体力試験用診断書」※医療機関による発行<br>・自動車運転免許証の写し<br>＜郵送が必要な書類＞<br>・「身体検査証明書・体力試験用診断書」（原本）<br>＜送付先＞<br>〒870-0044　大分県大分市舞鶴町一丁目１番１号<br>大分市消防局総務課 |

※　**資格等取得見込証明書の添付は不要です。**

※　日本国籍を有しない人は、在留カードの写し等、**在留資格を証する書類**が別に必要です。

## 6．第１次試験予約方法

① **受付期間（４月26日（水））終了後**、１週間以内を目途に、記載されたメールアドレスへ受験会場等の予約メールを送信します。

事前に、専用サイトのマイページにて予約メールの送信日時をお知らせします。

② 予約メールに記載しているURLから予約サイトにログインし、第１次試験の日時と会場を予約してください。（予約サイトにログインするためのログインIDとパスワードについても、予約メールに記載し送信します。）

③ 受験予約完了後、業務委託業者（@cbt-s.com）から受験予約完了のメールが配信されますので、予約内容をご確認ください。

また、受験予約日の２日前に受験日時等の案内メールが送信されます。

※ ログインIDとパスワードの再発行は行っておりませんので、大切に管理してください。

※ **一度行った受験予約は、受験日の前日の午後２時まで変更することができます。**

**また、予約した受験日に受験できない場合は欠席となり、いかなる理由があっても受験の再予約はできませんのでご注意ください。**

※ 試験当日は、必ず顔写真付きの本人確認証（運転免許証、学生証、社員証、マイナンバーカード等）を忘れずに持参してください。

※ **各日の受験できる人数には制限がありますので、早めに受験予約をしてください。**

※ テストセンター会場へのお問い合わせはできません。

## 7．採用及び給与等

| | |
|---|---|
| 採　　用 | 第３次試験合格者は原則として令和６年４月１日付けで採用予定ですが、それより前（令和５年10月１日付けなど）に採用されることもあります。<br>なお、国家試験の合格発表が令和６年４月１日以降になるものについては、その合格後に採用予定となります。 |
| 給与等 | ※以下の内容は、令和５年４月１日現在における状況です。<br>① 初任給<br>【獣医師、薬剤師、消防士以外】<br>Ⅰ種（192,000円）、Ⅱ種（173,400円）、Ⅲ種（163,600円）<br>【獣医師】<br>Ⅰ種（218,100円）のほか、初任給調整手当（30,000円）、特殊勤務手当（6,700円）あり<br>【薬剤師】<br>Ⅰ種（218,100円）<br>【消防士】<br>Ⅰ種（201,700円）<br>※初任給は、学歴・職歴等により別途算定される場合があります。<br>② 諸手当<br>扶養手当、住居手当、通勤手当、期末手当、勤勉手当、時間外勤務手当等が、それぞれの規定により支給されます。 |

※ 地方公務員法第22条の規定により、原則として採用の日から６か月の期間は条件付採用期間とし、その間の勤務成績が良好な場合に正式採用となります。

## 8．試験区分

職員採用試験の試験区分における概要は、次のとおりです。

| 試験区分 | 説　　　明 |
|---|---|
| Ⅰ　種 | 一般的にいう「地方上級」程度の試験です。 |
| Ⅱ　種 | 一般的にいう「地方中級」程度の試験です。 |
| Ⅲ　種 | 一般的にいう「地方初級」程度の試験です。 |

## 9．その他

日本国籍を有しない人の採用後の担当業務等は、次のようになります。

1．任用（採用）後従事する業務等は、**「公権力の行使」**に該当する業務又は**「公の意思の形成への参画」**にたずさわる職以外の業務・職となります。

**＊「公権力の行使」とは、住民の権利義務を直接変動させ、又はその範囲を確定する効果を法律上認められている行為など、住民の権利義務に直接具体的な効果を及ぼす行為を指し、公権力の行使にあたる業務の例は次のとおりです。**

（例）　①　税の賦課・徴収（市民税、固定資産税、国民健康保険税等）
②　社会福祉施設などの施設指導監査
③　公害防止のための立入検査等
④　保健所における医務薬事関連法に関する事務
⑤　産業廃棄物の処理に関する許可、指導
⑥　計量法による計量器の検査及び立入検査
⑦　公設地方卸売市場における業者への許可
⑧　道路法における道路の占用許可、通行禁止等
⑨　屋外広告物の設置許可
⑩　建築確認審査、建築許可
⑪　都市計画法による都市計画決定に関すること
⑫　都市公園の占用許可
⑬　下水道事業の監理・監督
⑭　公職選挙法による選挙関係事務
⑮　土地収用法による土地の取得

**＊「公の意思の形成への参画」とは、地方公共団体の企画、立案、決定に直接たずさわることを指し、公の意思の形成への参画にあたる業務の例は次のとおりです。**

（例）　全市的な事務事業の企画、財政、人事等の担当部署において、これらの業務の担当者となること。

2．昇任については、参事級までは日本国籍を有する職員と同様です。課長級以上への昇任は、専決権を持つ職は公の意思の形成への参画にあたるため、**専決権を有しない職への昇任**となります。

※　詳しいことにつきましては、総務部人事課へお問い合わせください。

## 令和4年度大分市職員採用試験実績

| 試験職種 | 試験区分 | 実施時期 | 受験者 | 1次合格 | 2次合格 | 最終合格 | 倍率 |
|---|---|---|---|---|---|---|---|
| 事務職 | 1種 | 夏 | 447 (6) | 117 (0) | 65 (0) | 45 (0) | 9.9 |
| | 2種 | 秋 | 241 (4) | 80 (1) | 29 (0) | 19 (0) | 12.7 |
| | 3種 | 秋 | 138 (2) | 33 (0) | 11 (0) | 9(0) | 15.3 |
| 事務職(福祉) | 1種 | 夏 | 21 | 12 | 6 | 4 | 5.3 |
| 事務職B(化学) | 1種 | 夏 | 15 | 7 | 3 | 2 | 7.5 |
| 事務職（心理） | 1種 | 夏 | 2 | 2 | 2 | 1 | 2.0 |
| 土木 | 1種 | 夏 | 26 | 20 | 9 | 6 | 4.3 |
| | 2種 | 秋 | 1 | 1 | 1 | 1 | 1.0 |
| | 3種 | 秋 | 6 | 6 | 2 | 1 | 6.0 |
| 建築 | 1種 | 夏 | 8 | 5 | 1 | 1 | 8.0 |
| | 2種 | 秋 | 5 | 4 | 3 | 2 | 2.5 |
| | 3種 | 秋 | 3 | 3 | 3 | 3 | 1.0 |
| 電気 | 1種 | 夏 | 19 | 15 | 8 | 5 | 3.8 |
| 機械 | 1種 | 夏 | 13 | 9 | 4 | 2 | 6.5 |
| 農業 | 1種 | 夏 | 19 | 15 | 8 | 4 | 4.8 |
| 保育教諭 | 2種 | 夏 | 45 | 26 | 16 | 9 | 5.0 |
| 獣医師 | 1種 | 夏 | 1 | 1 | 1 | 1 | 1.0 |
| 薬剤師 | 1種 | 夏 | 2 | 2 | 2 | 1 | 2.0 |
| 保健師 | 1種 | 夏 | 27 | 12 | 8 | 7 | 3.9 |
| 現業職A | 3種 | 夏 | 16 | 14 | 8 | 6 | 2.7 |
| | | 秋 | 37 | 12 | 8 | 4 | 9.3 |
| 現業職B | 3種 | 秋 | 7 | 7 | 5 | 5 | 1.4 |
| 学校主事 | 3種 | 秋 | 18 | 8 | 4 | 1 | 18.0 |
| 土木（上下水道局） | 1種 | 秋 | 3 | 2 | - | - | - |
| | 2種 | 秋 | 1 | 1 | 1 | 1 | 1.0 |
| 電気（上下水道局） | 1種 | 秋 | 3 | 3 | 3 | 2 | 1.5 |
| 機械（上下水道局） | 1種 | 秋 | 6 | 4 | 2 | 1 | 6.0 |
| 消防士 | 1種 | 夏 | 74 | 15 | 8 | 4 | 18.5 |
| | 2種 | 秋 | 59 | 10 | 8 | 4 | 14.8 |
| | 3種 | 秋 | 73 | 10 | 8 | 5 | 14.6 |
| 総計 | | | 1,336(12) | 456(1) | 237 (0) | 156 (0) | 8.6 |

※（ ）内は障がい者の数で内数である。

大分市の自治体情報

**大分市**

# 第2期すくすく大分っ子プラン

すべての子どもがすこやかに
育つことができる大分市

# 第1章 計画の策定に当たって

## 1. 計画策定の背景と趣旨

少子化や地域コミュニティの希薄化、核家族化の進行などにより、子どもや子育ての環境が大きく変化する中、2012（平成24）年8月に、子ども・子育て支援法を始めとする「子ども・子育て関連3法」が成立し、子ども・子育て支援新制度が始まりました。新制度では「市町村子ども・子育て支援事業計画」の策定が求められており、本市では2015（平成27）年2月に現行の「すくすく大分っ子プラン」を策定し、この計画に基づき、子ども・子育て施策を推進してきました。

こうした中、国は、2016（平成28）年に「ニッポン一億総活躍プラン」を策定し、「希望出生率1.8」の実現に向け、働き方改革の推進や子育て環境の整備を掲げるとともに、その取組の一環として、女性の就業率80%に対応しうる保育の受け皿を整備することを目的とした「子育て安心プラン」を2017（平成29）年に公表し、待機児童解消に向けた取組を加速化させました。また、放課後児童対策として2019（令和元）年に「新・放課後子ども総合プラン」を策定し、放課後児童クラブの受け皿整備などを推進しているほか、子育て世帯の負担軽減として、2019（令和元）年10月から幼児教育・保育の無償化を実施しています。

また、同年、子どもの現在及び将来がその生まれ育った環境によって左右されることのないよう、「子供の貧困対策に関する大綱」の見直しを行い、取組の充実を図っています。さらに、痛ましい事件の続く児童虐待では、児童虐待防止法や児童福祉法を改正し親権者の体罰禁止を明文化するとともに、児童相談所の体制強化、関係機関の連携強化などを進めています。

本年度末に計画期間が満了する「すくすく大分っ子プラン」は、こうした国の動向及び大分県の取組、子どもや子育てを取り巻く社会情勢の変化などを踏まえて見直しを行うとともに、新たな課題への対策等についても計画に反映する中で「第2期すくすく大分っ子プラン」を策定いたしました。

## 2. 計画の対象

大分市子ども条例及び子ども・子育て支援法の規定に基づき、概ね18歳までの子どもとその保護者とします。

## 3. 計画の期間

本計画は2020（令和2）年度から2024（令和6）年度までの5年間を計画期間とします。なお、計画期間中においても、実状を踏まえながら、計画の見直しを行うこととします。

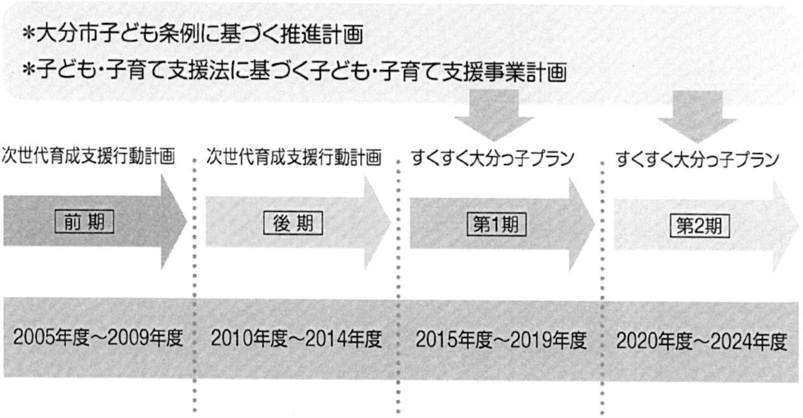

＊大分市子ども条例に基づく推進計画
＊子ども・子育て支援法に基づく子ども・子育て支援事業計画

| 次世代育成支援行動計画 | 次世代育成支援行動計画 | すくすく大分っ子プラン | すくすく大分っ子プラン |
|---|---|---|---|
| 前期 | 後期 | 第1期 | 第2期 |
| 2005年度～2009年度 | 2010年度～2014年度 | 2015年度～2019年度 | 2020年度～2024年度 |

## 4. 策定の方法

### ①策定体制

「第2期すくすく大分っ子プラン」の策定に当たり、計画に広く市民の意見が反映されるように公募による一般市民や、保健、福祉、教育の関係者、事業主及び労働者の代表、子育てに関する活動を行う地域活動団体関係者等で構成する「大分市子ども・子育て会議」でさまざまなご意見をいただきました。また、庁内組織として「すくすく大分っ子プラン庁内検討委員会」で具体的な施策の検討を行いました。

### ②市民の意見の反映

計画の策定に当たっては、子ども・子育て支援において希望するサービスの内容、子育てに対する意識や生活実態及び意見・要望を把握するため、就学前児童と小学生の保護者を対象に「大分市子育てに関するアンケート調査」を実施しました。また、中学生や高校生を対象に、結婚や子育てについての考え方などのアンケート調査を実施しました。

その他、子どもの生活環境や家庭の実態を把握し、子どもの貧困に係る基礎資料とすることを目的に、就学前児童の保護者、小学校5年生の児童とその保護者、中学校2年生の生徒とその保護者を対象にした「大分市子どもの生活実態調査」を実施しました。

計画素案の策定後には市民意見公募（パブリックコメント）を実施し、市民の意見を聴取し計画に反映させました。

# 5. 計画の位置づけ

本計画は、大分市子ども条例に基づく、子どもの育成に関する支援を総合的かつ計画的に推進するための計画であるとともに、子ども・子育て支援法に基づく、幼児期の教育・保育と地域子ども・子育て支援事業の提供体制の確保を図るための「市町村子ども・子育て支援事業計画」として策定するものです。また、次世代育成支援対策推進法*において策定を要するとされる事項や、子どもの貧困対策の推進に関する法律に基づく「子どもの貧困対策についての計画」としての項目についても盛り込んでいます。

なお、本計画の実施に当たっては、本市の市政運営の基本方針となる大分市総合計画を最上位計画とし、また、福祉分野において共通して取り組むべき事項を定めている大分市地域福祉計画や子育て支援の分野に関連する他の既存計画との整合性を図りながら推進します。

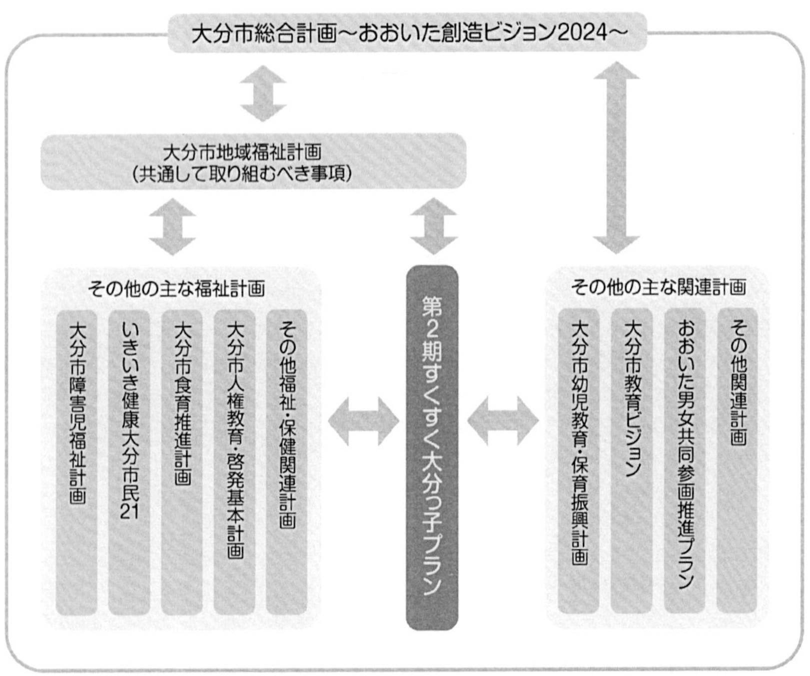

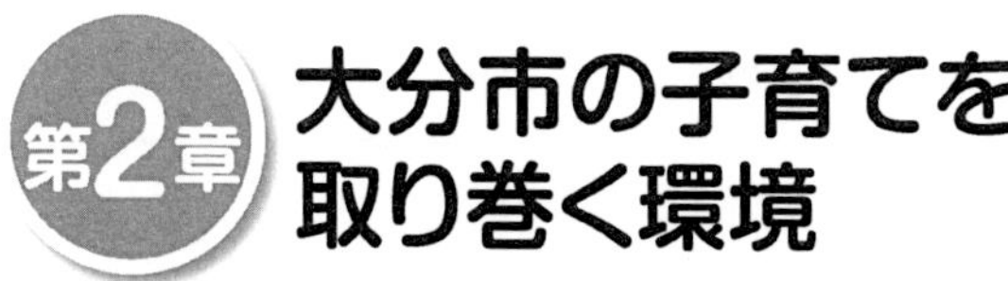


## 1. 出生数・合計特殊出生率の推移

本市の出生数は、2006（平成18）年から2013（平成25）年まで毎年およそ4,500人でほぼ横ばいの傾向でしたが、2014（平成26）年におよそ4,400人まで減少し、2017（平成29）年にはおよそ4,200人まで減少しました。

また、本市の合計特殊出生率*は、2005（平成17）年の1.33以降若干の増減を繰り返しながら上昇傾向にあり、2017（平成29）年は1.58となっています。全国の1.43と比較すると0.15ポイント高くなっていますが、人口置換水準*である2.06には及ばない状況であり、少子化の進行が予想されます。

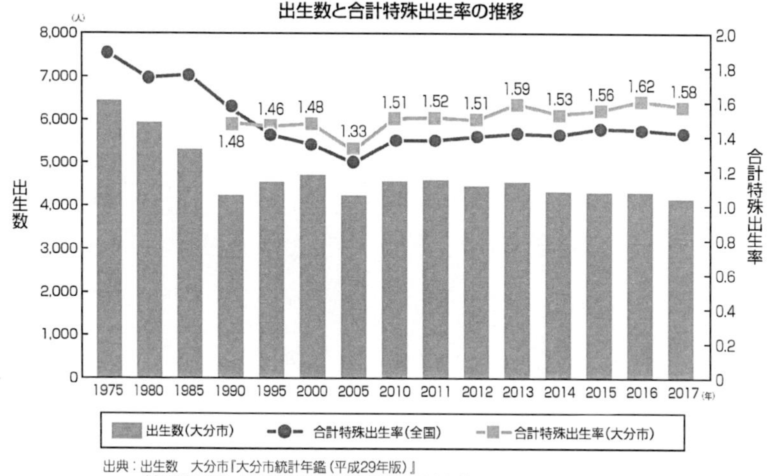


出典：出生数　大分市『大分市統計年鑑（平成29年版）』
合計特殊出生率　厚生労働省『人口動態統計』、大分市保健所

## 2. 人口推移と将来推計人口

本市の人口は、これまで年々増加してきましたが、2016（平成28）年以降、減少傾向にあります。また、今後の人口について、2015（平成27）年の国勢調査を基に2018（平成30）年に国立社会保障・人口問題研究所が公表した推計では、2020（令和2）年には479,341人、2025(令和7)年には476,205人とされ、その後も緩やかに減少していくことが見込まれています。

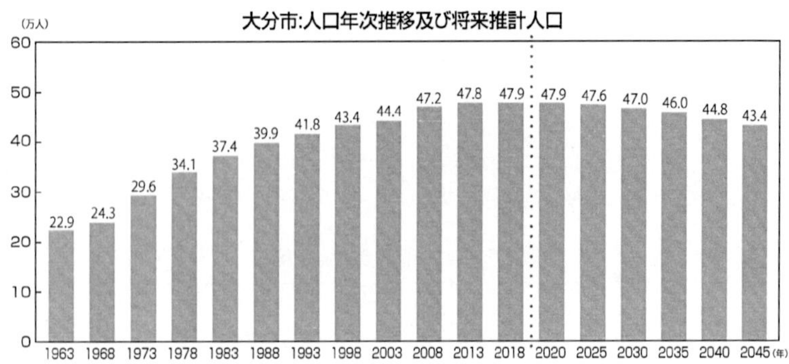


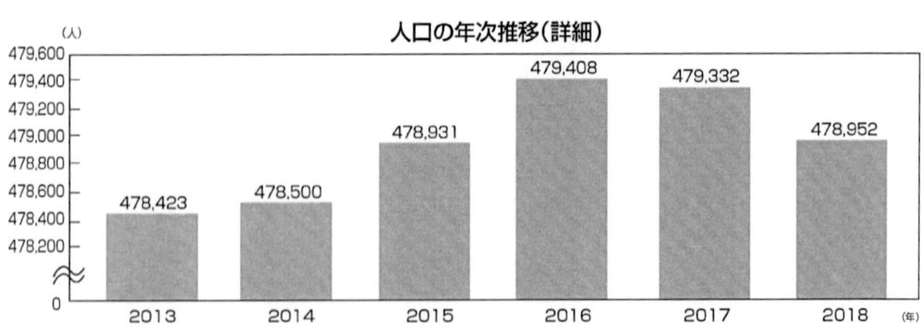


出典:実績値　大分市「住民基本台帳各年9月末」
推計値　国立社会保障・人口問題研究所「日本の地域別将来推計人口」
（平成30（2018）年3月推計）

# 3. 世帯人員の推移

本市の世帯数は一貫して増加傾向にあり、2018（平成30）年9月末現在で220,355世帯と、1968（昭和43）年と比較して3倍以上となっています。一方、一世帯当たりの人員は年々減少傾向にあり、2018（平成30）年9月末現在は1968（昭和43）年と比較しておよそ半数の2.2人となり、小規模化が進行しています。

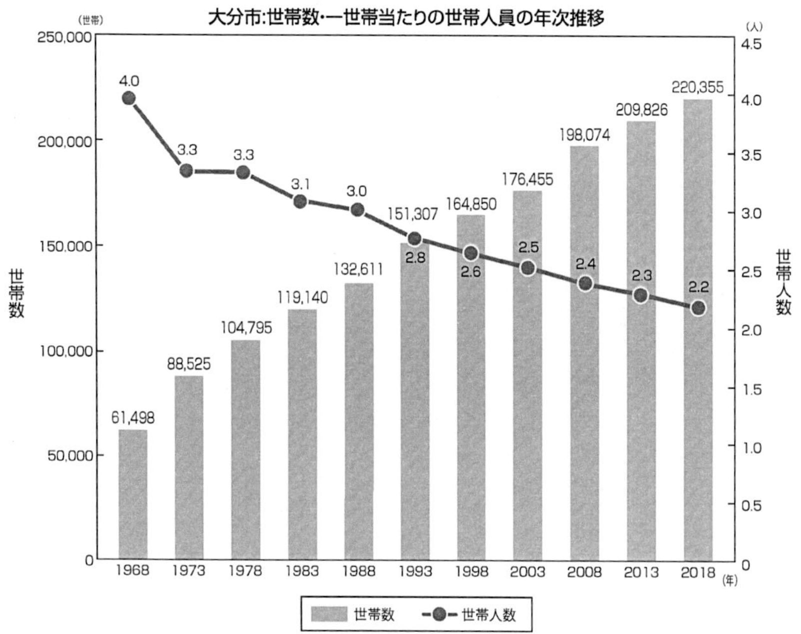


出典:大分市『住民基本台帳各年9月末』

# 4. 婚姻数・婚姻率と離婚数・離婚率の推移

本市の婚姻数は、2010（平成22）年の約2,800件から増減を繰り返しながら減少傾向にあります。また、離婚数は、2014（平成26）年以降平均930件ほどですが、離婚率は全国や大分県と比較すると、若干高くなっています。

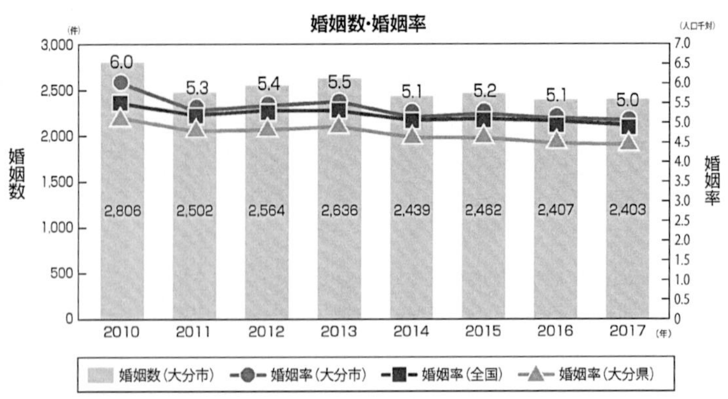


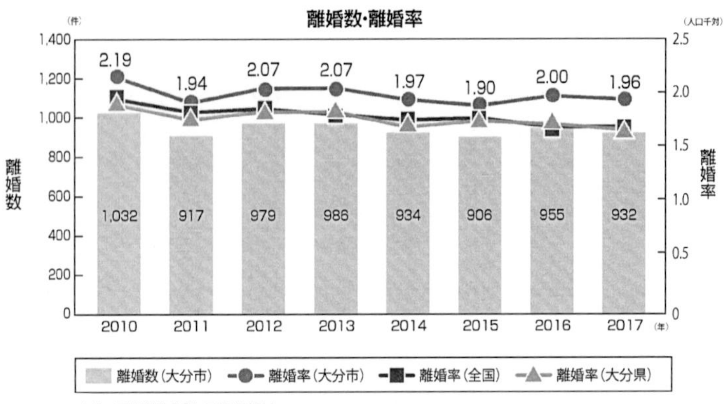


出典：厚生労働省『人口動態統計』

# 5. 未婚率の推移

本市の年齢5歳階級別未婚率は、2010（平成22）年と2015（平成27）年を比較すると、男女ともに20代前半から30代前半までは減少していますが、30代後半では、依然上昇傾向にあります。

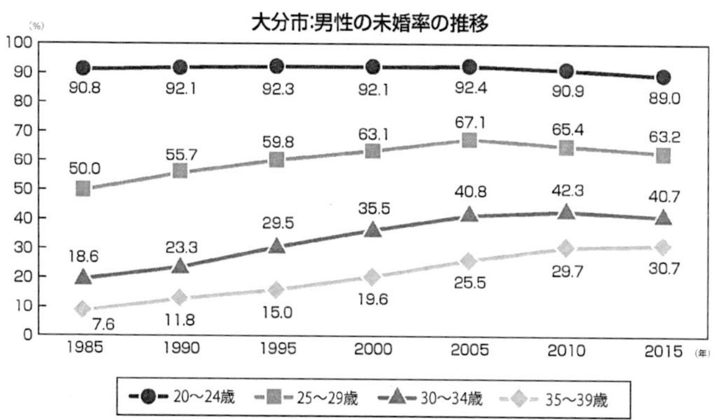


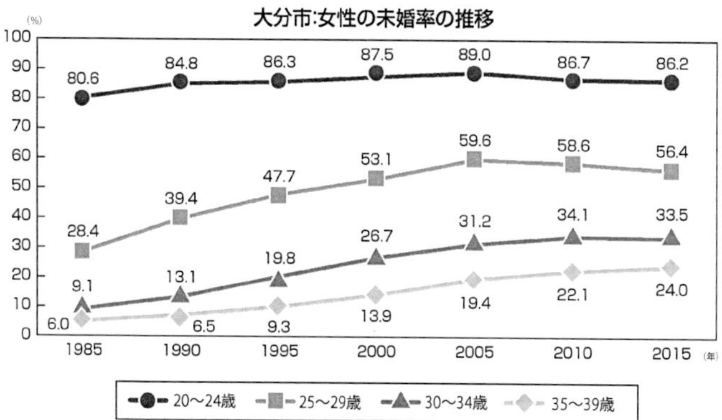


出典：総務省統計局「国勢調査」

# 6. 女性の労働力率

本市の女性の労働力率*を年齢別にみると、25〜29歳と45〜49歳を頂点とし、30〜34歳、35〜39歳で一旦沈みこむM字型を示しています。

一般に女性の就業率は、学校卒業後の年代で上昇し、その後、結婚·出産期に一旦低下し、子育てが落ち着いた時期に再び上昇するという、M字曲線を描くと言われています。

2010（平成22）年と2015（平成27）年を比べると、15〜19歳と80歳以上を除いてすべての年代で上昇しており、働いている、または働く意欲をもつ女性の割合は高まっています。

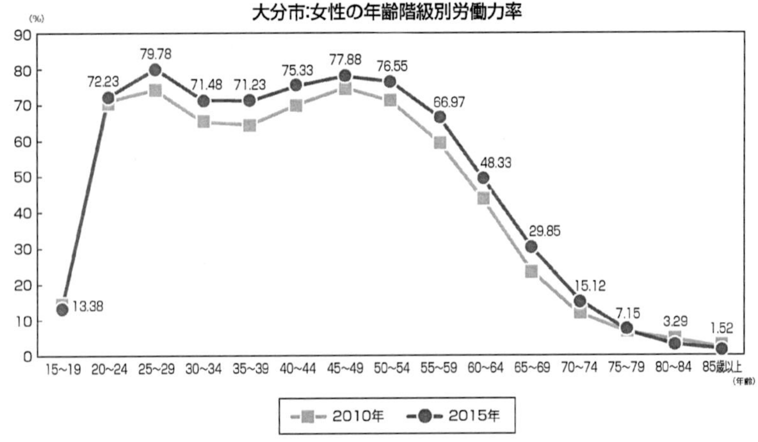


出典：総務省統計局「国勢調査」

# 7. 就学前の子どもを持つ夫の生活時間

大分県における就学前の子どもを持つ夫の家事・育児時間（1日当たり・週平均）は2011（平成23）年と2016（平成28）年を比較すると増加しており、男性の育児参加は若干進んでいます。一方、仕事時間も大分県では8分減少しており、九州では長崎県と並んで最も短くなっています。

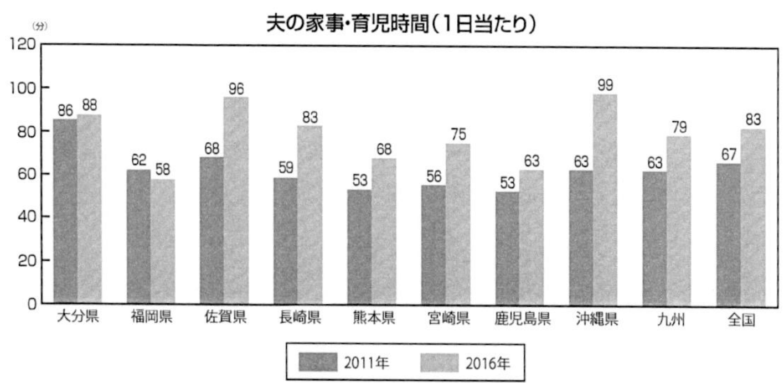


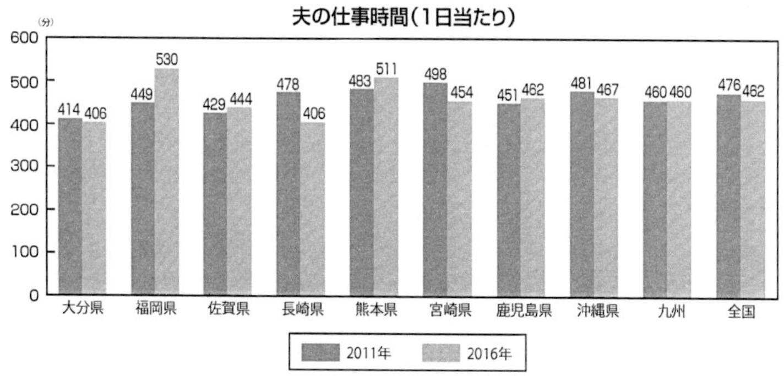


出典：総務省「社会生活基本調査」

# 計画の基本的な考え方

## 1. めざす姿

本市では、大分市子ども条例の趣旨及び子ども・子育て支援法の目的を踏まえ、「すべての子どもがすこやかに育つことができる大分市」を目指します。

**『すべての子どもがすこやかに育つことができる大分市』**

## 2. 基本理念

子どもは、未来をつくる社会の宝であり、一人ひとりが、様々な個性や能力、可能性を持ったかけがえのない存在です。

私たちは、子どもが家庭や学校等、地域のぬくもりと豊かな自然の中で、安全で安心して、伸び伸びと遊び、学び、集い、夢と希望を持ちながら、ふるさと大分を愛する心をはぐくみ、いきいき育ってほしいと願います。

しかしながら、就労の形態をはじめ、家族の形態が多様化する中、地域における住民同士のつながりが希薄になり、家庭や地域における子育て力が低下している面もあります。さらに、いじめや児童虐待、貧困問題など、子どもを取り巻く環境は、年々変化する中で、より複雑で厳しさを増している状況も見られます。

このような現状を見据え、子どもや子育て家庭を地域や社会全体で支援し、子どものすこやかな育ちを実現するために、以下の3項目を基本理念とします。

Ⅰ. 良質かつ適切な教育・保育・子育て支援を総合的に提供することで、子どもにとって最善の利益を目指す。

Ⅱ. 保護者が子育てに第一義的責任を有することを前提としつつ、地域や社会が寄り添い、支え合うことで保護者自身が親として成長することを目指す。

Ⅲ. 関係者が連携・協力しながら、地域や社会全体で、子どもの育ちを支える環境を整え、継続的に点検・評価し、改善に努める。

## 3. 基本的な視点

基本理念に基づき、「子ども」、「保護者」、「地域・社会」のそれぞれにおける視点をもとに施策の展開を図ることとします。

### ●子どもの視点

子育て支援サービスは、保護者のニーズや大人の視点のみで実施するのではなく、そのサービスにより影響を受ける子ども自身の視点を大切にする必要があります。また、子ども自らの「育つ力」を信じ、子どもの権利や主体性を尊重しながら、その育ちを支援することが望ましいことです。そのため、子どもにとっての利益が最大限尊重されるよう配慮した上で取組を進めます。

### ●親の育ちを支える視点

父母その他の保護者が、子育てについての責任を果たし、社会から孤立することなく、子育てを通じて喜びや楽しさを味わうことができるよう、地域や社会全体で父母その他の保護者を支えることが大切です。そのため母親・父親向けの教室・講座の開催や、地域で親子や世代を超えて、集い交流する場をつくり、保護者等が、安心して子育てができる環境を整備します。

### ●すべての子どもと家庭への支援の視点

子育て家庭や子どもの状況は非常に多岐にわたり、多様なニーズを持っています。広くすべての子どもと家庭への支援を行うに当たり、児童虐待や生活困窮世帯の増加等、子どもの抱える背景が多様化する中、子育てや貧困を家庭のみの責任とせず、子どもを第一に考えた適切な支援を包括的かつ早期に講じるよう関係機関の連携を強めながら、社会的養護体制をより充実するよう整備を進めることとします。

### ●身近な地域での支援の視点

子どもや子育て家庭にとっては、毎日の暮らしの中で、住まいのある身近な地域において、その育ちや子育てを支えられることが望まれます。そのため、こどもルームや幼稚園、保育所、認定こども園等が地域の子ども・子育て支援の中核的な役割を担うことにより、身近な地域で子育て支援サービスを受けられるよう体制を整備します。

### ●社会全体での支援の視点

社会のあらゆる分野におけるすべての構成員が、父母その他の保護者が子育てについて責任を有していることを前提としつつ、すべての子どものすこやかな成長を実現するという社会全体の目的を共有し、子どもの育ち及び子育て支援の重要性に対する関心と理解を深め、各々の役割を果たすことが重要です。そのため、行政のみならず、企業や地域住民などのさまざまな担い手と協働し、社会全体で子ども・子育てへの支援を推進します。

## 4. 施策の体系

**めざす姿**『すべての子どもがすこやかに育つことが

**基本理念**

Ⅰ. 良質かつ適切な教育・保育・子育て支援を総合的に提供することで、子どもにとって最善の利益を目指す

Ⅱ. 保護者が子育てに第一義的責任を有することを前提としつつ、地域や社会が寄り添い、支え合うことで保護者自身が親として成長することを目指す

Ⅲ. 関係者が連携・協力しながら、地域や社会全体で、子どもの育ちを支える環境を整え、継続的に点検・評価し、改善に努める

### 分野1 生まれる前から乳幼児期の支援

**目標1 妊娠・出産・育児の切れ目のない支援の充実**

①妊娠期から乳幼児期の相談体制の充実
B-1.妊婦健康診査事業　B-3.利用者支援事業

②親育ちのための支援の充実
B-2.乳児家庭全戸訪問事業　B-3.利用者支援事業

**目標2 乳幼児の発育・発達に向けた支援の充実**

①乳幼児期の健診・指導体制の充実
②食育の推進
③小児医療体制の確保

**目標3 乳幼児期における教育・保育の提供**

①認定こども園、幼稚園、保育所等の提供体制の確保
A-1.待機児童の解消
A-2.認定こども園の普及促進

②質の高い乳幼児期の教育・保育の提供
A-3.幼稚園教諭や保育士、保育教諭等の資質の向上
A-4.幼稚園教諭や保育士、保育教諭等の人材確保
A-5.家庭や地域と連携・協働した幼児教育・保育の充実
A-6.幼児教育から小学校教育への円滑な接続に向けた幼保小連携の推進
A-7.幼児教育・保育施設等の指導監督
B-13.多様な事業者の参入促進・能力活用事業

③保護者のニーズに応じた保育サービスの提供
B-3.利用者支援事業　B-4.一時預かり事業　B-5.延長保育事業
B-6.病児保育事業　B-7.子育て短期支援事業
B-8.子育てファミリー・サポート・センター事業

### 分野2 子どもの育ちや自立への支援

**目標4 「確かな学力」「豊かな心」「健やかな体」をバランスよく育成し、生きる力をはぐくむ学校教育の充実**

①確かな学力の定着・向上
②豊かな心の育成
③心身の健康の保持増進
④人権・同和教育の推進

**目標5 地域と一体となって子どもたちをはぐくむ「地域とともにある学校づくり」の推進**

①地域とともにある学校づくり
②放課後の居場所づくり
B-9.放課後児童クラブ事業

**目標6 安全・安心な学校づくりの推進**

①いじめ、不登校等への対策の充実
②危機管理体制の確立
③学校施設の整備・充実

**5つの視点を施策へ反映**

子どもの視点　親の育ちを支える視点

# できる大分市』

## 市町村子ども・子育て支援事業計画

A.幼児教育・保育の提供

B.地域子ども・子育て支援事業

1. 妊婦健康診査事業
2. 乳児家庭全戸訪問事業
3. 利用者支援事業
4. 一時預かり事業
5. 延長保育事業
6. 病児保育事業
7. 子育て短期支援事業
8. 子育てファミリー・サポート・センター事業
9. 放課後児童クラブ事業
10. 養育支援訪問事業
11. 地域子育て支援拠点事業
12. 実費徴収に係る補足給付を行う事業
13. 多様な事業者の参入促進・能力活用事業

C.子どもに関する専門的な知識及び技術を要する支援

D.労働者の職業と家庭生活の両立

## 分野3 配慮を要する子どもへの支援

### 目標7 子どもと家庭へのきめ細かな支援

①障がい等のある、またはその可能性のある子どもと家庭への支援
C. 子どもに関する専門的な知識及び技術を要する支援

②ひとり親家庭の自立支援
C. 子どもに関する専門的な知識及び技術を要する支援

③児童虐待の早期発見と対応の強化
B-10.養育支援訪問事業
C. 子どもに関する専門的な知識及び技術を要する支援

④相談体制の充実

### 目標8 子どもの貧困対策の充実

①生活困窮世帯の保護者への支援の充実
②生活困窮世帯の子どもへの支援の充実

## 分野4 社会全体での支援

### 目標9 子どもと子育てを支える社会づくり

①地域における子育て支援拠点の充実
B-11.地域子育て支援拠点事業

②地域住民との連携による子どもや家庭への支援推進

③子どもが安心して暮らせる地域づくりの推進

④経済的支援
B-12.実費徴収に係る補足給付を行う事業

### 目標10 仕事と子育ての両立支援

①ワーク・ライフ・バランスに向けた気運の醸成
D.労働者の職業と家庭生活の両立

②男性の育児参加の促進

③若者の自立支援

すべての子どもと家庭への支援の視点 | 身近な地域での支援の視点 | 社会全体での支援の視点

# 第4章 計画の推進体制

## 1. 計画推進の方策

計画的に事業を実施し、効果的・効率的な事業の推進を図るため、進行管理においては、PDCA（Plan－Do－Check－Action）サイクルの確立及び運営体制の整備等が必要とされます。

進行管理を適正に進めるためには、定期的に計画の達成度を評価するとともに、計画と実績の差異の要因分析と課題把握による適切な改善を行うことが必要です。

そのためPDCAサイクルによる進行管理のため、次のことを実施します。

① P=Plan(計画:事業計画の策定及び指標の設定)

- 基本施策ごとに、主な事業・取組を定め、進捗管理に必要な指標を設定します。
- 各担当課は、計画が効果的かつ効率的に実行されるよう調整します。
- 指標は、達成度を判定するために可能な限り具体的な内容であることとします。
- 庁内の組織である「すくすく大分っ子プラン庁内検討委員会」（以下『庁内検討委員会』という）や、外部の有識者で構成される「大分市子ども・子育て会議」において、計画を審議します。
- 計画における事業・取組・数値目標等については、市ホームページ等で公表します。

② D=Do（実行:計画の推進）

- 計画に基づき、事業や取組を実施・推進します。

③ C=Check（評価:進捗状況の評価）

- 個別の事業・取組について事業シートを作成して課題を把握し、それを整理し管理する体制を構築します。
- 庁内検討委員会や、大分市子ども・子育て会議において、実績を評価します。
- 指標の達成度を随時確認するとともに、利用者アンケートを実施するなど、実態把握に努めます。
- 市ホームページ等において目標達成状況等を公表します。

④ A=Action（改善:計画・目標等の見直しと改善）

- 庁内検討委員会、大分市子ども・子育て会議の評価により、柔軟に計画を見直し、改善を図ります。

※本計画では、複数の組織の施策を対象としています。そのため、これらの施策が相互に関連し合い、市民により良いサービスを提供できるよう、庁内関係各課の情報の共有、連携、調整を密接に図ります。

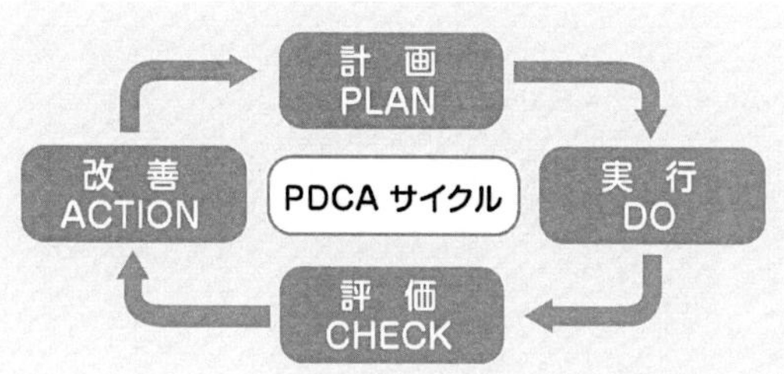


**大分市子ども・子育て会議**
●構成：外部有識者・各種団体の代表者・市民
●役割：進捗状況の評価・提言

進捗状況評価・提言

進捗状況の報告

**すくすく大分っ子プラン庁内検討委員会**
●構成：計画関係課　課長職
　　　　計画関係課作業部会
●役割：進捗状況の確認・内部評価
　　　　改善案の決定

進捗状況の公表

**市　民**

アンケート調査
意見募集

**事務局**
●構成：子ども企画課、子育て支援課
　　　　保育・幼児教育課、健康課、教育委員会
●役割：アンケート調査・市民意見募集
　　　　計画の進行管理・連携調整
　　　　進捗状況の把握・見直し

子ども・子育て支援法に基づく子ども・子育て支援事業は、第2部各論第1章の該当分野に掲載するとともに、第2章に事業計画をまとめて掲載しています。
いずれの場合も下の記号を付けています。
（ただし、「実費徴収に係る補足給付を行う事業」「多様な事業者の参入促進・能力活用事業」は量の見込み及び提供体制の確保を定めなくてもよいため、第2章には掲載していません）

## 市町村子ども・子育て支援事業計画

**A　幼児教育・保育の提供**

**B　地域子ども・子育て支援事業**

1. 妊婦健康診査事業
2. 乳児家庭全戸訪問事業
3. 利用者支援事業
4. 一時預かり事業
5. 延長保育事業
6. 病児保育事業
7. 子育て短期支援事業
8. 子育てファミリー・サポート・センター事業
9. 放課後児童クラブ事業
10. 養育支援訪問事業
11. 地域子育て支援拠点事業
12. 実費徴収に係る補足給付を行う事業
13. 多様な事業者の参入促進・能力活用事業

**C　子どもに関する専門的な知識及び技術を要する支援**

**D　労働者の職業と家庭生活の両立**

「第2期すくすく大分っ子プラン」より抜粋

# 令和5年度中津市職員採用試験案内

令和5年8月
中津市総務課人事係

募集職種

| 事務職、土木技師、電気技師、保健師、獣医師、<br>保育士、消防士･救急救命士 |
|---|

※中津市民病院勤務職種は、別途募集要項をご確認ください。

1次試験は公務員試験対策不要の総合適性検査(SCOA)を実施します。試験は受験者が選択するテストセンター(全国の指定会場)での受験となります。中津市役所での試験は行いませんのでご了承ください。

※一部職種についてはこの限りではありません。

中津市での活躍を希望する多くの皆さんの応募をお待ちしています。

受付期間　令和5年8月1日(火)
　　　　　～8月29日(火)午後5時15分
採用日　令和6年4月1日

(お問い合わせ先)　中津市総務課人事係
〒871－8501　大分県中津市豊田町14番地3
TEL　0979－62－9872

※受付期間後半は申請が混み合うことなどにより、申し込みに時間がかかる恐れがあります。不備があった場合も含め、締切日時を過ぎた申請は一切受付できませんので余裕をもって早めに申込手続きを行ってください。

## 1. 採用予定数・職務内容・受験資格

受験資格：学校教育法による高等学校卒業（令和6年3月末までの卒業見込み及び高等学校卒業程度認定試験（旧大検）合格を含む）以上の学歴を有する人のうち、職種に応じて以下の受験資格を有する人

<table>
<tr><th>募集職種</th><th>採用<br>予定数</th><th>職務内容</th><th>受験資格</th></tr>
<tr><td>事務職<br>（高校新卒）</td><td>1人程度</td><td>一般行政事務に従事します。</td><td>令和6年3月に学校教育法による高等学校を卒業見込みの人<br>※事務職（高校新卒）の受験資格を満たす方は、下記事務職①の受験枠に応募することはできません。</td></tr>
<tr><td>事務職①</td><td rowspan="4">あわせて<br>5人程度</td><td rowspan="2">一般行政事務に従事します。</td><td>平成6年4月2日以降に出生した人</td></tr>
<tr><td>事務職②</td><td>平成元年4月2日以降に出生した人で、かつ、令和5年7月末時点で下記いずれかの条件を満たす人<br>・民間企業等で正社員（正職員）として5年以上勤務経験を有する人<br>・社会福祉士及び介護福祉士法に規定する社会福祉士の資格を有し、民間企業等で社会福祉士として2年以上の勤務経験を有する人<br>・青年海外協力隊等として2年以上の国際貢献活動経験を有する人</td></tr>
<tr><td>事務職③</td><td>農業関係の専門業務の他、一般行政事務に従事します。</td><td>平成6年4月2日以降に出生した人で、かつ、学校教育法による大学、短大、高等専門学校または専門学校で農学科、農業コース等農業に関する専門課程を履修して卒業した人（採用日までに修了見込の人を含む）。</td></tr>
<tr><td>事務職④</td><td>アクアパークの管理・運営に関する業務の他、一般行政事務に従事します。</td><td>平成6年4月2日以降に出生した人で、次のいずれにも該当する人。<br>①全日本学生水上スキー選手権大会又は同等の全国大会に水上スキー、ウェイクボードの選手として、大会に出場し、個人種目で8位以上の実績があること（高等学校卒業以前の成績は除く）。<br>②2級小型船舶免許を有し、水上スキー、ウェイクボードの牽引経験を有する人</td></tr>
<tr><td>土木技師①</td><td rowspan="2">あわせて<br>1人</td><td rowspan="2">土木関係の専門業務等に従事します。</td><td>平成6年4月2日以降に出生した人で、土木課程を専攻し、かつ、修了した人（採用日までに修了見込の人を含む）</td></tr>
<tr><td>土木技師②</td><td>平成元年4月2日以降に出生した人で、民間企業等で正社員（正職員）の土木技術職として5年以上（令和5年7月末時点）の勤務経験を有する人</td></tr>
</table>

| 募集職種 | 採用予定数 | 職務内容 | 受験資格 |
|---|---|---|---|
| 電気技師① | あわせて1人 | 電気関係の専門業務等に従事します。 | 平成6年4月2日以降に出生した人で、電気課程を専攻し、かつ、修了した人(採用日までに修了見込の人を含む) |
| 電気技師② | | | 平成元年4月2日以降に出生した人で、民間企業等で正社員(正職員)の電気技術職として5年以上(令和5年7月末時点)の勤務経験を有する人 |
| 保健師 | 2人程度 | 保健師としての業務等に従事します。 | 平成元年4月2日以降に出生した人で、保健師助産師看護師法に規定する保健師の免許を有する人(採用日までに取得見込に人を含む) |
| 獣医師 | 1人 | 獣医師としての業務等に従事します。 | 昭和54年4月2日以降に出生した人で、獣医師法に規定する獣医師の免許を有する人(採用日までに取得見込の人を含む) |
| 保育士 | 1人程度 | 保育士としての業務等に従事します。 | 平成元年4月2日以降に出生した人で、保育士資格を取得し、保育士登録を行っている人(採用日までに登録見込の人を含む) |
| 消防士<br>救急救命士 | 2人 | 消防士または救急救命士としての業務等に従事します。 | 平成6年4月2日以降に出生した人で、次のいずれにも該当する人<br>①普通自動車(オートマチック車限定を除く)以上の運転免許を有する人(採用日までに取得見込の人を含む)<br>②視力(矯正視力を含む)が両眼で1.0以上、かつ、一眼でそれぞれ0.5以上ある人<br>③聴力が正常(難聴については、矯正等により業務の遂行に支障がないと認められる程度)な人<br>④救急救命士法に規定する救急救命士免許を有する人(採用日までに修了見込の人を含む)※救急救命士受験者のみ |

## 2. 受験できない人

(1)地方公務員法第16条に該当する人
・禁錮以上の刑に処せられ、その執行を終わるまでの者又はその執行を受けることがなくなるまでの人
・中津市職員として懲戒免職の処分を受け、その処分の日から2年を経過しない人
・日本国憲法施行の日以後において日本国憲法又はその下に成立した政府を暴力で破壊することを主張する政党その他の団体を結成し、又はこれに加入した人
(2)日本国籍を有しない人
(3)令和5年度に実施する他の中津市職員採用試験に現在出願している人
(※他の試験と同時に出願することはできません)
(4)令和5年度に実施した他の中津市職員採用試験に最終合格した人
(5)現在、中津市職員(会計年度任用職員、臨時的任用職員、任期付職員及び任期付短時間勤務職員を除く)として任用されている人

## 3. 試験日程

| 試験 | 職種 | 日程 |
|---|---|---|
| 第1次試験 | 獣医師・消防士・救急救命士 | 令和5年10月14日(土)、10月15日(日) |
| | 上記以外の職種 | テストセンター受験案内メール到着から9月19日までの間の任意の日 |
| 第2次試験 | 消防士・救急救命士 | 令和5年11月18日(土) |
| | 上記以外の職種(獣医師除く) | 令和5年10月14日(土)、10月15日(日) |
| 第3次試験 | 事務職 | 令和5年11月18日(土) |

※台風等気象状況の影響により試験日程を変更する場合があります。
試験日程の変更等については、採用管理システムのマイページを通じてお知らせます。
※市が指定する試験日程について、受験者の事情により変更することはできません。
※テストセンターでの受験者には、受験案内メールを送信します。同メールの指示にしたがって、都合の良い日時及び会場(テストセンター)を予約し、「能力検査」及び「性格検査」を受験してください。受験案内メールは9月1日(金)までに送信します。

## 4. 試験方法、内容等

【消防士・救急救命士以外】の試験方法、内容について

| 受験職種／試験方法 | 第1次試験 | 第2次試験 | 第3次試験 |
|---|---|---|---|
| 事務職 | 総合適性検査 | 集団討論、小論文 | 個人面接 |
| 獣医師 | 個人面接、専門試験 | ー | ー |
| 上記以外の職種 | 総合適性検査 | 個人面接、専門試験 | ー |

| 試験方法 | 試験内容 |
|---|---|
| 総合適性検査 | 中津市職員として必要な基本的資質を計る能力検査及び性格検査<br>※性格検査は、以降の面接試験時の参考資料とします。 |
| 専門試験 | 専門的知識、能力、技術等についての筆記試験 |
| 集団討論 | 集団討論による人物試験 |
| 小論文 | 知識、論理的思考、文章力等に関する筆記試験 |
| 個人面接 | 個人面接による人物試験 |

【消防士・救急救命士】の試験方法、内容について

| 試験 | 試験方法 | 試験内容 |
|---|---|---|
| 第1次試験 | 体力テスト | 職務の遂行に必要な体力の有無についての体力測定<br>（種目）<br>握力測定・立幅跳び・腕立伏臥腕屈伸・時間往復走・5分間走 |
| | 総合適性検査 | 中津市職員として必要な基本的資質を計る能力検査及び性格検査<br>※性格検査は、第2次試験の面接試験時の参考資料とします。 |
| | 消防適性検査A | 消防士・救急救命士として必要な適性についての性格検査 |
| | 消防適性検査B | 消防士・救急救命士として必要な適性についての認知能力検査 |
| 第2次試験 | 高所適性検査 | 職務の遂行に必要な高所への適性検査 |
| | 個人面接 | 個人面接による人物試験 |

**※消防士・救急救命士を受験される方は、総合適性検査はテストセンターではなく、市が指定する施設で受験していただきます。あらかじめご了承ください。**

## 5. 合格発表

| 対象者 | 発表時期 | 発表方法 |
|---|---|---|
| 第1次試験合格者 | 令和5年9月下旬～10月上旬 | 採用管理システムのマイページを利用して通知します。また、合格者の受験番号を中津市役所前の掲示板に掲示及び中津市ホームページに掲載します。 |
| 第2次試験合格者 | 令和5年10月下旬～11月上旬 | |
| 第3次試験合格者 | 令和5年12月上旬～12月中旬 | |

※合格発表日は、各試験実施の際にお伝えします。なお、**獣医師及び消防士・救急救命士は上記日程と異なりますのでご了承ください。**

## 6. 試験結果の開示

この採用試験の結果については、口頭で開示請求することができます。受験者本人が、本人であることを証明する書類（受験票及び運転免許証等）を持参のうえ、午前8時30分から午後5時15分までの間に中津市役所総務課へお越しください（土曜日、日曜日及び祝祭日を除く）。

なお、各試験種目には、それぞれ合格基準があり、一つでも基準に達しない場合は不合格となります。したがって、総合得点や順位が上位であっても不合格となる場合があります。

| 開示請求できる人 | 開示内容 | 開示期間 | 開示場所 |
|---|---|---|---|
| 試験不合格者（受験棄権者を除く） | 総合得点及び総合順位 | 合格発表の日から起算して1ヵ月間 | 中津市役所（本庁舎）4階　総務課 |

※電話での開示請求はできません。

## 7. 採用及び給与等

【合格から採用まで】

最終合格者は、令和5年度中津市職員採用候補者名簿に登載し、原則、令和6年4月1日以降、地方公務員法第22条に規定する条件付職員として採用します。

また、最終合格者のほかに補欠合格者を決定することがあります。補欠合格者は、欠員等が生じた場合に限り採用の対象になります。

なお、当採用試験に最終合格した場合でも、採用日前日（令和6年3月31日）までに受験資格を充たせなかった（規定する教育機関を卒業（修了）できなかった、必要資格を取得できなかった）方は、合格を取り消します。

【給 与 等】

(1)給料月額(令和5年4月1日現在の初任給の例)

| 職種区分 | 高卒 | 短大卒 | 大卒 |
|---|---|---|---|
| 事務職、土木技師、電気技師、保健師、保育士、消防士 | 159,200円 | 172,900円 | 192,000円 |
| ※参考 民間企業等職務経験者(前歴5年を加算した場合の一例) | 185,500円 | 201,700円 | 219,600円 |

※採用時点では、給料表改定などにより変更となる場合があります。また、学歴・職歴等前歴を有する者については、中津市職員等の給与に関する条例等により加算があります。

※上記給料のほか、支給要件を満たす者には、住居手当、通勤手当、期末・勤勉手当等が支給されます。

| 職種区分 | 大6卒 |
|---|---|
| 獣医師 | 216,900円 |
| ※参考 経験者(前歴5年を加算した場合の一例) | 243,800円 |

※採用時点では、給料表改定などにより変更となる場合があります。また、学歴・職歴等前歴を有する者については、中津市職員等の給与に関する条例等により加算があります。

※上記給料のほか、月額の獣医師手当、往診実績に応じた往診手当、また、支給要件を満たす者には、住居手当、通勤手当、期末・勤勉手当等が支給されます。

(3)勤務時間等

| | |
|---|---|
| 勤務時間 | 原則として、午前8時30分～午後5時15分 |
| 休日 | 原則として、土曜日、日曜日、祝日、年末年始 |
| 休暇等 | 年次有給休暇、病気休暇、介護休暇、忌服休暇などの特別休暇のほか、育児休業等の休業制度あり |

※勤務条件については、配属先などによって異なる場合があります。

**試験に関するお問い合わせ先**

〒871-8501 中津市豊田町14番地3 中津市役所 総務部 総務課 人事係

電話 0979-62-9872

## 中津市の自治体情報

# 第2期なかつ子ども・子育て支援事業計画の概要

## 第1　計画の趣旨等

### 1　計画の趣旨

第1期計画における子ども・子育て支援施策の進捗状況、子どもと子育て家庭を取り巻く環境の変化を踏まえ、新たに第2期計画を策定し、子どもを産み育てやすい「みんなが子育てしたくなるまちづくり」の推進を図るもの

### 2　計画の位置付け

・中津市次世代育成支援行動計画（平成17年度～平成26年度）の後継計画
・子ども・子育て支援法に基づく市町村子ども・子育て支援事業計画
・中津市総合計画の部門計画

### 3　計画期間

5年間（令和2年度～令和6年度）　※第1期計画の期間は平成27年度～令和元年度

## 第2　計画の基本的事項

### 1　基本理念等

第1期計画で、「子どもの明るい声がひびきあう中津市」を理念に、「笑顔のあふれるまちづくり」を進め、第2期計画につなぎます…。

【基本理念】その笑顔が未来（なかつ）を創る！～みんなでつなごう、笑顔のループ！～

### 2　基本目標等

～地域共生社会の実現に向けて～

みんなが子育てしたくなるまち

人と人の関わりを深める～小さな親切心でいらん世話をやこう！～

- つながる安心
- つながる元気
- 未来につなぐ

重要視する点
- 分野を超えた横断的な取り組み
- 地域、企業、団体等と連携・協働
- 当事者性と子ども・若者の希望を叶える視点

## 第3　施策体系

### 1　つながる安心

①切れ目・すき間のない顔の見える支援
（1）切れ目・すき間のない多様な子育て支援サービスの充実
（2）母子保健と児童福祉の連携による顔の見える支援
②子育てと仕事の両立支援
（1）保育事業・放課後児童クラブの充実
（2）ワークライフバランスと男女共同参画の推進
③安全・安心な環境づくり
（1）小児医療の充実
（2）子どもの居場所づくり

妊娠・出産・子育て…。
縦横無尽につながる
サポート体制で
いつでも、どこでも、
子どもも安心！
大人も安心！！

### 2　つながる元気

①ひとりひとりの健やかな育ちを支援
（1）妊娠、出産、産後の支援
（2）子どもの健やかな成長・発達の支援
（3）母と子の健康づくりの支援
②健やかな成長を支える学びの提供
（1）幼児教育・保育の充実
（2）学校教育の充実
（3）家庭や地域の教育力の向上
③配慮の必要な子ども・家庭のサポート
（1）社会的養育の確立
（2）障がい児福祉等の充実
（3）ひとり親家庭等への支援
（4）外国人への配慮

願いは、
その子に応じた
健やかな成長です。
子どもの元気、大人の元気。
日々のサポートで、
お互いの元気へと
つなぎます。

### 3　未来につなぐ

①未来につなぐ人づくり
（1）乳幼児教育振興プログラム「あそびのすすめ」の推進
（2）未来の親育て
②若者の希望が叶うまちづくり
（1）出会い・結婚・ふるさと暮らしを応援
（2）子育て世代に選ばれるまちづくり
③つなぎ手・支え手の育成
（1）中津市全体で子どもと子育てを応援

子どもが希望を抱き、
若者が希望を叶えると、
大人の希望がつながります。
みんなの希望が中津の未来に
つながります。

「第2期なかつ子ども・子育て支援事業計画の概要」より抜粋

# 第2章

# 専門試験
# 社会福祉

POINT

## 1．社会福祉の意義

### 社会福祉とは何か

日本国憲法第25条には,「すべて国民は，**健康で文化的な最低限度の生活を営む権利**を有する」とある。この基本的人権は,すべての国民に保障される「侵すことのできない永久の権利」にして,「現在及び将来の国民に与へられる」(第11条)ものである。

### 社会福祉の基本理念

社会福祉は，全ての国民に対して，下記の各種の基本理念を実現する。

**〈リハビリテーション〉**

全ての障害者に対して，人間たるにふさわしい状態を回復することである。私たちは，障害があっても，その人らしい生き方が実現できるよう，生活全般にわたって，つまり機能障害や能力障害の可能な限りの回復と同時に，社会的不利の回復を権利として保障しなければならない。

**〈ノーマライゼーション〉**

全ての障害者に対して，健常者と同様に普通の生活条件・様式・環境を提供する社会を実現していくこと，誰もがごく当たり前に日常生活を送れることを目指す。

**〈メインストリーミング〉**

アメリカにおける障害者福祉の理念として，特に1950年代の教育現場で起こった障害があるために教育の「本流」(mainstream)からはずされることがあってはならないとする考え方である。つまり,「心身に障害のある子どもを可能な限り制約の少ない環境の中で障害のない子どもと共に教育しようという動き」である。

**〈自立生活運動〉**

重度の障害者が主体となって，1970年代に展開された障害者の新しい体系的な自立論であり，社会的影響力をもった思想でもある。新しい自立観は,自立困難とされた重度の障害者までもその主たる対象として含み得るような体系的な自立概念を提起した。

〈インクルージョン〉

障害者(障害児を含む)，つまり特別なニーズをもつ人びとの教育を実現するために必要とされる基本理念。障害者のみならず，特別な教育的ニーズをもつ人びとをも「包含」できるような学校を創設し，そうした学校を含む社会のあり方の基本理念となっているのがインクルージョンである。

〈QOL(quality of life)〉

生活の質ともいう。自分らしい生活や人生の満足感を高めることであり，より良い生活に焦点をあてた考え方のこと。

〈ウェルビーイング〉

「個人の権利を保障し，自己実現を目指し，理想的な目標として掲げる福祉」を意味する。「ウェルフェア」が救貧的・慈恵的・恩恵的な思想を背景とし，社会的弱者への制度や援助観を指すのに使用されるのに対して，「ウェルビーイング」は，QOLの豊かさを示す概念としてウェルフェアよりも充実している。

## 2. 社会福祉の制度と法体系

社会福祉関連法規は多数ある。ここでは代表的なものだけに限定して取り上げるが，法改正には常に目を配り，またその他の福祉関連法規についても概念や用語をよく理解しておきたい。

〈社会福祉法〉

日本の社会福祉の目的・理念・原則と対象者別の各社会福祉関連法に規定されている福祉サービスに共通する基本的事項を規定した法律。従来の行政主導により措置の対象者及び内容を判断し，保護・救済を行ってきた仕組みとしての措置制度を一部改正し，社会福祉を利用者本位の制度として確立するため，福祉サービスの利用者の利益を保護し，地域福祉を推進することを可能にする目的を有する。1951年に社会福祉事業法として制定され，2000年に名称改正された。

〈生活保護法〉

日本国憲法第25条の生存権の理念に基づいて，国が生活困窮者に対して，その困窮度に応じた必要な保護を行ない，健康で文化的な最低限度の生活維持を保障するとともに，その自立を助長することを目的とした法律。1950年制定。

〈児童福祉法〉

児童の健全育成と福祉の増進を図ることを目的とする法律。1947年制定。その後，法改正により，「全て国民」から「全て児童」に主語が書き換えられた。改正第1条では，「全て児童は，児童の権利に関する条約の精神にのっとり，適切に養育されること，その生活を保障されること，愛され，保護されること，その心身の健やかな成長及び発達並びにその自立が図られることその他の福祉を等しく保護される権利を有する。」と示され，児童の権利として保障されることになった。

〈母子及び父子並びに寡婦福祉法〉

母子家庭の福祉を図るため，母子福祉法として1964年7月に公布・施行された。その後は法改正を行い，母子家庭に加えて，配偶者のない女子(寡婦)に対しても，そして現在では父子家庭にまで福祉の措置を講じるため，現行の名称に改められた。

〈介護保険法〉

要支援や要介護状態の者のために，保健医療サービスや福祉サービスの給付を目的とした法律。1997年12月に制定，2000年4月に施行された。

〈身体障害者福祉法〉

身体障害者の自立と社会経済への参加を促進することを目的とした法律。1949年制定。わが国の法律の名称として初めて「障害者福祉」を用いたのが同法であった。

〈知的障害者福祉法〉

知的障害者の自立と社会経済への参加を促進することを目的とした法律。1960年に精神薄弱者福祉法として公布，1998年名称変更。

〈障害者総合支援法〉

障害者の日常生活及び社会生活を総合的に支援するための法律。2005年，障害者自立支援法として制定。2012年に改正・改題。2013年度から難病のある人も同法の対象に含められた。

〈その他の重要な福祉関連法規〉

日本赤十字社法，民生委員法，子ども・子育て支援法，児童虐待の防止等に関する法律，いじめ防止対策推進法，老人福祉法，高齢者の医療の確保に関する法律，障害者基本法，障害を理由とする差別の解消の推進に関する法律，発達障害者支援法，身体障害者補助犬法などがある。

## 3．社会保障の制度

社会保障制度とは，「社会保険」，「社会福祉」，「公的扶助」，「保健医療・公衆衛生」からなり，国民の生活を生涯にわたって支えるものである。

〈社会保険〉

国民が病気，けが，出産，死亡，老齢，障害，失業など生活の困窮をもたらすいろいろな事故に遭遇した場合に一定の給付を行い，その生活の安定を図ることを目的とした強制加入の保険制度。基本となる健康保険法，自営業者などが加入する国民健康保険法，公務員や私立学校教職員が加入する国家公務員共済組合法・地方公務員等共済組合法・私立学校教職員共済法，船員を対象とし対象事故の範囲も広い船員保険法，高齢者の医療を確保し医療費の調整を行う高齢者の医療の確保に関する法律，介護を保障する介護保険法がある。

〈社会福祉〉

生活上の障害や困難を克服したり，緩和・予防することを社会的責任において援助し，社会構成員としての自立的な生活の回復をはかり，維持し，さらには向上させることを目的とした制度・政策・実践などの諸活動の総体。

〈公的扶助〉

生活に困窮する国民に対して，最低限度の生活を保障し自立を助けようとする制度。国民に対して所得を保障する公的年金などがある。

〈保健医療・公衆衛生〉

公衆衛生は，日本国憲法第25条第1項の生存権(健康で文化的な最低限度の生活を営む権利)を保障するために，同条第2項で規定されている生存権保障の柱の一つである。公衆衛生は個人だけではなく，集団及び社会全体を対象に，①直接国民に健康診断，予防接種，保健指導，特定の疾患の治療の援助，②保健医療従事者の教育体制の整備，保健医療機関の整備，③薬事行政，④食品衛生，⑤上下水道やごみ処理などの生活環境整備，⑥労働衛生，学校衛生，衛生統計など，健康の維持増進に関する活動分野は多岐にわたる。

## 4．社会福祉の専門職・従事者

福祉業務に従事する国家資格や専門職の中で代表的なものを掲載する。なお，国家資格は名称独占(資格を持っている人だけがその名称を名乗ることができる)であることに注意したい。

〈社会福祉士〉

専門的知識及び技術をもって，身体上もしくは精神上の障害があること，または環境上の理由により日常生活を営むのに支障がある者の福祉に関する相談に応じ，助言，指導，福祉サービスを提供する者，または医師その他の保健医療サービスを提供する者その他の関係者との連絡及び調整その他の援助を行うことを業とする専門職。国家資格。

〈介護福祉士〉

専門的知識及び技術をもって，身体上または精神上の障害があることにより日常生活を営むのに支障がある者につき心身の状況に応じた介護を行い，並びにその者及びその介護者に対して介護に関する指導を行うことを業とする専門職。国家資格。

〈精神保健福祉士〉

専門的知識及び技術をもって，精神科病院その他の医療施設において精神障害の医療を受け，または精神障害者の社会復帰の促進を図ることを目的とする施設を利用している者の地域相談支援の利用に関する相談，その他の社会復帰に関する相談に応じ，助言，指導，日常生活への適応のために必要な訓練その他の援助を行うことを業とする専門職。国家資格。

**〈介護支援専門員(ケアマネージャー)〉**

要介護者や要支援者の相談や心身の状況に応じるとともに，サービス(訪問介護，デイサービスなど)を受けられるようにケアプラン(介護サービス等の提供についての計画)の作成や市町村・サービス事業者・施設等との連絡調整を行う専門職。また，要介護者や要支援者が自立した日常生活を営むのに必要な援助に関する専門的知識・技術を有するものとして介護支援専門員証の交付を受けた者。

## 5．援助技術

社会福祉の援助活動を「ソーシャルワーク(相談援助)」と総称することができる。専門職としての社会福祉援助者には責任をもって職務を遂行するための専門性が求められる。この専門性は，福祉倫理，専門知識，専門技術から構成される。人間のウェルビーイングの増進を目指し，社会変革を進め，人間関係における問題解決を図り，人びとのエンパワメントと解放を促進する。人権と社会正義の原理がソーシャルワークの基本である。

**〈バイステックの７原則〉**

バイステックの提唱したケースワークの７原則である。①個別化，②受容，③意図的な感情表出，④統制された情緒的関与，⑤非審判的態度，⑥利用者の自己決定，⑦秘密保持

**〈コノプカのソーシャルグループワーク理論〉**

コノプカによれば，ソーシャルグループワークとはソーシャルワークの一つの方法であり，意図的なグループ経験を通じて，個人の社会的に機能する力を高め，また個人，集団，地域社会の諸問題により効果的に対処しうるよう人びとを援助するものである。

**〈ロスのコミュニティ・オーガニゼーション理論〉**

ロスは，コミュニティ・オーガニゼーションの実践において，地域住民の共通の問題を発見し，住民が参加して計画的にその対策を図るプロセスを強調した。加えて，具体的に達成すべきタスク・ゴール(課題目標)とともに，住民参加の自己決定や協力的活動，そしてコミュニティの問題解決能力を向上させるプロセス・ゴール(過程目標)の設定を論及した。

## 6. 利用者保護制度

### 〈第三者評価制度〉

社会福祉事業者の提供するサービスの質について，当事者以外の公正・中立な第三者機関が専門的かつ客観的な立場から評価する制度。法的根拠：社会福祉法第78条。

### 〈苦情解決制度〉

福祉サービスの利用者がより快適なサービスを受けられるようにするため，利用者からの苦情を適切に解決する制度。法的根拠：社会福祉法第82条。

### 〈運営適正化委員会〉

福祉サービス利用者の苦情などを適切に解決し，利用者の権利を擁護する目的のために設置されている組織。法的根拠：社会福祉法第83条。

## 演習問題

**1** 日本の社会福祉の歴史に関する記述として適切なものを，次の①～⑤から1つ選びなさい。　(難易度■■■□□)

① 日本における慈善救済の始まりは，光明皇后が四天王寺に建てたと伝承されている四箇院であるといわれている。

② 国民すべてを対象とした国による救済としての社会福祉は，1874(明治7)年に制定された恤救規則に始まる。

③ 1929(昭和4)年，恤救規則を補強するため，恤救規則に代わり救護法が制定され，社会福祉はさらに充実したものとなった。

④ 1946(昭和21)年，GHQから出された「社会救済に関する覚書」によって，現行の生活保護法が制定された。

⑤ 1961(昭和36)年，国民健康保険が完全普及し，国民年金法が施行されたことにより，国民皆保険・皆年金が実現した。

**2** 次のア～オのうち，社会福祉法に関する記述として正しいものの組み合わせを，あとの①～⑤から1つ選びなさい。　(難易度■■■■□)

ア 1951(昭和26)年に公布された社会福祉事業法を，2000(平成12)年に改正・改称したものである。

イ 社会福祉法の成立を受けて，2000(平成12)年，介護保険法が成立，施行された。

ウ 社会福祉法は社会福祉基礎構造改革の一環として成立した。

エ 社会福祉法における社会福祉事業とは，第1種社会福祉事業及び第2種社会福祉事業をいう。

オ 赤い羽根共同募金は，社会福祉法の共同募金の規定に基づいて，都道府県が行っている事業である。

① ア，イ，ウ　② ア，オ　③ ア，ウ，エ
④ イ，ウ　⑤ イ，エ，オ

**3** 社会福祉援助技術に関する記述として正しいものを，次の①～⑤から1つ選びなさい。　(難易度■■■□□)

① 社会福祉援助技術のうち，集団援助技術(グループワーク)は間接援助技術である。

② 社会福祉援助技術のうち，個別援助技術(ケースワーク)は直接援助技術である。

③ 社会福祉援助技術のうち，地域援助技術(コミュニティワーク)は関連援助技術である。

④ 社会福祉援助技術のうち，ケアマネジメントは直接援助技術である。

⑤ 社会福祉援助技術のうち，社会福祉調査法(ソーシャルワーク・リサーチ)は関連援助技術である。

**4** **次のア～オの社会福祉に関する専門職のうち，国家資格であり，かつ名称独占資格であるものの組み合わせとして正しいものを，あとの①～⑤から１つ選びなさい。** (難易度■■□□□)

**ア** 社会福祉士　**イ** 社会福祉主事　**ウ** 児童福祉司

**エ** 介護福祉士　**オ** 保育士

① ア，イ，ウ　② ア，ウ，オ　③ ア，エ，オ

④ イ，ウ，エ　⑤ イ，ウ，オ

**5** **社会福祉の基礎的理念に関する記述として適切なものを，次の①～⑤から１つ選びなさい。** (難易度■■■□□)

① 日本国憲法第 25 条では，個人の尊重と国民の幸福追求権等について規定している。

② 国民の生存権保障のための国の責務は憲法では規定されていない。

③ ウェルビーイングとは，個人の権利や自己実現が保障され，身体的，精神的，社会的に良好な状態のことをさす。

④ ナショナルミニマムとは，一人の市民としての生活という視点から捉えた最低限度の生活のことである。

⑤ シビルミニマムとは，国家の政策的判断において保障される国民の最低限度の生活のことである。

**6** **次のア～オのうち，社会福祉の理念に関する記述として正しいものの組み合わせを，あとの①～⑤から１つ選びなさい。** (難易度■■■□□)

**ア** QOLとは「生活の質」と翻訳され，個人の生活に関する主観的な満足感をいう。

**イ** ソーシャルインクルージョンとは，社会の中で孤立しやすい立場にあ

る人々を社会連帯の中へ積極的に組み込もうとする考え方。

ウ　バリアフリーとは，すべての人にとって使いやすい製品，環境，情報づくりをめざす考え方のことである。

エ　ノーマライゼーションとは，発育に遅れがある者に適切な療育を与えることである。

オ　ユニバーサルデザインとは，すべての人に普通の生活を保障しようとする考え方である。

①　ア，イ　②　ア，ウ　③　ア，オ　④　ウ，エ
⑤　ウ，オ

**7** 社会福祉の対象と主体に関する記述として適切なものを，次の①～⑤から1つ選びなさい。(難易度■■■□□)

①　社会福祉の援助の対象者は健康で文化的な最低限度の生活に欠く者と憲法に規定されている。

②　わが国において社会福祉の対象の拡大にともない，福祉サービスの利用料は応能負担から応益負担へと変わりつつある。

③　社会福祉の対象は，普遍主義から選別主義へと変わってきた。

④　国や地方公共団体は社会福祉の実践主体とされている。

⑤　社会福祉法人や社会福祉の専門職は，社会福祉の運動主体とされている。

**8** 次のア～エは，イギリスの社会福祉の歴史に関する記述である。年代の古いものから順にならべた場合に正しいものを，あとの①～⑤から1つ選びなさい。(難易度■■■■□)

ア　ベヴァリッジを委員長とした「社会保険および関連サービスに関する委員会」が国民の生活安定を確保するためのベヴァリッジ報告を提案した。

イ　慈善事業を地域単位で組織化しようとした慈善組織化協会運動によって，慈善事業が社会事業に変化する契機となった。

ウ　生活困窮者に対する救済を目的としてエリザベス救貧法が定められた。

エ　イギリスの医療制度である国民保健サービスとコミュニティケアとよばれる在宅福祉サービスの総合的な調整を図ることを目的に，国民保健サービス及びコミュニティケア法が定められた。

①　ア－イ－ウ－エ　②　ア－ウ－イ－エ　③　ウ－ア－イ－エ
④　ウ－イ－ア－エ　⑤　ウ－イ－エ－ア

**9** 次のア～エのうち，日本の社会福祉にかかわった人物に関する記述として正しいものの組み合わせを，あとの①～⑤から1つ選びなさい。

(難易度■■□□□)

ア　石井十次――日本の「知的障害者教育・福祉の父」と呼ばれる。
イ　留岡幸助――非行少年のための感化教育施設を開設した。
ウ　野口幽香――貧困児童のための幼稚園という名称で保育所を開設した。
エ　石井亮一――岡山に日本最初の孤児院を創設した。

①　ア，イ　②　イ，ウ　③　ウ，エ　④　ア，エ
⑤　イ，エ

**10** 福祉六法に該当しない法律を，次の①～⑤から1つ選びなさい。

(難易度■■□□□)

①　知的障害者福祉法
②　社会福祉法
③　児童福祉法
④　母子及び父子並びに寡婦福祉法
⑤　生活保護法

**11** 社会福祉基礎構造改革の目的として適切でないものを，次の①～⑤から1つ選びなさい。

(難易度■■□□□)

①　利用者の立場に立った社会福祉制度の構築
②　サービスの質の向上
③　社会福祉事業の拡充と活性化
④　地域福祉の推進
⑤　介護保険法の成立

**12** 福祉事務所に関する記述として適切なものを，次の①～⑤から1つ選びなさい。

(難易度■■■□□)

①　都道府県福祉事務所は，福祉六法を所管している。
②　町村福祉事務所の設置は，義務ではなく任意である。
③　福祉事務所には，社会福祉士の配置が義務である。
④　福祉事務所の所員は，職務上援護を要する者の家庭を訪問しなければならない。

⑤　福祉事務所は，保健医療に関する事務はしてはならない。

**13** 次のア～オのうち，社会福祉事業の種類に関する記述として正しい記述の組み合わせを，あとの①～⑤から１つ選びなさい。

(難易度■■■□□)

ア　第１種社会福祉事業は，行政及び社会福祉法人が行うのが原則である。

イ　第２種社会福祉事業は，社会福祉法人が行うのが原則である。

ウ　第１種社会福祉事業を経営しようとする時は，都道府県知事等への許可が必要である。

エ　老人居宅介護等事業は，第２種社会福祉事業とされる。

オ　共同募金は，第２種社会福祉事業とされる。

①　イ，ウ　　②　イ，エ　　③　ア，ウ　　④　ア，エ

⑤　ア，オ

**14** 社会福祉従事者とその根拠法令として誤っているものを，次の①～⑤から１つ選びなさい。　(難易度■■□□□)

①　保育士 ――――― 児童福祉法

②　婦人相談員 ――― 売春防止法

③　介護福祉士 ――― 社会福祉士及び介護福祉士法

④　介護支援専門員 ― 介護保険法

⑤　児童福祉司 ――― 社会福祉法

**15** 社会福祉援助技術を展開した人物とその記述として適切でないものを，次の①～⑤から１つ選びなさい。　(難易度■■■■□)

①　ホリス ――――― システム論的アプローチを提唱

②　ハミルトン ――― 診断主義個別援助技術の理論を体系化

③　リッチモンド ―― 友愛訪問員の活動をケースワークとして理論的に体系化

④　パールマン ――― 問題解決アプローチを提唱

⑤　アダムス ―――― ケースワークの要素として４つのPを提唱

**16** 集団援助技術に関する記述として適切なものを，次の①～⑤から１つ選びなさい。 (難易度■■■■□)

① 集団援助技術は，利用者と支援者とが面接を通じて利用者の立場から環境を調整する。

② 集団援助技術の働きかけは，大きな集団を対象とする。

③ 集団援助技術では，メンバーの相互作用は援助の媒体にはならない。

④ 集団援助技術は，地域の診断，組織化，連絡調整等を行い，住民を援助する。

⑤ 集団援助技術は，集団の持つ諸特性を活用して構成員個々の成長や発達を図る。

**17** 間接援助技術として適切でないものを，次の①～⑤から１つ選びなさい。 (難易度■■■■□)

① ソーシャルアクション

② ソーシャルアドミニストレーション

③ ソーシャルワーク・リサーチ

④ ケアマネジメント

⑤ ソーシャルプランニング

**18** 次は少子化社会対策基本法第２条(施策の基本理念)の一部である。空欄( A )～( C )に当てはまる語句の組み合わせとして正しいものを，あとの①～⑤から１つ選びなさい。 (難易度■■■□□)

少子化に対処するための施策は，( A )が子育てについての第一義的( B )を有するとの認識の下に，国民の意識の変化，生活様式の多様化等に十分留意しつつ，( C )の形成とあいまって，家庭や子育てに夢を持ち，かつ，次代の社会を担う子どもを安心して生み，育てることができる環境を整備することを旨として講ぜられなければならない。

① A－父母と家族　B－権利　C－持続可能な社会

② A－父母その他の保護者　B－義務　C－男女共同参画社会

③ A－父母と家族　B－義務　C－持続可能な社会

④ A－父母その他の保護者　B－責任　C－持続可能な社会

⑤ A－父母その他の保護者　B－責任　C－男女共同参画社会

## 解答・解説

 ⑤

解説

① 光明皇后ではなく，聖徳太子。四箇院とは敬田院，施薬院，療病院，悲田院の4つの施設で，このうち悲田院が今日の社会福祉施設である。ただし，聖徳太子の悲田院は伝承で，記録上最古は723年，皇太子妃時代の光明皇后が建てたものである。

② 恤救規則は国民の相互扶助が基本で，国による救済の対象は「無告ノ窮民」すなわちどこにも頼るところのない人々に限定されていた。

③ 恤救規則では対応できなくなったため，救護法が制定されたが，働く力のある困窮者は対象とされない制限扶助主義がとられた。

④ 1946(昭和21)年の生活保護法(旧生活保護法)は不十分な点があったため，1950(昭和25)年，現行法が制定された。

⑤ 正しい。しかし，今後は医療も年金も制度改革が必至である。

2 ③

解説

ア 社会福祉法は日本の社会福祉事業に共通する基本事項を定めており，他の社会福祉に関する法律にも影響を与えることから，改正，改称した。

イ 誤り。社会福祉法の成立と介護保険法は直接的な関係はない。介護保険法の成立は1997(平成9)年，施行が2000(平成12)年。

ウ 少子高齢社会の進展や核家族化による家族機能の低下など，社会状況の変化に対応するため，社会福祉基礎構造改革が実施された。従来の措置制度から，サービス利用者が契約する制度となったことから，権利擁護制度も設けられた。

エ 社会福祉法第2条に規定されている。

オ 誤り。「赤い羽根」として知られる共同募金を行うのは，都道府県ではなく共同募金会である。規定は社会福祉法第113条第2項，第3項による。

 ②

解説

① 集団援助技術(グループワーク)は直接援助技術。社会福祉援助技術は，直接援助技術，間接援助技術，関連援助技術に分けられる。集団援助技術は，グループでの討議などを通して問題解決を目指す技術。

② 正しい。個別援助技術(ケースワーク)は利用者(クライアント)とケースワーカーが面接を行うことで，利用者が抱えている問題を解決していく技術。

③ 地域援助技術(コミュニティワーク)は間接援助技術。地域援助技術は，地域社会で共通する福祉課題の解決を目指す技術。

④ ケアマネジメントは関連援助技術。ケアマネジメントとは，利用者と多様な社会資源を結びつける技術。

⑤ 社会福祉調査法(ソーシャルワーク・リサーチ)は間接援助技術で，いわゆる社会調査の1つ。

 ③

解説

ア 社会福祉士及び介護福祉士法を根拠法令とする国家資格で，名称独占資格。なお，名称独占資格とはその資格を有しない者はその名称を使用できないというもので，業務を行うことはできる。業務も禁止されているのは，医師などの業務独占資格。

イ 社会福祉主事は国家資格ではなく，行政の社会福祉の業務を行うための任用資格である。根拠法令は社会福祉法。

ウ 児童福祉司は児童相談所に置かなければならない職員で，国家資格ではないが，社会福祉主事の資格より専門的かつ高度なものと言われている。

エ 社会福祉士及び介護福祉士法を根拠法令とする国家資格で，名称独占資格。

オ 児童福祉法を根拠法令とする国家資格で，名称独占資格。

 ③

解説

① 個人の尊重と国民の幸福追求権等は，日本国憲法第13条において規定している。

② 日本国憲法第25条では国民の生存権とその保障のための国の努力義務について規定している。第25条は法律用語として「社会福祉」を初めて用いている点で重要である。

③ 正しい。福祉とは，従来は貧困者に対する救済(ウェルフェア)を意味していたが，近年では，個人の権利や自己実現が保障され，身体的，精神的，社会的に良好な状態(ウェルビーイング)が福祉の思想として考え

られている。

④　ナショナルミニマムとは，国家の政策的判断において保障される国民の最低限度の生活のこと。今日の社会福祉の制度や政策は，ナショナルミニマムの保障を基本としている。

⑤　シビルミニマムとは，一人の市民としての生活という視点から捉えた最低限度の生活のこと。

6 ①

解説

ア　正しい。QOL(生活の質)とは，自己の生活に関する主観的な満足感をいい，患者の自立性の尊重や，慢性疾患および障害との共存等の疾病構造の変化を背景に重要な理念となっている。

イ　正しい。ソーシャルインクルージョンとは，すべての人々を孤立や排除等から援護し，社会の構成員として包み，支えあう理念である。EUやその加盟国では社会的排除に対処する戦略として位置づけられ，日本でも社会的に弱い立場にある人々へのソーシャルインクルージョンの必要性が提言されている。

ウ　誤り。バリアフリーとは，障害者の社会参加推進のため，障害のある人の生活に影響を及ぼす障壁を取り除くこと。すべての人にとって使いやすい製品，環境，情報づくりをめざす考え方はユニバーサルデザイン。

エ　誤り。ノーマライゼーションは，障害等の有無に関係なく，すべての人に普通の生活を保障しようとする考え方。

オ　誤り。ユニバーサルデザインについて記述しているのはウである。

7 ②

解説

①　日本国憲法では社会福祉の援助の対象者は具体的には規定されていない。歴史的には，障害者等の限定された者から社会福祉ニーズのある国民全体へと社会福祉の援助の対象者は拡大してきている。

②　正しい。日本においては，福祉サービスの利用料は，介護保険のように応能負担から応益負担へと変化する傾向が認められる。

③　社会福祉の対象者は，世界的にも選別主義から普遍主義へと変わってきている。

④　国や地方公共団体は社会福祉の政策主体として社会福祉政策の形成を

担う。社会福祉政策の具体的な行動を担う社会福祉の実践主体は，行政，社会福祉法人，専門職等である。

⑤ 社会福祉の運動主体は地域住民等のことであり，制度の改編や改革を求めて，社会福祉政策主体に対し問題提起や各種提案を行う。

**8** ④

イギリスでは，1601年に世界初の救貧法であるエリザベス救貧法が，1834年に改正救貧法が制定された。両者ともに貧困を怠惰の結果として捉えたため，厳しい制限主義であった。1870年代前後から，慈善組織化協会運動，セツルメント活動，貧困調査等が行われ，貧困の原因が，資本主義社会の構造的な問題であることを明らかにした。世界的大恐慌の1920年代には，イギリスは深刻な失業者の増大に陥り，1934年に失業法が制定され，1601年以来の救貧法は実質的に廃止になった。第二次世界大戦中の1942年，ベヴァリッジ報告が公表され，戦後にはその提言を基に社会保険を軸とした世界的に模範となる社会保障体制が確立された。1970年代後半の経済的危機の時代より，福祉見直し論が唱えられ，1980年代の保守党のサッチャー政権下では社会福祉政策は大きく転換した。1990年代にはグリフィス報告を受けて，国民保健サービス及びコミュニティケア法が成立してコミュニティケア改革が行われた。

**9** ②

**ア** 石井十次(1865～1914)は，1887年岡山に日本最初の孤児院を創立し，1910年には宮崎県に孤児院を移転し孤児の労働による自立を指導した。大阪のスラム街にも保育所や夜間学校を開設した。

**イ** 留岡幸助(1864～1934)は，感化院(現在の児童自立支援施設)教育を実践した日本の社会福祉の先駆者。1899年東京に非行少年のための感化教育施設を開設した。

**ウ** 野口幽香(1866～1950)は，1900年に森島美根とともに日本最初の貧民のための保育所二葉幼稚園を創設し，1922年母子寮を付設した。

**エ** 石井亮一(1867～1937)は，後の滝乃川学園となる日本最初の知的障害児の教育・福祉施設を創設し，日本の「知的障害児教育・福祉の父」と呼ばれる社会事業家である。

②

**解説**

福祉六法とは，現行の生活保護法(1950年)・児童福祉法(1947年)・身体障害者福祉法(1949年)・知的障害者福祉法(1960年に精神薄弱者福祉法として成立。1998年名称変更)・老人福祉法(1963年)・母子及び父子並びに寡婦福祉法(1964年に母子福祉法として成立。2014年名称変更)をいう。

① 該当する。知的障害者福祉法は知的障害者の援助と必要な保護を行うことにより，その福祉の増進を図ることを目的とする法律。

② 該当しない。社会福祉法は1951年制定の社会福祉事業法を前身とし，〈社会福祉基礎構造改革〉により2000年に同法が全面改正され法律名が改称された。社会福祉の目的や理念，原則を定め，各種の社会福祉関連法における基本的事項も規定している。

③ 該当する。児童福祉法は児童が心身ともに健やかに生まれると同時に育成されるよう，保育，母子保護，児童虐待防止対策を含むすべての児童の福祉を目的とする法律。

④ 該当する。母子及び父子並びに寡婦福祉法は母子・父子家庭及び寡婦(配偶者と離婚・死別などした女子であって，かつて配偶者のいない女子として民法第877条の規定により児童を扶養していたことのあるもの)の福祉に関する原理を明らかにし，その生活の安定と向上のため必要な援助を目的とする法律。

⑤ 該当する。生活保護法は最低限度の生活を保障し，自立した生活を送るための支援を目的とする。

**11** ⑤

**解説**

社会福祉基礎構造改革とは，2000年に「社会福祉の増進のための社会福祉事業法等の一部を改正する等の法律」として成立した福祉分野の法改正を指す。同法の成立前に，児童福祉法の改正(1997年)による新しい保育所利用手続の導入(行政との契約方式)や介護保険法の成立(1997年)が行われているため⑤は誤り。社会福祉基礎構造改革により，社会福祉事業法は社会福祉法へと改められ，また社会福祉各法における措置制度の多くが利用者による契約制度に変えられ，また利用者保護制度(「地域福祉権利擁護事業」「苦情解決システム」)が整えられ，福祉サービスの質の向上のための規定も改正に盛り込まれた。また社会福祉事業活性化のための社会福祉法人設立要件の見直しや，都道府県・市町村が主体となり住民参加のもとで地域福祉計画を作成することを明文化し，地域福祉の推進を企図した。

**12** ②

**解説**

① 1993(平成 5)年 4 月に老人及び身体障害者福祉分野で，2003 年(平成 15 年)4 月には知的障害者福祉分野で，それぞれ施設入所措置事務等が都道府県から市町村へ移譲されたため，都道府県福祉事務所は従来の福祉六法から福祉三法(生活保護法，児童福祉法，母子及び父子並びに寡婦福祉法)を所管することになった。

② 適切である。都道府県及び市(特別区を含む)は設置が義務付けられ，町村は任意で設置することが可能。

③ 福祉事務所には社会福祉士の配置が義務ではなく，社会福祉法第 15 条において指導監督を行う所員と現業を行う所員は，社会福祉主事でなければならない，と規定されている。

④ 福祉事務所の現業を行う所員は，所の長の指揮監督を受けて，援護，育成又は更生の措置を要する者等の家庭を訪問し，又は訪問しないで，これらの者に面接し，本人の資産，環境等を調査し，保護その他の措置の必要性の有無及びその種類を判断し，本人に対し生活指導を行う等の事務を司る。

⑤ 指導監督を行う所員及び現業を行う所員は，職務の遂行に支障がない場合に，他の社会福祉又は保健医療に関する事務を行うことを妨げない。

**13** ④

**解説**

**ア** 正しい。第 1 種社会福祉事業とは，利用者への影響が大きいために，経営安定を通じた利用者の保護の必要性が高い事業(主として入所施設サービス)とされる。経営主体は行政及び社会福祉法人が原則。

**イ** 誤り。第 2 種社会福祉事業とは，比較的利用者への影響が小さいために，公的規制の必要性が低い事業(主として在宅サービス)とされる。経営主体に制限はなく，すべての主体が届出をすることにより事業経営が可能。

**ウ** 誤り。行政および社会福祉法人が施設を設置して第 1 種社会福祉事業を経営しようとする時は，都道府県知事等への届出が必要になる。その他の者が第1種社会福祉事業を経営しようとする時には都道府県知事等の許可が必要。

**エ**　正しい。老人居宅介護等事業(ホームヘルプサービス)，老人福祉センター，身体障害者福祉センター等は第2種社会福祉事業とされる。

**オ**　誤り。共同募金は，社会福祉法第113条にて第1種社会福祉事業と規定されている。

 ⑤

**解説**

① 正しい。保育士は以前は保母や保父の名称であったが，1999(平成11)年4月の児童福祉法施行令の改正により「保育士」という名称に変更された。

② 正しい。婦人相談員は，売春防止法第35条により，社会的信望があって熱意と識見を持っている者から都道府県知事又は市長が委嘱し，要保護女子等の発見・相談・指導等を行う。

③ 正しい。介護福祉士は，社会福祉士及び介護福祉士法に基づく名称独占の国家資格。

④ 正しい。介護支援専門員は，ケアマネジャー(略称「ケアマネ」)とも呼ばれ，介護保険法に規定された専門職で，居宅介護支援事業所や介護保険施設に必置とされ，介護サービス計画(ケアプラン)の立案を担う。

⑤ 誤り。児童福祉司は，児童福祉法に規定されている児童相談所に任用され，児童の福祉に関する事務を担当する者である。

 ⑤

**解説**

① 適切。ホリス(1907～87)は「状況の中の人」という視点から心理社会的アプローチを提唱した。

② 適切。ハミルトン(1892～1967)はアメリカの社会福祉研究者であり，『ケースワークの理論と実際』を著した。診断主義による個別援助技術の理論を体系化し，その確立と発展に大きく貢献した。

③ 適切。リッチモンド(1861～1928)は，ケースワークという言葉を用い，個別援助技術の過程を，情報の収集・調査，社会診断，社会治療の3つに分け，個別援助技術を専門的・科学的なものへと発展させた。「ケースワークの母」と称される。

④ 適切。パールマン(1905 ～ 2004)は問題解決アプローチの提唱者として知られる。4つのPである，Person(利用者)・Problem(問題)・Place(施設・機関)・Process(過程)を提唱し，問題(Problem)を抱えた利用者(Person)に対し面接や指導を行う施設・機関(Place)が必要とし，ワーカーとクライエントが問題解決の過程(Process)を展開するとした。

⑤ 適切ではない。4つのPはパールマンの学説。アダムス(1860 ～ 1935)はアメリカのソーシャルワークの先駆者。世界最大規模のセツルメントハウスとなったハルハウスをシカゴに設立した。1931年，ノーベル平和賞を受賞する。

**16** ⑤

**解説**

① 利用者と支援者とが面接を通じて利用者の立場から環境を調整し，また社会福祉諸サービスの提供により利用者自身の対処能力を支援することで課題の解決を図ることは個別援助技術である。

② 集団援助技術は，主に小集団を対象として行う。利用者と支援者とが参加する小さなグループ活動の展開を通じて，対象となる人々の課題解決を支援することが特徴。

③ 集団援助技術では，メンバーの相互作用，プログラム，社会資源が援助の媒体となり，個々のメンバーの成長と社会的な目標の達成に貢献する。

④ 地域の診断や組織化，福祉資源の開発，連絡調整等は住民の地域福祉活動を援助するコミュニティ・ワーク(地域援助技術)である。

⑤ 適切。集団援助技術とは，グループ内活動を通じ，集団の持つ諸特性を活用することで，グループ構成員の変容や成長を図る。

**17** ④

**解説**

① 適切。ソーシャルアクション(社会活動法)は，世論の喚起，行政対応の促進や立法を目的に，制度の改善や新たな制度・サービスの拡充を行政や議会に働きかけ，社会福祉を推進する組織的活動。

② 適切。ソーシャルアドミニストレーション(社会福祉運営管理)は社会福祉サービスを合理的効率的に展開する方法。

③ 適切。ソーシャルワーク・リサーチ(社会福祉調査)は社会調査により福祉の実態と問題点を明らかにし，利用者への問題の把握とニーズの発

見，援助の評価，援助者への提案を行う。

④ 適切ではない。ケアマネジメントは，関連援助技術とされ，最適な社会福祉サービスを効果的・迅速に提供することを目的とした援助技術。

⑤ 適切。ソーシャルプランニング(社会福祉計画法)は地域社会のノーマライゼーションを目指し社会福祉を増進するための目標や方法等を設定する。

 ⑤

解説

Aには「父母その他の保護者」，Bには「責任」，Cには「男女共同参画社会」が当てはまる。2003年7月に「少子化社会対策基本法」及び「次世代育成支援対策推進法」が制定され，保育関係事業のみならず，若者の自立や働き方の見直し，地域の子育て支援を含めた総合的な取組を進める枠組みが作られた。2004年6月には，少子化社会対策基本法に基づき少子化に対処するために政府が講じるべき指針として「少子化社会対策大綱」が閣議決定され，2004年12月には，大綱の具体的な実施計画として，少子化社会対策会議において，新エンゼルプランに代わる「子ども・子育て応援プラン」を作成し，「若者の自立とたくましい子どもの育ち」「仕事と家庭の両立支援と働き方の見直し」「生命の大切さ，家庭の役割等についての理解」「子育ての新たな支え合いと連帯」の4つの重点課題について取組が進められた。さらに，2007年12月には「子どもと家族を応援する日本」重点戦略が取りまとめられるとともに，「仕事と生活の調和(ワーク・ライフ・バランス)憲章」及び「仕事と生活の調和推進のための行動指針」が，仕事と生活の調和推進官民トップ会議で決定された。2010年1月には「子ども・子育てビジョン」が閣議決定された。2012年は，子ども・子育て関連3法と呼ばれる「子ども・子育て支援法」，「認定こども園法の一部改正」，「子ども・子育て支援法及び認定こども園法の一部改正法の施行に伴う関係法律の整備等に関する法律」が成立し，これらに基づく制度を「子ども・子育て支援制度」という。2013年は，「待機児童解消加速化プラン」を策定し，2017年度末までに50万人分の保育の受け皿を確保した。2015年には，「子ども・子育て新制度」が施行され，幼児教育・保育・地域の子ども・子育て支援を総合的に推進することを目的としている。2016年，「ニッポン一億総活躍プラン」が閣議決定され，少子高齢化の問題に対して，日本経済が更なる好循環を形成するために，三本の矢の経済政策を一層強化するとともに，広い意味での経済政策として，子育て支援や社会保障の基盤を強化し，新たな経済社会システムづくりに挑戦するとした。2019年,「幼児教育・保育の無償化」が始まり，3～5歳までの幼稚園，保育所，認定こども園などを利用する子供たちの利用料が無償化された。なお，0～2歳の住民税非課税世帯の子供たちも対象とされている。2020年は，第4次少子化社会対策大綱が作成され,「希望出生率1.8」の実現に向け，結婚・子育て世代が将来にわたる展望を描ける環境をつくることや，多様化する子育て家庭の様々なニーズに応えることなどが基本的な考え方である。

# 第3章

# 専門試験
# 子ども家庭福祉

POINT

## 1. 現代社会における子ども家庭福祉の意義

### 子ども家庭福祉の理念と概念

子ども家庭福祉は，社会福祉分野の中でもとくに「子ども」と「家庭」を対象とした福祉を意味している。今日のわが国の子ども家庭福祉は，

ウェルビーイングという社会福祉の基本理念のもと，**基本的人権の尊重**，**ノーマライゼーション**，**子どもの最善の利益**など，子どもと家庭を取り巻く各種の理念や概念を踏まえた取り組み

を目指している。

### 現代社会と子ども家庭福祉

**〈1.57 ショック〉**

1989 年に，合計特殊出生率が直近の丙午の年(1966 年)の 1.58 を下回り 1.57 を記録した際にマスコミ等が中心となって用いた言葉である。その後，合計特殊出生率は下がり続け，2005 年には最低の 1.26 を記録した。2020 年は 1.34，2021 年は 1.30，2022 年は 1.26 であり，低水準の状態が続いている。

**〈少子化の原因〉**

少子化の原因としては，女性の高学歴化と社会進出による晩婚化，結婚をしない人の増加(非婚化)，夫婦が子どもを産まない選択をするようになったこと(夫婦の出生率の低下)などがある。いずれも，子どもが欲しくても産むことのできない環境の要因が影響しており，単に制度や政策による取り組みだけでなく，民間レベルの取り組みや従来の子育て観の変容など，少子化の原因をめぐる問題には社会全体の取り組みが求められている。

**〈家族の規模の縮小〉**

地域社会のつながりが希薄化する中，**核家族化**や**ひとり親世帯**では，かつての三世代家庭のように，子育て経験のある相談相手が身近にいないために，保護者の育児への不安が高い状況を作り出している。

## 2．子どもの人権擁護

### 子どもの人権擁護にかかわる制度

**〈第三者評価制度〉**

社会福祉法では，福祉事業者が自らのサービスを自己評価することや，提供するサービスの質を当事者(事業者及び利用者)以外の公正・中立な第三者機関が専門的かつ客観的な立場から評価する**第三者評価**を受けることの努力義務を定めている。

**〈子どもの権利ノート〉**

児童養護施設などに入所する子どもが自身に認められている権利を知り，施設生活の中で自分の権利を主張できることが当たり前であることを理解してもらうために活用されるものとして，「**子どもの権利ノート**」がある。

## 3．子ども家庭福祉の制度と実施体系

### 子ども家庭福祉の制度と法体系

**〈児童福祉六法〉**

子ども家庭福祉の主要関連法規である

- 児童福祉法
- 児童手当法
- 児童扶養手当法
- 特別児童扶養手当法
- 母子及び父子並びに寡婦福祉法
- 母子保健法

の6つを総称して「**児童福祉六法**」と呼ぶ。児童福祉六法については，それぞれ詳しく学習しておきたい。

**〈子ども家庭福祉に関連するその他の法律〉**

子ども家庭福祉に関係する法律としては，児童福祉六法の他に，「障害者基本法」「児童買春，児童ポルノに係る行為等の規制及び処罰並びに児童の保護に関する法律」「児童虐待の防止等に関する法律(児童虐待防止法)」「配偶者からの暴力の防止及び被害者の保護等に関する法律(DV防止法)」「発達障害者支援法」「障害者総合支援法」「障害者差別解消法」などがある。それぞれの法律と子ども家庭福祉の関連について，十分に学習しておきたい。

### 子ども家庭福祉の実施体系

**〈子ども家庭福祉の行政〉**

子ども家庭福祉の行政は，こども家庭庁，都道府県・指定都市，市町村の3つのレベルで実施されている。

こども家庭庁は,「こどもまんなか」社会を実現することを目標に掲げている。長官官房，成育局，支援局から構成される。長官官房は，こども政策全体の司令塔として，予算編成や政策の立案，広報活動など庁全体の代表窓口的な役割を果たしている。成育局は，保育所や認定こども園などの教育・保育給付の充実等，全てのこどもが健やかで安全・安心に成長できる環境の実現を目指している。支援局は，児童虐待防止対策，社会的養護，こどもの貧困の解消に向けた支援や障害児支援など，様々な困難を抱えるこどもや家庭に包括的な支援を行う。また，都道府県・指定都市は各地方の広域的にわたる行政施策に関する機能を，市町村は地域住民に密着した行政施策を担っている。

**〈子ども家庭福祉の実施機関〉**

子ども家庭福祉の実施機関としては「**児童相談所**」「**福祉事務所**」「**保健所・保健センター**」「**児童福祉審議会**」などがある。それぞれ詳しく学習しておきたい。

### 児童福祉施設

児童福祉施設については，児童福祉法第7条に,「この法律で，児童福祉施設とは，助産施設，乳児院，母子生活支援施設，保育所，幼保連携型認定こども園, 児童厚生施設, 児童養護施設, 障害児入所施設, 児童発達支援センター，児童心理治療施設，児童自立支援施設及び児童家庭支援センターとする」と規定されている。これら施設については,「**児童福祉施設の設備及び運営に関する基準**」なども参照して，その機能や役割，設置基準について十分に理解しておきたい。

## 4. 子ども家庭福祉の現状と課題

### 少子化と地域子育て支援

少子化対策は，核家族化や共働き夫婦の一般化，地域社会の子育て機能の低下等の問題への対応とともに，従来から次のような施策による取り組みが行われている。それぞれについて確認をしておきたい。

・エンゼルプラン(1994年)
・新エンゼルプラン(1999年)
・少子化対策プラスワン(2002年)
・少子化社会対策基本法(2003年)
・次世代育成支援対策推進法(2003年)
・子ども・子育て応援プラン(2004年)
・子ども・子育てビジョン(2010年)
・子ども・子育て関連3法(2012年)
・少子化社会対策大綱～結婚，妊娠，子供・子育てに温かい社会の実現をめざして～閣議決定(2015年)
・ニッポン一億人総活躍プラン(2016年)
・子育て安心プラン(2017年)
・新子育て安心プラン(2020年)

## 母子保健と児童の健全育成

### 〈母子保健〉

母子保健は,「母性並びに乳幼児に対する保健指導，健康診査，医療その他の措置を講じ,母子の保健の向上を目指すもの」であり,市町村の保健センターなどがサービスを提供している。母子に関する健康診査，保健指導，療養援護等，医療対策や母子保健関連施策の動向について，それぞれ学習しておきたい。

### 〈児童の健全育成〉

児童の健全育成のための施設として児童厚生施設(児童館，児童遊園)が，健全育成にかかる取り組みとして放課後児童健全育成事業(放課後児童クラブ)がある。また，文部科学省と厚生労働省では，新・放課後子ども総合プランを策定し，放課後児童クラブと放課後子供教室の一体的な実施等を推進している。

## 児童虐待・DV(ドメスティック・バイオレンス)とその防止

### 〈児童虐待の動向と種類〉

児童虐待は増加の一途をたどっている。児童虐待をめぐる動向としては,2000年に「**児童虐待の防止等に関する法律(児童虐待防止法)**」が成立し，児童相談所を中心に虐待への対応の強化が図られている。

児童虐待の分類については，**児童虐待防止法第２条**に次のように定められている。

| 身体的虐待 | 児童の身体に外傷が生じ，又は生じるおそれのある暴行を加えること。 |
|---|---|
| 性的虐待 | 児童にわいせつな行為をすること又は児童をしてわいせつな行為をさせること。 |
| ネグレクト | 児童の心身の正常な発達を妨げるような著しい減食又は長時間の放置，保護者以外の同居人による前二号又は次号に掲げる行為と同様の行為の放置その他の保護者としての監護を著しく怠ること。 |
| 心理的虐待 | 児童に対する著しい暴言又は著しく拒絶的な対応，児童が同居する家庭における配偶者に対する暴力，その他の児童に著しい心理的外傷を与える言動を行うこと。 |

**〈ドメスティック・バイオレンス(DV)の動向〉**

ドメスティック・バイオレンス(DV)とは「配偶者など親密な関係にある者から振るわれる暴力」のことで，DVの被害は近年急増している。

**〈DVの形態と対応〉**

DVの形態について内閣府は，①身体的暴力，②精神的暴力，③性的暴力の３つの形態を示している。近年ではこのほかにも④経済的暴力，⑤社会的暴力(社会的隔離)などの形態がある。

DVの被害にあっている場合，恐怖や不安のため自ら相談できなくなることが少なくない。保育所等においてDVの被害を確認した場合は，福祉事務所，配偶者暴力相談支援センター，警察など関連機関との連携をとり対応することが大切である。

## 少年非行等への対応

**〈少年法による少年の定義〉**

少年法では「少年」を満20歳未満としている(令和４年度から成年年齢が18歳に引き下げられた後も，18, 19歳の者は少年の定義に含まれるが「特定少年」の扱いとなり，検察官送致(送検)後の対応が原則20歳以上の者と同様になるなど，17歳未満の者とは異なる取り扱いがなされる)。

〈非行少年の種類〉

・犯罪少年：罪を犯した 14 歳以上 20 歳未満の少年
・触法少年：犯罪に触れる行為をした満 14 歳未満の少年
・虞犯少年：その性格又は環境に照らして，将来，罪を犯し，または刑罰法令に触れる行為をする恐れのある少年

〈家庭裁判所の対応〉

少年の非行に対して家庭裁判所では以下のような判断が行われる。

| 審判による決定事項 | 内容 |
|---|---|
| 保護処分 | ・保護観察所による保護観察<br>・児童自立支援施設・児童養護施設への送致<br>・少年院への送致 |
| 児童相談所送致 | ・「児童福祉法」に基づく支援が相当と判断された場合 |
| 試験観察 | ・処分の決定のために家庭裁判所調査官が適当な期間観察すること |
| 不処分 | ・保護処分が必要ないと認められた場合 |

## 貧困家庭，外国籍の子どもとその家庭への対応

〈貧困家庭への対応〉

厚生労働省の調査によると，2021 年のわが国の子どもの貧困率は 11.5%，さらにひとり親家庭の貧困率は 44.5%と子どもの貧困が問題となっている。なお，2014 年には，**「子どもの貧困対策の推進に関する法律」**が施行されている。

〈外国籍の子どもへの対応〉

グローバル化が進む今日のわが国では，あらゆる地域で外国人の姿がみられるようになった。こうした中で，保育士にも外国籍の子どもや保護者と身近にかかわる機会が増え，とくに，日本語を母語としない子ども・保護者との意思疎通の問題や，文化や教育方法の違いなどに対応する力が求められている。

## 地域における連携・協働とネットワーク

**〈要保護児童対策地域協議会〉**

2004年の児童福祉法改正により法定化された，要保護児童の適切な保護を図るために，関係機関等により構成される協議会。

**〈次世代育成支援対策地域協議会〉**

2003年に制定された次世代育成支援対策推進法に基づき，地方公共団体等が「次世代育成支援対策の推進に関し必要な措置についての協議会を組織する」ものである。2015年までの時限立法であったが，2025年3月まで延長されることになった。

## 演習問題

**1** 次の文は，「児童虐待の防止等に関する法律」の第1条である。（ ア ）～（ オ ）に当てはまる語句の組合せを，あとの①～⑤から1つ選びなさい。

（難易度■■□□□）

この法律は，児童虐待が児童の（ ア ）を著しく侵害し，その心身の成長及び（ イ ）に重大な影響を与えるとともに，我が国における将来の世代の育成にも懸念を及ぼすことにかんがみ，児童に対する虐待の禁止，児童虐待の予防及び（ ウ ）その他の児童虐待の防止に関する国及び地方公共団体の責務，児童虐待を受けた児童の保護及び（ エ ）のための措置等を定めることにより，児童虐待の防止等に関する施策を促進し，もって児童の権利利益の（ オ ）に資することを目的とする。

| | ア | イ | ウ | エ | オ |
|---|---|---|---|---|---|
| ① | 人権 | 発達 | 通告 | 自立の支援 | 監護 |
| ② | 身体 | 人格の形成 | 早期発見 | 保護者 | 擁護 |
| ③ | 人権 | 人格の形成 | 通告 | 自立の支援 | 監護 |
| ④ | 身体 | 発達 | 早期発見 | 保護者 | 擁護 |
| ⑤ | 人権 | 人格の形成 | 早期発見 | 自立の支援 | 擁護 |

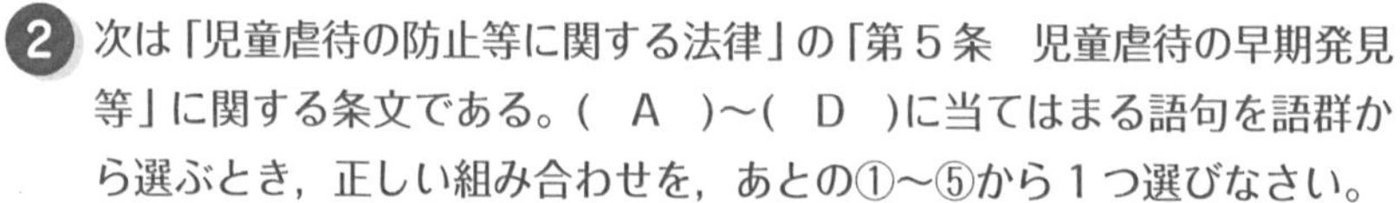

**2** 次は「児童虐待の防止等に関する法律」の「第５条　児童虐待の早期発見等」に関する条文である。(　A　)～(　D　)に当てはまる語句を語群から選ぶとき，正しい組み合わせを，あとの①～⑤から１つ選びなさい。

(難易度■■□□□)

(　A　)，児童福祉施設，病院，都道府県警察，婦人相談所，教育委員会，配偶者暴力相談支援センターその他児童の(　B　)に業務上関係のある団体及び学校の教職員，児童福祉施設の職員，医師，歯科医師，(　C　)，助産師，看護師，弁護士，警察官，婦人相談員その他児童の福祉に職務上関係のある者は，児童虐待を発見しやすい立場にあることを自覚し，児童虐待の(　D　)に努めなければならない。

〔語群〕

ア　保育所　　イ　地域　　ウ　学校　　エ　福祉
オ　保育　　カ　教育　　キ　保育士　　ク　保健師
ケ　民生委員・児童委員　　コ　学校の教職員
サ　防止　　シ　早期発見　　ス　通告

① A－ウ　B－エ　C－ク　D－シ
② A－ウ　B－カ　C－キ　D－サ
③ A－イ　B－オ　C－ケ　D－ス
④ A－イ　B－エ　C－コ　D－シ
⑤ A－ア　B－オ　C－キ　D－サ

**3** 次は「児童憲章」の一部である。空欄(　A　)～(　C　)に当てはまる語句を語群から選ぶとき，正しい組み合わせを，あとの①～⑤から１つ選びなさい。

(難易度■■□□□)

われらは，(　A　)の精神にしたがい，児童に対する正しい観念を確立し，すべての児童の幸福をはかるために，この憲章を定める。

児童は，(　B　)として尊ばれる。

児童は，社会の一員として重んぜられる。

児童は，よい(　C　)の中で育てられる。

〔語群〕

ア　家庭　　イ　人　　ウ　児童福祉法
エ　環境　　オ　国民　　カ　児童の権利に関する条約
キ　地域社会　　ク　子ども　　ケ　日本国憲法

① A－ウ　B－ク　C－キ
② A－カ　B－イ　C－ア
③ A－ケ　B－オ　C－ア
④ A－ウ　B－オ　C－エ
⑤ A－ケ　B－イ　C－エ

**4** 次の法律を年代の古い順に左から並べたものとして正しい組み合わせを，あとの①～⑤から１つ選びなさい。　(難易度■■■■■)

ア　児童手当法　　イ　児童福祉法　　ウ　児童扶養手当法
エ　母子保健法　　オ　特別児童扶養手当等の支給に関する法律

① ア－ウ－エ－オ－イ
② ア－エ－ウ－イ－オ
③ イ－オ－ウ－ア－エ
④ イ－ウ－オ－エ－ア
⑤ イ－ウ－ア－エ－オ

**5** 子どもの権利を定めた条約や法律について適切でないものを，次の①～⑤から１つ選びなさい。　(難易度■■■■□)

① 児童憲章は，すべての児童の幸福が図られるよう，1951年5月5日に制定されたものである。
② 児童憲章の前文には，児童が「人として尊ばれる」「社会の一員として重んぜられる」「よい環境の中で育てられる」ことが述べられている。
③ 「児童の権利に関する条約(子どもの権利条約)」は，1989年に国際連合総会で採択された，子どもの人権に関する世界で最初の国際的な条約である。
④ 「児童の権利に関する条約(子どもの権利条約)」では，15歳未満を「児童(子ども)」と定義している。
⑤ 「児童の権利に関する条約(子どもの権利条約)」全体では，「生きる権利」「守られる権利」「育つ権利」「参加する権利」が守られることが述べられている。

**6** 「児童の権利に関する条約」について，条約の内容として適切でないものを，次の①～⑤から１つ選びなさい。　(難易度■■■□□)

① 18歳未満の人を子どもとする。

② 全ての子どもは人種，皮膚の色，性，言語，宗教，出身，財産，心身の障害などによって差別されない。

③ 国は，18歳未満の子どもを戦争に参加させてはならない。

④ 子どもが身体的にも精神的にも，いかなる暴力や虐待を受けないよう，国が対策をとらなければならない。

⑤ 子どもは無理矢理働かされたり，そのために教育を受けられない仕事や健康を害する仕事をさせられたりしない。

**7** 子どもの権利の擁護者として「児童の権利に関する条約」の成立に影響を与えた人物を，次の①～⑤から1つ選びなさい。　(難易度■■■□□)

① 石井十次

② ヤヌシュ・コルチャック

③ 留岡幸助

④ トーマス・ジョン・バーナード

⑤ エレン・ケイ

**8** 「児童福祉法」に規定されている保育士の業務として適切なものを，次の①～⑤から1つ選びなさい。　(難易度■■■□□)

① 保育士は，児童の健康相談に応じ又は健康診査を行い，必要に応じ保健指導を行う。

② 保育士は，その担当区域内における児童に関し，その担当区域を管轄する児童相談所長又は市町村長にその状況を通知し，意見を述べる。

③ 保育士は，児童及び妊産婦の福祉の増進を図るための活動を行う。

④ 保育士は，児童の保護その他児童の福祉に関する事項について，相談に応じる。

⑤ 保育士は，児童の保育及び児童の保護者に対する保育に関する指導を行う。

**9** 次の文は，専門職者に関する「児童福祉法」第13条第4項の記述である。(　　)にあてはまる語句として正しいものを，あとの①～⑤から1つ選びなさい。　(難易度■■■□□)

(　　)は，児童相談所長の命を受けて，児童の保護その他児童の福祉に関する事項について，相談に応じ，専門的技術に基づいて必要な指導を行う等児童の福祉増進に努める。

① 民生委員　② 児童委員　③ 保育士　④ 社会福祉士
⑤ 児童福祉司

**10** 次の児童福祉の事業の名称として適切なものを，あとの①～⑤から１つ選びなさい。 (難易度■■■□□)

保護者の疾病その他の理由により家庭において養育を受けることが一時的に困難となつた児童について，内閣府令で定めるところにより，児童養護施設その他の内閣府令で定める施設に入所させ，又は里親その他の内閣府令で定める者に委託し，当該児童につき必要な保護を行う事業。

① 地域子育て支援拠点事業
② 乳児家庭全戸訪問事業
③ 放課後児童健全育成事業
④ 児童自立生活援助事業
⑤ 子育て短期支援事業

**11** 2019(令和元)年６月に改正された児童福祉法の「児童相談所の体制強化及び関係機関間の連携強化等」に当てはまらないものを，次の①～⑤から１つ選びなさい。 (難易度■■■■□)

① 都道府県は，児童相談所が措置決定その他の法律関連業務について，常時弁護士による助言・指導の下で適切かつ円滑に行うため，弁護士の配置又はこれに準ずる措置を行うものとするとともに，児童相談所に医師及び保健師を配置する。
② 児童福祉司の数は，人口，児童虐待相談対応件数等を総合的に勘案して政令で定める基準を標準として都道府県が定めるものとする。
③ 児童虐待を行った保護者について指導措置を行う場合は，児童虐待の再発を防止するため，医学的又は心理学的知見に基づく指導を行うよう努めるものとする。
④ 児童福祉司及びスーパーバイザーの任用要件の見直し，児童心理司の配置基準の法定化により，職員の資質の向上を図る。
⑤ 都道府県は，児童相談所の行う業務の質の評価を行うことにより，その業務の質の向上に努めるものとする。

**12** 児童福祉に関して市町村の事務とされていないものを，次の①～⑤から1つ選びなさい。 (難易度■■■□□)

① 保育の実施
② 要保護児童発見者からの通告受理
③ 障害児福祉手当の支給
④ 補装具の交付
⑤ 保育士試験の実施及び保育士の登録

**13** 「児童の権利に関する条約」に関する記述として適切なものを，次の①～⑤から1つ選びなさい。 (難易度■■■□□)

① 1959年11月に国連で採択された。
② 国際的機関が採択した最初の児童権利宣言である。
③ 日本は1994年(平成6年)に批准した。
④ 親は，子に与える教育の種類を選択する優先的権利を有することが規定された。
⑤ 前文で「児童は，人として尊ばれる」「児童は，社会の一員として重んぜられる」「児童は，よい環境の中で育てられる」と示している。

**14** 次の説明の(　　)にあてはまる名称として正しいものを，あとの①～⑤から1つ選びなさい。 (難易度■■■□□)

待機児童の解消を目指し，女性の就業率の上昇を踏まえた保育の受け皿整備，幼稚園やベビーシッターを含めた地域の子育て資源の活用を進めるため，(　　)が取りまとめられた。

(　　)では，4年間で約14万人の保育の受け皿を整備するほか，「地域の特性に応じた支援」「魅力向上を通じた保育士の確保」「地域のあらゆる子育て資源の活用」を柱として，各種取組を推進している。

① 次世代育成支援対策推進法
② 新子育て安心プラン
③ 少子化社会対策基本法
④ 新エンゼルプラン
⑤ 緊急保育対策等5か年事業

**15** 次の文は，児童福祉施設の設備及び運営に関する基準に定められる，認可保育所に関する児童福祉施設最低基準についての記述である。( A )～( D )にあてはまる数字として正しいものを，あとの①～⑤から1つ選びなさい。 (難易度■■■□□)

保育士の数は，乳児おおむね( A )人につき1人以上，満1歳以上満( B )歳に満たない幼児おおむね6人につき1人以上，満3歳以上満4歳に満たない幼児おおむね( C )人につき1人以上，満4歳以上の幼児おおむね( D )人につき1人以上とする。ただし，保育所1につき2人を下ることはできない。

① A－2 B－2 C－10 D－20
② A－2 B－3 C－10 D－30
③ A－3 B－3 C－20 D－30
④ A－3 B－2 C－20 D－20
⑤ A－3 B－3 C－30 D－30

**16** 児童の年齢の定義とその根拠法令の組み合わせについて適切でないものを，次の①～⑤から1つ選びなさい。 (難易度■■■□□)

① 18歳未満――母子及び父子並びに寡婦福祉法
② 満15歳に達した日以後の最初の3月31日が終了するまで――労働基準法
③ 18歳に達する日以後の最初の3月31日までの間にある者―児童手当法
④ 満18歳に満たない者――児童福祉法
⑤ 6歳以上13歳未満の者――道路交通法

**17** 児童生活支援員の任用資格として適切なものを，次の①～⑤から1つ選びなさい。 (難易度■■■□□)

① 保育士の資格を有する者
② 都道府県知事の指定する児童福祉施設の職員を養成する学校その他の養成施設を卒業した者
③ 学校教育法の規定による大学において，社会福祉学，心理学，教育学若しくは社会学を専修する学科又はこれらに相当する課程を修めて卒業した者
④ 3年以上児童福祉事業に従事した者であって，都道府県知事が適当と

認めた者

⑤　医師であって，精神保健に関して学識経験を有する者

**18** 「子供の貧困対策に関する大綱」が令和元年11月29日に閣議決定された。その中に示されている基本的な方針として誤っているものを，次の①～⑤から1つ選びなさい。　　　　(難易度■■■■□)

①　貧困の連鎖を断ち切り，全ての子供が夢や希望を持てる社会を目指す。

②　親の妊娠・出産期から子供の社会的自立までの切れ目のない支援体制を構築する。

③　支援が届いていない，又は届きにくい子供・家庭に配慮して対策を推進する。

④　経済的な支援では，世帯の経済的自立につながる保護者の就労支援を中心に位置付け，金銭等の給付は行わないこととする。

⑤　地方公共団体による取組の充実を図る。

## 解答・解説

**1** ⑤

解説

児童虐待事件の増加に伴い，2000年に「児童虐待の防止等に関する法律」が制定された。この法律では，児童虐待を明確に定義し，虐待の防止と早期発見，虐待を受けた子どもの適切な保護などが定められた。また，その後の改正で，国及び地方公共団体の責務の強化，児童虐待にかかわる通告義務の範囲の拡大などの規定が整備された。2007年の改正では，立ち入り調査の強化，保護者に対する面会・通信等の制限の強化がなされた。2017年の改正で，児童の保護に関して司法関与の強化が行われた。

**2** ①

解説

児童相談所は児童の福祉増進のため，児童福祉法に基づいて指定都市及び児童相談所設置市に設置され，児童の生活全般に関して保護者や学校からの相談に応じ，児童や家庭について調査や判定を行って，必要な指導や措置をとる機関である。児童虐待の防止等に関する法律第6条第1項で「児童虐待を受けたと思われる児童を発見した者は，速やかに，これを市町村，都道府県の設置する福祉事務所若しくは児童相談所又は児童委員を介して市町村，都道府県の設置する福祉事務所若しくは児童相談所に通告しなければならない。」とされていることについての出題が多い。

**3** ⑤

解説

児童憲章は1951(昭和26)年5月5日に制定された。5月5日はこどもの日(1948〈昭和23〉年の国民の祝日に関する法律で制定)であり，児童憲章制定記念日でもある。制定したのは，当時の厚生省中央児童福祉審議会の提案に基づき日本国民各層・各界の代表で構成された児童憲章制定会議である。法令ではないものの，一定の公的規範としての性格を有している。引用文は前半部分で，後半は「すべての児童は」で始まる一から十二までの文章が列記されている。児童憲章は，わが国で最初の子どものための権利宣言である。Aには**ケ**の日本国憲法が当てはまる。Bには**イ**の人が当てはまる。Cには，**エ**の環境が当てはまる。

 ④

**解説**

**ア**　児童手当法は1971(昭和46)年に制定され，翌年1月から施行された。2010(平成22)年度から2011(平成23)年度まで「児童手当」に代わり「子ども手当」が支給され，2012(平成24)年度からは改正された児童手当に移行している。

**イ**　児童福祉法は1947(昭和22)年に制定され，翌年1月から施行された。

**ウ**　児童扶養手当法は1961(昭和36)年に制定され，翌年1月から施行された。父又は母と生計を同じくしていない児童が育成される家庭に児童扶養手当を支給する。

**エ**　母子保健法は1965(昭和40)年に制定され，翌年1月から施行された。

**オ**　特別児童扶養手当等の支給に関する法律は1964(昭和39)年7月2日に制定され，同年9月1日から施行された。心身に障害を持つ児童の保護者に対して支給される。

**5** ④

**解説**

「子どもの権利条約」では，児童は，18歳未満のすべての人としている。なお，この条約は，平成元(1989)年に国際連合で採択され，日本が批准したのは，平成6(1994)年である。

**6** ③

**解説**

「児童の権利に関する条約」(子どもの権利条約)は，世界的な視野から，児童の人権の尊重，保護の促進を目指し54の条項から成り立っている。その内容は，生きる権利(生存権)，育つ権利(発達権)，保護される権利(虐待・放任・搾取からの保護)，参加する権利(自由に意見を表明したり活動したりする権利)に分類することもできる。なお，①は第1条(子どもの定義)，②は第2条(差別の禁止)，④は第19条(虐待放任からの保護)，⑤は第32条(経済的搾取・有害労働からの保護)に規定されている。

**7** ②

**解説**

①　石井十次(1865～1914)は社会事業家。日本で最初の孤児院である岡山孤児院を創設した。

② ヤヌシュ・コルチャック(1878～1942，本名：ヘンリク・ゴルトシュミット)はポーランドの医師・児童文学作家。孤児救済と子どもの教育に献身。「児童の権利に関する条約」は，コルチャックによる「子どもの権利」のアイディアに基づき，ポーランド政府が提案した。

③ 留岡幸助(1864～1934)は牧師，社会事業家。感化教育を実施し非行少年の救護に努めた。

④ トーマス・ジョン・バーナード(1845～1905)はイギリスの社会事業家。1870年にロンドンで孤児院のバーナード・ホームを開設，また里親制度や小寮舎制度に先駆的に取り組んだ。

⑤ エレン・ケイ(1849～1926)はスウェーデンの女性教育家。著書『児童の世紀』において「教育の最大の秘訣は教育しないことにある」と説き，子どもの自由な創造性を重視した。

**8** ⑤

**解説**

① 保健所の業務(第12条の6第1項第二号)。

② 児童福祉司の業務(第14条第2項)。

③ 児童委員の業務(第17条第1項第六号)。

④ 児童福祉司の業務(第13条第4項)。

⑤ 保育士の業務(第18条の4)。児童福祉法第18条の4において，保育士とは，「第18条の18第1項の登録を受け，保育士の名称を用いて，専門的知識及び技術をもつて，児童の保育及び児童の保護者に対する保育に関する指導を行うことを業とする者」と規定されている。2001年の児童福祉法改正によって名称独占の資格として法制化された。保育所勤務のほかには，乳児院，児童養護施設，知的障害児施設等の児童福祉施設に配置されている。

**9** ⑤

**解説**

児童福祉法第13条第4項の規定。児童福祉司は，児童の福祉に関して，親や児童からの相談業務にあたる。任用の要件は，(1)都道府県知事の指定する児童福祉司若しくは児童福祉施設の職員を養成する学校その他の施設を卒業し，又は都道府県知事の指定する講習会の課程を修了した者，(2)学校教育法に基づく大学又は旧大学令に基づく大学において，心理学，教育学若しくは社会学を専修する学科又はこれらに相当する課程を修めて卒業した者であつて，内閣府令で定める施設において1年以上相談援助業務(児童その他の者の福祉に関する相談に応じ，助言，指導その他の援助を行う業務をいう)に従事したもの，(3)医師，(4)社会福祉士，(5)精神保健福祉士，(6)公認心理士，(7)社会福祉主事として，2年以上相談援助業務に従事した者であって，内閣総理大臣が定める講習会の課程を修了した者，(8)その他内閣府令で定めるもの。

 ⑤

解説

子育て短期支援事業とは，保護者が病気や仕事により家庭で児童の養育が困難な場合や，冠婚葬祭，出張など社会的な事由により一時的に家庭で児童を養育できない場合，また夫等の暴力等により，緊急一時的に保護を必要とする母子等を原則として一週間を限度として児童福祉施設で一時的に養育することで，児童及びその家庭への子育て支援を図る事業。対象の児童福祉施設には，実施施設市町村が指定した児童養護施設，母子生活支援施設，乳児院，里親等があり，利用者の課税状況により負担金が必要となる。児童福祉法第6条の3第3項で規定されている。

 ③

解説

児童福祉法は昭和22(1947)年に公布され，平成16(2004)年の改正では児童虐待に対応するための措置が盛り込まれた。また，平成28(2016)年に行われた改正では，第1条及び第2条が大幅に改正され，さらに，第1条及び第2条は「児童の福祉を保障するための原理」であり，児童に関する全ての法令の施行に当たって，常に尊重されなければならない，という条文が同法第3条として加えられた。令和元(2019)年の改正では，国，都道府県及び市区町村における体制の強化を進めるための改正が行われた。③は，同じく改正された「児童虐待の防止等に関する法律」に当てはまるものである。

 ⑤

解説

保育士試験の実施及び保育士の登録は市町村の事務ではない。保育士となるには，都道府県知事の指定する保育士を養成する学校その他の施設を卒業した者や保育士試験に合格した者が，都道府県の備える保育士登録簿に氏名,生年月日その他厚生省令で定める事項の登録を行う。保育士試験は,都道府県が実施する試験制度であるが,平成16年から都道府県知事が指定する指定試験機関に試験事務を行わせることが可能となった。保育士登録に関しては,都道府県から委託を受けて登録事務処理センターが保育士登録の事務を実施している。

**13** ③

**解説**

① 1959年11月に国連で採択されたのは「児童の最善の利益」を基本理念に掲げた,「児童の権利宣言」である。

② 国際的機関が採択した最初の宣言は,1924年に国際連盟が第5回総会で採択した「児童の権利に関するジュネーヴ宣言」である。

③ 「児童の権利に関する条約」は,国連において1989年11月に採択され,18歳未満の子どもを児童とし,児童の生存・養育・保護,意見表明,良心・思想の自由等の諸権利とその保護を認めている。

④ 1948年12月に国連で採択された「世界人権宣言」第26条のこと。

⑤ 1951年5月5日制定された「児童憲章」。国と地方自治体が,保護者とともに児童を健やかに育成する責任を負うことを定めた。

**14** ②

**解説**

① 次世代育成支援対策推進法により,101人以上の労働者を雇用する事業主は,従業員の仕事と家庭の両立を図るために必要な雇用環境の整備などについて「一般事業主行動計画」を策定し届けることになった。

② 2020(令和2)年12月に発表された新子育て安心プランは,女性の就業率の上昇を踏まえた保育の受け皿整備,幼稚園やベビーシッターを含めた地域の子育て資源の活用。

③ 2003(平成15)年7月制定された少子化社会対策基本法は,子育て支援のため,雇用環境の整備,保育サービスの充実,地域社会の子育て支援の強化等を定めた。

④ 新エンゼルプランは2000(平成12)年度から5か年の少子化対策。

⑤ 緊急保育対策等5か年事業は1994(平成6)年のエンゼルプランの一環として策定された。

 ③

解説

児童福祉施設の設備及び運営に関する基準第33条第2項によると，認可保育所における保育士の数は，乳児が3人に対して保育士が1人以上，1～2歳児が6人に対して保育士が1人以上，3歳児が20人に対して保育士が1人以上，4歳以上児が30人に対して保育士が1人以上とされている。職員はこの保育士の他に嘱託医，調理員をおかなければならない。保育所における保育時間は，1日に8時間が原則とされ，その地方における乳児又は幼児の保護者の労働時間その他家庭の状況等を考慮して，保育所の長がこれを定めるとしている(同法第34条)。

 ①

解説

① 母子及び父子並びに寡婦福祉法第6条第3項において「この法律において『児童』とは，20歳に満たない者をいう。」と規定されている。

② 労働基準法では，児童は満15歳に達した日以後の最初の3月31日が終了するまでと定義している。

③ 児童手当法では，児童の年齢の定義は，手当の支給を年度途中で切らない考え方に基づいている。

④ 児童福祉法第4条に規定される児童は満18歳未満の者である。

⑤ 道路交通法では児童は6歳以上13歳未満の者と定義されている。

 ①

解説

児童自立支援施設は，犯罪などの不良行為を行い，または行うおそれがある児童や，生活指導を要する児童を入所・通所させて，必要な指導を行い自立を支援する児童福祉施設。児童福祉施設の設備及び運営に関する基準第83条において，児童生活支援員は，保育士の資格を有する者，社会福祉士の資格を有する者，3年以上児童自立支援事業に従事した者のいずれかに該当する者でなければならないと規定されている。 ②，③，④は，児童指導員の任用資格の条件の一部であり，⑤は児童自立支援専門員の任用資格の条件の1つである。

 ④

出題の資料では,「経済的支援に関する施策は，様々な支援を組み合わせてその効果を高めるとともに，必要な世帯への支援の利用を促していく」とされており，経済的支援についても，母子父子寡婦福祉資金貸付金等や養育費の確保に関する支援などが示されている。

# 第4章

# 専門試験
# 保育の心理学

## POINT

### 1．子どもの発達と理解

子どもに対してより良い保育を行うためには，目の前の子どもの発達についての見通しをもつことが不可欠である。そのためには，乳幼児期はもちろん老年期までの各発達段階の特徴や課題について理解をしておく必要がある。

また，発達を取り巻く環境についても把握をし，子どもの理解に役立てていくことが大切である。

#### 発達

発達とは，出生から死に至るまでの身体的・精神的機能を変えていく過程である。

発達の考え方には

成熟優位説(遺伝の影響を重視)――ゲゼル
環境有位説(環境の影響を重視)――ワトソン
相互作用説(遺伝と環境両方の影響を重視)――シュテルン

がある。代表的な研究者と合わせて覚えておきたい。

#### 発達理論

**〈ピアジェの認知発達段階説〉**

子どもは生まれたときから環境と相互作用しており，環境に対する認識の枠組みが段階的に(質的に)変化していくという説。

第１段階(0～2歳)を**感覚運動期**
第２段階(2～7歳)を**前操作期**
第３段階(7～12歳)を**具体的操作期**
第４段階(12歳～)を**形式的操作期**

と分けられる。幼児期に該当する第２段階は表象(イメージ)を用いて頭の中で考えることができるようになるが，論理的思考はまだ難しく，自己中心性(自分と他人の視点を区別できず，自分の視点からしか物事を理解できない性質)が強い時期としている。

**〈エリクソンの心理社会的発達段階説〉**

生涯発達の観点で乳児期から老年期までを８つの段階に区分し，各段階の発達課題(心理社会的危機)を乗り越えることが次の課題に向かう力になるという説。各段階に直面する発達課題は次のように整理される。

| 発達段階 | 発達課題 |
|---|---|
| 乳児期(0～1歳) | 基本的信頼 対 不信 |
| 乳児期前期(1～3歳) | 自律性 対 恥・疑惑 |
| 乳児期後期(3～6歳) | 自主性 対 罪悪感 |
| 学童期(6～12歳) | 勤勉性 対 劣等感 |
| 青年期(12～20歳) | 同一性 対 同一性拡散 |
| 成人初期(20～30歳) | 親密性 対 孤立 |
| 成人期(30～65歳) | 生殖性 対 自己陶酔 |
| 老年期(65歳～) | 統合性 対 絶望 |

そのほかの発達理論として，**ヴィゴツキーの発達理論**や**バルテスの生涯発達理論**，また，発達を取り巻く環境については**ブロンフェンブレンナーの生態学的システム理論**なども覚えておきたい。

## 2. 各発達段階の特徴

ここでは大まかな内容とキーワードのみ記すが，各発達段階の特徴や課題について，実際の子どもの姿や他者との関わりを含めて理解をしておきたい。また，発達の連続性を意識することも大切である。

**〈新生児期・乳児期〉**

・誕生時の視力は0.02程度，複雑な図形，顔図形への選好注視
・世界中の音韻に対する弁別能力(～生後6ヶ月)→母語への適応(～1歳)
・物理的環境との関わり(原始反射→循環反応)，対象の永続性の理解
・他者との関わり(共鳴動作，エントレインメント)
・愛着の形成(安全基地の確立・基本的信頼感の獲得)
・二項関係→三項関係(共同注意)の成立(9ヶ月革命)，社会的参照

〈言語発達の目安〉

泣き・叫喚(1ヶ月)→クーイング(2～3ヶ月)→過渡的喃語(4ヶ月)→規準喃語(6ヶ月)→会話様喃語(10ヶ月)→初語(1歳)

**〈幼児期〉**

・自我の芽生えと第一反抗期，基本的生活習慣の獲得
・表象(イメージ)の使用，ふり遊び，見立て遊び，ごっこ遊びの展開

・内的作業モデル(愛着表象)の発達，分離不安の低下と探索活動の活発化
・言葉によるコミュニケーションの確立，内言の発達(ひとり言)
・心の理論の獲得(4～5歳)，社会的な遊びの発達(パーテンによる分類)

**〈学童期・青年期〉**
・学校社会への適応(一次的ことば→二次的ことば)，小1プロブレム
・認知発達(前操作期→具体的操作期→形式的操作期)，メタ認知の発達
・仲間集団の形成と発達(ギャングエイジ，チャムグループ→ピアグループ)
・他者視点の取得，自己意識の高まり，社会的比較，9歳(10歳)の壁
・思春期(第二次性徴に伴う心理的変化の時期)，第二反抗期，心理的離乳
・アイデンティティの探索，モラトリアム

**〈成人期・老年期〉**
・他者やパートナーとの親密性の確立(就職や結婚，子育て)
・社会的役割と責任，ライフスタイルの確立(燃え尽き症候群)
・社会的な役割の変化に伴うアイデンティティの再構成(空の巣症候群)
・身体機能の低下と喪失経験，サクセスフルエイジング

## 3. 現代の子どもを取り巻く環境の理解と家庭支援

子どもを理解し，適切な援助をするためには，家庭との連携が重要であるが，現代社会は価値観やライフスタイルが多様化し，家庭のあり方は一様ではない。また，子育てをめぐる社会的状況が変化する中で，子育てに悩み，苦しむ家庭も少なくない。保育者は，子どものより良い援助のためにもそうした家庭の理解や支援をしていくことが求められている。

### 家族関係や親子関係の理解

家族関係や親子関係は社会的な文脈の中に埋め込まれていて，ダイナミック(動的に)変化するものであることをについて，以下のキーワードを押さえておきたい。

・発達の相乗的相互作用モデル，気質と環境の適合の良さ
・養育行動のプロセスモデル(親要因，子ども要因，社会文化的要因)
・システムとしての家族(直線的因果律ではなく，円環的因果律での理解)
・ブロンフェンブレンナーによる生態学的システム理論(マイクロシステム，

メゾシステム，エクソシステム，マクロシステム)

### 子育て家庭に関する現状や課題

女性の就業率の高まりにより共働き家庭が増える一方で，いまだ子育ての負担は女性に偏っているのが現状である。子育ては性別ではなく，経験によるところが大きい。また，ヒトという種はそもそも血縁に関わらずさまざまな個体が協力して子育てをする性質をもっている，ということを念頭に家庭の子育て支援をしていく必要がある。ここでは，以下のキーワードをぜひ押さえておきたい。

- 共働き世帯の増加と性別役割分業の問題，M字カーブ，3歳児神話
- 少子化に伴う親準備性の不足と孤立した育児→育児不安
- マタニティーブルーズと産後うつの特徴と違い
- 虐待とマルトリートメントについての理解と，保育士としての対応
- 多様な家族(ひとり親家庭，貧困家庭，ステップファミリー，里親家庭，外国にルーツをもつ家庭)の理解と必要な支援

## 4. 子どもの発達の理解に基づく保育

子どもの発達は個人差が大きく，また，子どもが生まれもつ気質や家庭の状況によっても異なる。また，実際の子どもの発達は連続したものであり，理論は参考にはなるが，そのまま当てはまるものではない。さらに，一人ひとりに向き合うだけでなく，子ども同士の関わりを促していくことも保育者の役割である。

そうした保育の実践には正解と呼べるものはなく，保育者は自らの保育実践を常に振り返り，評価していくことが必要である。そのためには，他の保育者との協働，対話も欠かすことができないだろう。

ここでは，そうした実際の保育場面における子どもの姿や保育士としての役割を意識したキーワードを記す。

### 子ども相互の関わり・集団での育ち

- 集団で過ごすことの意義(観察学習，発達の最近接領域を刺激する存在としての仲間)
- いざこざやけんかの意味，自己制御能力(自己主張・自己抑制)の発達，いざこざやけんかへの介入

### 保育実践とその評価

・保育士の役割(安全基地として，子どもの環境から学びを促す環境設定)
・発達の連続性を意識した援助，小学校との連携と接続
・カリキュラムマネジメント，PDCAサイクル，全体的な計画
・保護者や他の保育者との対話，協働

## Q 演習問題

**1** 発達について述べた記述として不適切なものを，次の①～⑤から1つ選びなさい。 (難易度■■□□□)

① ポルトマンによれば，ヒトは進化の過程で大脳が発達した一方，直立二足歩行によって骨盤の形状が変化し，産道が狭くなったため，未熟な状態で子どもを出産するようになった。

② バルテスによれば，発達は生涯にわたる獲得と喪失のダイナミックな相互作用であり，加齢とともに獲得はなくなり，喪失のみとなる。

③ エリクソンやピアジェは，発達には量的な変化だけでなく，質的な変化があると考え，発達段階を設定している。

④ 発達には遺伝要因と環境要因がともに関わるが，近年，特定の遺伝的傾向をもつ人は，特定の環境にさらされやすいという遺伝・環境間相関を考える必要性も指摘されている。

⑤ ヴィゴツキーは，子どもに対する教授・学習においては，子どもが自力で達成できる水準だけでなく，子どもが他者との共同や，他者からの援助によって達成できる水準を把握する必要性を指摘し，発達の最近接領域という概念を提唱した。

**2** アタッチメント(愛着)について述べた記述として適切なものを，次の①～⑤から1つ選びなさい。 (難易度■■■□□)

① ボウルヴィは，子どもが安定したアタッチメントを形成し，心身とも健やかに発達するためには，母親による養育の重要性を主張した。

② アタッチメントとは，不安や恐れなどネガティブな情動を解消するために重要な心理機能である。

③ ハーロウは，ストレンジシチュエーション法により養育者と子どものアタッチメント形成の質の個人差を調べた。

④ アタッチメント形成のタイプが回避型やアンビバレント型であった場合には，その後の心身の発達に深刻な影響がある。

⑤ 初期の養育者とのアタッチメント形成は，その後も内的作業モデルとして心的に機能し，その後の対人関係のすべてを決める。

**3** 次の０歳児クラスの事例と特に関連が深い用語の組み合わせとしてもっとも適切なものを，あとの①～⑤から選びなさい。 (難易度■■■□□)

【事例】

保育士の膝に座って絵本を読んでいたAちゃんは，絵本の中に描かれたごみ収集車を指さしながら保育士の顔を見上げた。保育士は「ごみ収集車あったね」と応じてから，ついさっき保育所の前にごみ収集車が止まっていたことを思いだし，「ごみ収集車，Aちゃん，さっき見たねえ」と声をかけると，Aちゃんはにっこり笑って絵本に視線を戻した。

【語群】

選好注視　　共同注意　　三項関係　　二項関係

叙述の指差し　　要求の指差し

① 選好注視，三項関係，叙述の指差し

② 選好注視，二項関係，要求の指差し

③ 共同注意，三項関係，叙述の指差し

④ 共同注意，二項関係，要求の指差し

⑤ 共同注意，三項関係，要求の指差し

**4** ピアジェの認知発達段階説に関するA～Eの年齢と，ア～オの発達段階の組み合わせとして正しいものを，あとの①～⑤から１つ選びなさい。

(難易度■■□□□)

A　0～2歳　　B　2～4歳　　C　4～7，8歳

D　7，8～11，12歳　　E　11，12～14，15歳

ア　前概念的思考期　　イ　感覚運動期

ウ　具体的操作期　　エ　形式的操作期

オ　直観的思考期

① A－イ　B－ア　C－エ　D－オ　E－ウ

② A－オ　B－ウ　C－エ　D－ア　E－イ

③ A－オ　B－ア　C－イ　D－ウ　E－エ

④ A－イ　B－ア　C－オ　D－ウ　E－エ
⑤ A－イ　B－ウ　C－オ　D－エ　E－ア

**5** 言葉の発達に関する記述として不適切なものを，次の①～⑤から１つ選びなさい。　(難易度■■■■□)

① 新生児期は不快を表す泣き声が主であるが，生後２ヶ月頃から機嫌のよい時にクーイングと呼ばれる，「アー」「クー」とのどの奥を鳴らすような音を出すようになる。

② 生後６ヶ月頃には，規準喃語と呼ばれる，「マンマンマン…」のように子音と母音を組み合わせたリズミカルな発声ができるようになる。

③ 生後１歳になるまでには，「バブバブ」のように異なる音を組み合わせ，母語のイントネーションを備えた会話様喃語(ジャーゴン)を発するようになり，その中に特定の意味を伴う語が現れるようになる。

④ 初語が出現して半年ほどは語の獲得速度が遅く，過大汎用(動物はすべて「ワンワン」と呼ぶ)や過大縮小(自分の家の犬だけを「ワンワン」と呼ぶ)といった現象がみられる。

⑤ 多語文が話せるようになると，遊び場面ではひとりごとが増える。ピアジェはこの現象を，コミュニケーション手段として獲得された言葉が，思考の手段としての機能をもつようになる過程で生じるものと考え，理論化した。

**6** 排泄の自立に関する記述として不適切なものを，次の①～⑤から１つ選びなさい。　(難易度■■■□□)

① 排泄の自立には，尿を膀胱に２時間以上ためておけるようになっていること，歩けること，言葉で尿意を知らせることができるようになっていることなど，一人ひとりのレディネスを見極め，無理なく進めることが必要である。

② 排泄の自立に向けては，絵本を読んだり，動物の排泄を観察したり，生活の中で排泄やトイレに対する興味関心をもつところから始め，トイレに行き，次に便器に座るなど，スモール・ステップで進めることが大切である。

③ 保育者が子どもの好きなシールと台紙を用意して，子どもが便器で排泄できたらシールを貼れるようにするのは，子どもの便器での排泄に対

する内発的動機づけを高めるための正の強化子である。

④ 他児が自分からトイレに行き，排泄を済ませてすっきりした様子で戻ってくる姿を見ることは，子どもにとって観察学習のモデルになる。

⑤ 排泄の自立の過程において，子どもは自らの主体感や有能感とともに，時には甘え，受容される経験を通して，他者への基本的信頼感を深めていると考えられる。

**7** 学童期から青年期の発達に関する記述として不適切なものを，次の①～⑤から１つ選びなさい。 (難易度■■■□□)

① 学童期は対人関係において友人の比重が高まり，中・高学年の頃にはギャングエイジと呼ばれる同年代，同性からなり，役割分担のはっきりした排他的な仲間集団を形成する。

② 割り算や小数・分数など，具体的に操作しづらい学習が始まることで「9歳の壁」などと呼ばれるように，学習へのつまずきが増えてくる時期である。

③ 第二次性徴など身体的な成熟とともに，心理的変化を経験する思春期は，親からの心理的離乳を試みる時期であり，不安なことにもひとりで立ち向かうことが必要である。

④ 青年期において，友人は親に代わる重要な存在となるが，青年期前期は同調性が高く，互いの異なる部分を積極的に理解し合うことが難しいため，いじめの問題も起こりやすい。

⑤ メタ認知とは，自らの認知活動を客観的にとらえ，評価したり，修正したりする機能であるが，これは学童期から青年期を通して発達する。

**8** 成人期から老年期の発達に関する記述として不適切なものを，次の①～⑤から１つ選びなさい。 (難易度■■■■□)

① エリクソンによれば，成人期の発達課題は「生殖性の獲得」である。これは，親となって自らの子どもを育てることにより人間的に成熟することを意味している。

② 青年期に形成されたアイデンティティは，その後も役割の変化に伴って再び揺れ動き，「自分はどう生きていくか」についての問い直しが起こる。

③ 加齢とともに新しい情報を処理する流動性知能は低下するが，結晶性知能は維持され，経験で培った知識や習慣が日常生活を支えてくれる。

④　老年期は一般に主観的幸福感が高くなるが，それは，人生が有限であることを理解し，既存の人間関係を深めることで，情動的な満足感を得やすくなるためである。

⑤　ユングは40歳を「人生の正午」ととらえ，40代以降の成人期は，身体的には衰え始めるが，人格的には成熟が進む時期であると考えている。

**9** 子育てと家族に関する記述として不適切なものを，次の①～⑤から１つ選びなさい。　(難易度■■□□□)

①　子どもが生まれもつ気質が「扱いにくい」場合，親の子どもに対する関わりが難しく，親としての自信や養育への意欲が失われることで，結果として子どもの問題行動が結実していくという「発達的悪循環」が生じる可能性がある。

②　子どもの問題行動が生じた際には，例えば「母親の愛情が足りないから(原因)子どもが問題行動を起こす(結果)」など直線的因果律で考えがちだが，「子どもが問題行動を起こすから，母親が子どもに愛情を注げない」ともいえ，原因と結果が相互に影響し合っている円環的因果律を用いることが必要である。

③　アロマザリングとは，子育て中の母親の周りにいるさまざまな個体が子育てに関わり，共有するシステムであり，ヒトにおいても見られる行動だが，今はそのシステムが失われ孤育てになっている現状がある。

④　ファミリーアイデンティティ(FI)とは，自分が家族とみなす範囲のことであり，これは，血縁関係や法的関係，同居の有無によって規定される。

⑤　コペアレンティングとは，子育てに関わる者同士が，子育てに関して互いに支え合い，調整し合う関係のことであり，コペアレンティングが良好でも夫婦関係が良好とは限らない。

**10** 多様な家庭・配慮の必要な家庭とその支援に関する記述として不適切なものを，次の①～⑤から１つ選びなさい。　(難易度■■■■□)

①　マルトリートメント(不適切な養育)とは，虐待を含め，それが子どものためであるという認識に基づくものであっても，子どもの心やからだを傷つけるような行為すべてを指す。

②　ステップファミリーとは，主に子どもを連れた再婚などで血縁関係の

ない親子関係やきょうだい関係を含む家庭のことであるが，大人に比べて子どもは適応が早いため，新しい家族を受け入れ，家族としての一体感を感じられるようになるまでほとんど時間を要さない。

③ 虐待を受けている子どもが無気力で抑うつ的になってしまうメカニズムは，不快な状況から逃げ出そうとしても逃げ出せない状況に長くいると，そこから逃げ出そうとする努力さえしなくなってしまう学習性無力感が考えられる。

④ 近年，外国にルーツをもつ子どもが増えているため，保育者が積極的に異なる文化に関心や学ぶ姿勢をもち，異なる文化的背景をもつ者同士が尊重し合える保育の場を作る必要がある。

⑤ 日本では相対的貧困率の高さが問題であり，子どもたちが家庭で得られる経験に家庭の経済状況による格差が生じているため，保育所では家庭で不足した子どもの経験不足を補う役割がある。

**11** 子どもの心の健康に関わる問題に関する記述として適切なものを，次の①～⑤から１つ選びなさい。 (難易度■■■■■)

① 選択性緘黙とは，他の状況では年齢相当に話せるのに対し，特定の社会状況で一貫して話をすることを自らの意志で拒否する状況が，1ヶ月以上持続している状態をいう。

② 性器いじりは，性器に刺激を与えて身体的快感を得る行為のことであるが，習慣化しないように厳しく制止しなくてはいけない。

③ 自閉スペクトラム症は社会的なコミュニケーションの難しさがその中核症状であり，対人的交流に対して関心を示すことはない。

④ 逆境でも良好な発達や社会適応を達成する人はレジリエンス(精神的回復力)が高いと考えられるが，このレジリエンスは個人のもって生まれたものであり，発達の過程で獲得されることはない。

⑤ 乳幼児期は発音が未熟でもあまり気にする必要はないが，周囲の大人が噛む・吹く・吸う・舌を動かすといった遊びや活動を楽しめるような工夫をすることで，子どもの発音の発達を支援することは可能である。

**12** エリクソンの心理社会的発達段階説に関する記述として不適切なものを，次の①～⑤から１つ選びなさい。 (難易度■■■□□)

① アイデンティティとは，自分で斉一性と連続性が感じられるとともに，

他者がそれを認めてくれているという両方の自覚であり，両者の合致によって生じる自信がアイデンティティの感覚といえる。

② 人生は8つの段階に区分され，各段階にはその時期に達成されるべき課題(心理社会的危機)があり，それを乗り越えることが次の段階の発達課題に立ち向かう力となる。

③ 乳児は自身の欲求が満たされる中で，世界に対する基本的信頼感を獲得するため，周囲の大人は乳児の欲求をすべて完璧に満たしてやらなければならない。

④ 幼児期前期は「自分でやりたい」気持ちと「やりたいけれどできない」という葛藤を経験しているため，大人はやろうとした気持ちを認め，尊重し，次にまた挑戦できるよう支援する必要がある。

⑤ 幼児期後期は子どもの興味の対象が広がり，「なぜ？」「どうして？」と質問を積極的にするが，そうした質問が許されない環境では，子どもは好奇心をもつこと自体に「罪悪感」を感じるようになってしまう。

**13** 次のア～オは，乳幼児期の遊びの形態である。発達のより早い時期に観察されるものを左から順に並べたものとして適切なものを，あとの①～⑤から１つ選びなさい。 (難易度■■□□□)

ア 協同遊び　イ 傍観的行動　ウ 連合遊び　エ 並行遊び
オ ひとり遊び

① オ－イ－エ－ア－ウ
② オ－イ－エ－ウ－ア
③ オ－エ－イ－ア－ウ
④ エ－オ－イ－ウ－ア
⑤ エ－イ－ウ－ア－オ

**14** 環境や環境移行に関する記述として不適切なものを，次の①～⑤から１つ選びなさい。 (難易度■■■□□)

① ブロンフェンブレンナーは，子どもを取り巻く環境を生態学的システムととらえ，マイクロシステム，エクソシステム，マクロシステムの3水準に整理している。

② 生態学的とは「個人と環境の相互作用を想定している」ということであり，弟妹の誕生，入園や入学，卒園や卒業などで子ども自身の立場や役

割が変化すると，他のシステムもそれに連動して変化する。

③　環境の変化はたとえ入園や進級のようにポジティブなものでも，生活の見通しがもてないことでストレスとなることを理解し，子どもや保護者と関わることが必要である。

④　弟妹の誕生や就学などの環境変化に際して示す幼児退行(赤ちゃん返り)は，新しい環境に対する心理的葛藤の現われであり，甘えが受け止められ安心感を得ることで再び自立に向かうことができる。

⑤　子どもが周囲の環境に興味関心をもてるのは情緒が安定しているからであり，保育所における子どもの環境を通した育ちの基盤は，保育者と子どもとのアタッチメント形成であるといえる。

**15** 就学の援助に関する記述として適切でないものを，次の①～⑤から１つ選びなさい。 (難易度■■■□□)

①　読み書きの習得には音韻意識が必要であるが，これは４歳頃から学童期を通して遊びの中で育まれる。

②　就学に伴い，子どもたちは場を共有していない人でも理解できるような二次的ことばの習得を求められるが，二次的ことばの習得に際しては生活経験と切り離した内容で他者に伝える訓練が必要である。

③　小学校では，幼児期に自発的な遊びを通して育まれてきたことが各教科の学習に円滑に接続され，主体的に学びに向かえるようスタートカリキュラムが行われている。

④　子どもたちは生活や遊びの中で自らの必要感に基づいて，数量の感覚や文字の読み書きを身に付けるため，日常的に保育者が数量や文字を効果的に活用する姿は子どもたちの就学の援助につながる環境設定の１つといえる。

⑤　小学校における交流会は，小学生にとっても幼児と接する経験の中で責任感や表現力が育まれるなど，メリットがあるといえる。

**16** 養護および教育の一体的展開の観点から，乳児を泣かせないようにと先回りしてお世話することの問題に関する記述として不適切なものを，次の①～⑤から１つ選びなさい。 (難易度■■□□□)

①　泣くことで，自らの欲求を満たすために必要な大人の関わりを引き出す経験が，周囲の大人に対する信頼感の形成につながるから。

② 泣くことは，子どもにとって1つのコミュニケーション手段であり，泣くことで他者に自らの欲求を知らせるための表現力を身に付けられるから。

③ 泣くことで，自らの欲求を満たすために必要な大人の関わりを引き出す経験が，自らが行動の主体として環境に影響しうる存在であるという自己肯定感の獲得につながるから。

④ 人生において解消されない不快もあると，身をもって知らせることも必要であるから。

⑤ 自らの不快な状態を自覚することも，今後，自らの不快な状態に対処するために必要であるから。

**17** 保育士としての心構えに関する記述として不適切なものを，次の①～⑤から１つ選びなさい。 (難易度■■■■□)

① 平成29年に改訂された保育所保育指針では，保育所は児童福祉施設であると同時に，幼児教育を行う施設であることが明記されている。保育士は子どもたちの遊びの援助を通して教育を行っているという意識が必要である。

② 「学びに向かう力，人間性等」のような非認知能力(社会情動的スキル)を育むためには，大人が指示を出したり知識を与えたりする教育ではなく，子ども自身が主体となって正解のない遊びのような活動の中で試行錯誤する経験が必要である。

③ ピグマリオン効果は，子どもに対するはたらきかけが期待に沿ったものになるというメカニズムであることから，どの子どもにも期待をもって関わることが大切である。

④ 否定をせずに肯定的な態度で保護者の話を傾聴するカウンセリングの技法は，保護者との信頼関係の構築においても有用である。

⑤ 子どもが不安になっている時は，子どもがその不安に注意を向けることのないように，笑顔で励ましたりポジティブなことばかけをしたりすることが大切である。

**18** 子ども理解のための方法や保育所における評価に関する記述として不適切なものを，次の①～⑤から１つ選びなさい。 (難易度■■■■□)

① 子どもがスプーンを投げた時，スプーンを投げる行動に反応するので

なく,「なぜスプーンを投げたのか」という行動の背後にある心理や発達状態に踏み込んで理解することが，子どもに必要な援助につながる。

② 省察とは，記録を通じ，実践の中でとらえきれなかった子どもの姿や出来事の意味を振り返ることである。

③ カリキュラムマネジメントとは，計画を作り(P)，実行して(D)，うまくいっているか評価して(C)，計画を改善する(A)という一連の流れであり，こうしたサイクルは目の前の子どもの実態に合わせながら，個々の保育者だけでなく園全体でも行う必要がある。

④ 他の保育者と保育の記録を共有することで，子どもの姿を多面的にとらえ，理解を深めることにつながる。

⑤ 人には避けられない認知的バイアスがあるため,子ども理解のためには,その子どもの目に見える行動のみを客観的にかつ注意深く記録することが必要である。

## 解答・解説

### 1 ②

解説

① 適切。生理的早産と呼ばれる。

② 適切ではない。生涯にわたって獲得と喪失の両方が生じる。例えば，生後半年頃まで子どもは非母語の子音も聞き分けができるが，1歳頃にはそうした能力は失われることが分かっている。

③ 適切。エリクソンは心理社会的発達段階説，ピアジェは認知発達段階説を提唱した。

④ 適切。例えば，外向性が高い場合は社会的な活動に積極的に参加することでさらに外向性が高まることが考えられる。

⑤ 適切。ヴィゴツキーは子どもの精神発達は社会生活に起源があると考え，他者の存在を重視した。

### 2 ②

解説

① 母性的養育の重要性を主張したが，母性的養育とは特定の他者による温かな養育を意味しており，母親とは限らない。

② 適切。安定したアタッチメント形成には，子どもの不安を先回りして取り除くのではなく，子どものネガティブな情動の受け止めが重要であることも押さえておきたい。

③ ハーロウはアカゲザルの代理母実験から，養育者の役割としてスキンシップを通して安心感を与えることの重要性を示した人物。ストレンジシチュエーション法を行ったのはエインズワースである。

④ 心身の発達に深刻な影響を及ぼすのは無秩序・無方向型の場合である。回避型やアンビバレント型は不安定型ではあるが，アタッチメント行動が組織化されており，最低限必要な安心感は得られていると考えられている。

⑤ 内的作業モデルはその後の経験で変わる可能性もある。また，近年は，関係ごとに独立した内的作業モデルが形成される可能性も指摘されている。例えば9歳時点の担任教師や仲間との関係性には，乳幼児期の母親とのアタッチメントの質よりも，保育者とのアタッチメントの質が関連していたという研究結果もある。

**3** ③

**解説**

共同注意とは，他者と同じ対象に注意を向け合うことであり，これによって，「自己－他者－対象」の三項関係を成立させることができる。三項関係によって他者から対象について学べるようになることで，認知発達や言語発達が飛躍的に向上する。共同注意が可能になる時期から「9ヶ月革命」と呼ばれる。なお，選好注視法はファンツによって開発された言語をもたない乳児の興味を測定する方法である。

**4** ④

**解説**

A　0～2歳(感覚運動期)は，身体的な動作の繰り返し(循環反応)を通じて運動と感覚の関係を理解し，目の前にあるものをだんだんとうまく操作できるようになる時期。

B　2～4歳(前概念的思考期)は，表象を用いて頭の中での思考が可能になるが，まだ表象が概念化されていない時期。

C　4～7，8歳(直観的思考期)は，知覚情報に影響されやすく，論理的判断は難しいが，概念操作が可能になる時期。

D　7，8～11，12歳(具体的操作期)は，具体的に存在するものについては表象を操作して論理的思考が可能になる時期。

E　11，12～14，15歳(形式的操作期)は，現実から離れた抽象的な概念や表象に関しても，論理的思考が可能になる時期。実際の子どもの姿とも結びつけて理解してほしい。

**5** ⑤

**解説**

①　適切。生後4ヶ月頃には音の高さや強さを変えながら長めに発声し，笑い声も出るようになる。

②　適切。規準喃語は聴覚障害児ではまれにしか見られない。

③　適切。意味をもつ最初の語を初語と呼ぶ。

④　適切。一語発話の時期である。1歳半を過ぎて発語が50語を超えるあたりから語彙爆発が訪れる。

⑤　適切ではない。外言(コミュニケーションのための言葉)と内言(思考のための言葉)を区別して理論化したのはヴィゴツキーである。ピアジェは

ひとりごとを自己中心性の現われととらえ，自己中心語と呼んだ。

**6** ③

**解説**

① 適切。レディネスはゲゼルの成熟優位説とセットで確認すること。

② 適切。オペラント条件づけによる行動形成である。

③ 適切ではない。正しくは外発的動機づけである。正の強化子はオペラント条件付けの用語であるが，オペラント条件付けは，行為者の外発的動機づけを利用したものといえる。内発的動機づけを高めるためには，例えば，便座で排泄した際に「すっきりしたね！」と子どもの内的状態に言及することで，その行動自体の価値に気づいてもらう方法があるだろう。

④ 適切。観察学習とは自分が直接経験しなくても，他者が行動した結果を観察することで，新たな行動を習得することである。

⑤ 適切。排泄の自立に限らず，基本的生活習慣の獲得全般にいえることである。

**7** ③

**解説**

① 適切。仲間集団に適応する中で，他者の思考や感情，視点を理解する力が発達する。

② 適切。学童期の心理社会的危機は「勤勉性対劣等感」であり，つまずきにより劣等感を感じやすくなるが，挫折し，それを乗り越える経験が，その後の人生の糧になるという理解も重要である。周囲の大人には，子どもがつまずきや困難と向き合えるようサポートすることが求められる。

③ 適切ではない。青年期前期の愛着対象者は友人や恋人というより身近な大人である。不安定な時期ゆえ，反抗的な態度が見られるが，周囲の大人はその発達の過程を理解し，何かあった時の安全基地として機能できるよう，子どもを受容し，見守ることが大切である。

④ 適切。近年はSNSが友人との親密性を確認するために利用されているため，返信しないことで自分が仲間外れにされてしまうのではないかという不安から，SNSの過剰利用も問題となっている。

⑤ 適切。形式的操作もできるようになり，自己や他者を客観的に見ることにより，自己矛盾で葛藤したり，大人に対する反発心をもったりする。

 ①

解説

① 適切ではない。これは，自らの子どもを育てることだけではなく，組織や地域社会の中で，次の世代を意識し，次の世代のために役割を果たしていくことを意味している。

② 適切。「空の巣症候群」と呼ばれるように，育児に専念していた女性が，子どもの自立に際して自らのアイデンティティが揺らぎ心身の不調を訴えることもある。この時「自分はどう生きていくか」と再び向き合う中でアイデンティティは再体制化されていく。

③ 適切。キャッテルは，一般的知能は過去の経験や学習の影響を強く受けて発達する「結晶性知能」と，文化や教育の影響が少ない「流動性知能」に分けられると提唱した。

④ 適切。社会情動的選択理論による説明である。

⑤ 適切。この人格形成のプロセスは「個性化」と呼ばれる。

9 ④

解説

① 適切。トマスらによる縦断研究で明らかになった気質のタイプも確認しておきたい。気質と環境の相互作用の中で発達は進むため，気質と環境の適合の良さが重要であると指摘されている。

② 適切。家族というシステム(まとまり)はとても複雑で，そこで生じた問題の原因を1つに特定することは難しい。例えばこの事例では，母親が父親のサポートを得られず，子育てをひとりで背負っていることも問題の一端を担っているかもしれない。

③ 適切。父親の育児参加を促すことはもちろん，社会全体で子育てするシステムを整える必要がある。

④ 適切ではない。ある調査によれば，愛情や交流のない配偶者よりも，愛情を込めて育てているペットの方が家族とみなされる場合もあるなど，血縁関係や法的関係，同居の有無で必ずしも規定されるわけではない。家族のとらえ方は一人ひとり異なるという認識が必要である。

⑤ 適切。例えば離婚した夫婦でも，子どもを育てるコペアレンティングの関係は良好に機能するケースもある。

**10** ②

**解説**

① 適切。虐待した保護者が「しつけ」を理由とすることもあるが,「子どもにとって心身ともに健康,安全で情緒の安定した生活が少しでも脅かされれば,それは虐待」という子ども側に立った判断をすべきと考えられている。

② 適切ではない。ステップファミリーが一体感を確立するにはおよそ5～7年かかると指摘されている。実際にコミュニケーションを重ねて適切な距離感(子どもが安心・安全を感じられる距離感)を形成する必要があり,大人だけでなく子どもにも多大な労力,努力が求められる。

③ 適切。どう頑張っても保護者に愛してもらえない経験は,子どもの自己肯定感や自尊心の低下をもたらす。保育者としては子ども自身の言動を受け止め,子どもの安全基地となること,「あなたは大切な存在なのだ」と根気強く伝えていくことが大切である。

④ 適切。外国にルーツをもつ家庭に限らず多様な家庭がある中で,保育者は自分がもつ価値観を大切にしながらも,他者の価値観を否定せず受け止め,子どもの保育の必要に応じて折り合いをつけていく柔軟な姿勢が求められている。

⑤ 適切。日本では生存の維持に困難が生じる絶対的貧困の状態にある子どもは少ない一方,標準的な生活水準が維持できない相対的貧困の状態にある子どもは多くなっている。そうした家庭の保護者は仕事で忙しく,子どもに十分に手をかけられていないことも多いため,保育者は子どもとの一対一の関わりの中で愛着形成をはかりながら,基本的生活習慣の獲得を丁寧にサポートしていくことなどが求められる。

**11** ⑤

**解説**

① 選択性緘黙は自分の意志で話さないことを選択しているという誤解を生じやすいために,当事者,保護者や支援者の間では「場面緘黙」を用いることが多い。実際には,子どもにとって話したいのに話せない状況であることに留意したい。

② 不安や葛藤を落ち着けるための行為であるとすれば,大人がびっくりして叱ることはかえって子どもの行為を助長するので,スキンシップをとるなどできる限り別のところで欲求不満が解消できるようにしていく。

③　自閉スペクトラム症で社会的コミュニケーションが難しい理由は「心の理論」が活用できず，他者の行動の背後にある心の世界を推測することが難しいからである。したがって，他者との接触を積極的に図ろうとするケースもあるが，他者の心的状態を配慮したものではないため，コミュニケーションの観点で違和感が生じることがある。

④　レジリエンスは，ストレスの影響の受けやすさの個人差を説明する概念。もともと備わる気質的な要素と，ソーシャルサポートの状況，他者との関係の中で育まれる社会的スキルもレジリエンスを構成する大切な要素である。

⑤　適切。発音は構音とも呼ばれ，およそ6歳頃完成する。風車を強く早く吹く，笛をゆっくり優しく吹く，食事をゆっくりよく噛んで食べる，棒付きキャンディーをぺろぺろなめるといったことが口や舌を動かす練習になる。また，発音の間違いを指摘したり，笑ったりして，子どもの自尊心を傷つけることがないように気を付けたい。

**12** ③

**解説**

①　適切。アイデンティティは自己に関する感覚であるが，他者との関係の中で形成されるものであるということを確認しておきたい。

②　適切。発達は連続しているという視点が重要である。

③　適切ではない。エリクソンによれば，欲求が満たされない不信を体験しながらも，それを上回る信頼の体験があれば，世界に対する基本的な信頼感は獲得されるとされている。

④　適切。「自律性対恥・疑惑」が発達課題である。自分でやろうとする気持ちを尊重することが，基本的生活習慣の獲得にもつながる。

⑤　適切。質問に限らず，好奇心のもとに，いわゆる「いたずら」をして大人に注意されることも増えるが，そうした子どもの好奇心や疑問をもつ態度は積極的に歓迎し，好奇心を満たせる環境を用意したい。

**13** ②

**解説**

これらの遊びは，パーテンが子どもの社会的参加に注目して自由遊びを観察，分類したものである。特に同じもので遊んでいるが相互のやりとりのない並行遊び，物の貸し借りや会話などやりとりのある連合遊び，明確なルールや目標があり，それにしたがって役割分担をする協同遊びの違いを整理しておきたい。また，4・5歳児クラスになると友だちと遊ぶ姿が多くなる一方で，自分のやりたいことに没頭し，ひとり遊びをする姿も見られる。一人遊びは決してレベルが低いものではないという点に留意したい。保育者は子どもの「自分の世界」も「友だちとの世界」も大事に，一人ひとりの成長に寄り添う姿勢が必要である。

**14** ①

**解説**

① 適切ではない。環境には子どもが直接関わる環境であるマイクロシステム(親，保育者など)同士の関係であるメゾシステム(すなわち家庭と園の連携)の水準が含まれる。

② 適切。クロノシステムと呼ばれる。

③ 適切。新入園児は，保護者が必ず迎えにきてくれること，園生活の見通しがもてるようになることで，徐々に不安が低減する。まずは不安を受容することが必要。

④ 適切。アタッチメントの概念についても再度押さえておきたい。

⑤ 適切。保育士は，子どもたちの環境を通した学びを支える重要な環境のひとつである。

**15** ②

**解説**

① 適切。「うさぎ」と聞いて文字にするためには「う」と「さ」と「ぎ」に音韻を分解し，1音ずつ抽出する力が必要である。

② 適切ではない。文脈を共有しない人にことばだけで伝えることは負担が高いため，「伝えたい」と思える充実した生活経験の方が求められるといえる。

③ 適切。保育所側で行われるのはアプローチカリキュラム。小学校との交流活動や，協同的な活動・話し合いなどの保育内容を工夫する形で行われている。

④ 適切。小学校教育の先取りが求められているわけではない。

⑤ 適切。保幼小連携において互恵性(双方に意味のある関係であること)はポイントの1つである。

**16** ④

**解説**

④　最終的に自らの不快が取り除かれるという体験が，子どもにとって周囲に対する基本的信頼を獲得するためには重要である。

**17** ⑤

**解説**

①　適切。幼児教育を行う施設として幼稚園，子ども園と「育みたい資質・能力」と「幼児期の終わりまでに育ってほしい姿(10の姿)」が共有された。

②　適切。非認知能力(社会情動的スキル)には好奇心や集中力，自己制御能力や自己肯定感などが含まれる。

③　適切。ピグマリオン効果とは，期待をするとその通りに子どもが伸びるというものである。

④　適切。受容と共感を基本とするカウンセリングの技法は，保育や保護者支援においても有用である。

⑤　適切ではない。ネガティブな気持ちをないものにせず，それを当たり前と受容してから「先生が一緒にいるよ」「大丈夫だよ」など情動調整する方が感情制御の発達を促すことができる。

**18** ⑤

**解説**

⑤　保育においては目に見える行動を観察，記録するだけではなく，当事者の目線に立ち，当事者の気持ちになってその行動に対して考察を行っていくことが大切である。

# 第5章

# 専門試験
# 子どもの保健

POINT

## 1. 子どもの保健の意義

### 子どもの保健の意義

子どもの命を護り，子どもの発育(成長・発達)を見守り，健康を保持増進させることは，保育士の大切な役割である。子どもの保健では，

**子どもの体のしくみや疾病の正しい知識を身につけ，疾病の早期発見・早期対応および疾病予防の他，子どもの事故予防や救急対応だけではなく，子育て支援や地域連携**

について活用していかなければならない。

### 健康の定義

「**健康**」は，WHO(世界保健機構)によると，以下のように定義されている。

**「健康とは，病気でないとか弱っていないということではなく，肉体的にも精神的にも，社会的にもすべてが満たされた状態である。」**

この条文にあるように，ただ病気でない，弱っていないというだけではなく，心身ともに，また社会生活においてもすべてが満たされている状態である。子どもの虐待や社会情勢も含めた子どもの健康全般について，理解を深めておきたい。

また，親の喫煙など生活習慣が子どもに影響を与えることも多々ある。**乳幼児突然死症候群(SIDS)**についても，原因や予防をしっかり理解しておきたい。

## 2. 子どもの発育と成長・発達

子どもの発達や発育，運動機能等について正しく理解し，評価することが大切である。

### 小児期の区分

発育とは，成長と発達の両方を含めたものをあらわす用語として使われる。子どもは成長・発達の段階により，いくつかに区分される。児童福祉法や母子保健法等による小児期の区分は，以下の通りである。

- 新生児期：生後4週目未満の時期
- 乳児期　：生後1年未満(新生児期を含む)の時期
- 幼児期　：1歳以上小学校就学前まで
- 学童期　：小学校入学から満18歳まで

## 成長・発達

成長は，量的増大をいい，乳幼児では身長，体重，頭囲，歯の本数が増えていく状態などがあたる。

発達は，臓器の持つ機能を発揮していく過程，未熟な状態から成熟する過程を言う。例えば運動機能においては，脳が成熟していく過程で首がすわり，お座りをして，1歳から1歳半ころまでに立って歩けるようになる過程をいう。

成長・発達の原則は，

**①頭部から尾部へ　②中心から末梢部へ　③全体から特殊へ**

の3つを頭に入れておくとよい。また，子供の成長・発達は個人差が大きいが，発育は身体の各部が一様に進むのではなく，速度も一定ではない。身長や体重は乳児期に著しく伸び，臓器別では，脳神経系と免疫系の発育が乳児期に著しく，生殖系は12歳以降に進むことを覚えておくと子どもを理解しやすい(スキャモンの発達・発育曲線参照)。

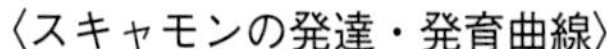
〈スキャモンの発達・発育曲線〉

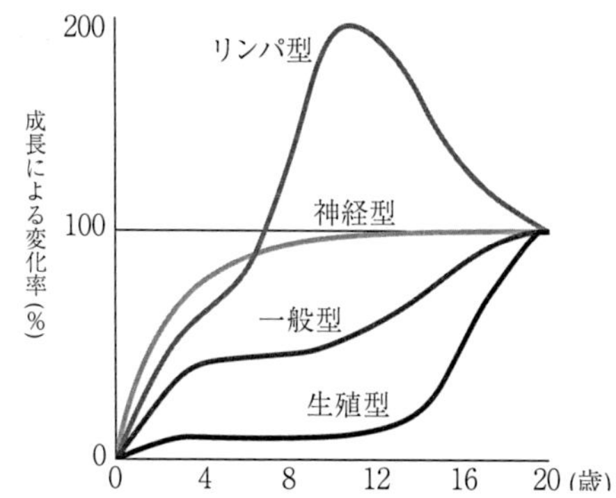


## 発育評価

身体発育評価の基準は，乳幼児では10年に一度厚生労働省が実施している乳幼児身体発育調査に基づく男女別の乳児身体発育パーセンタイル曲線が用いられる。パーセンタイルとは，データを小さい順に並べ，最小値から数えて何パーセント目に位置するかを表す値である。母子健康手帳などに乳幼児身体発育パーセンタイル曲線などは掲載されているため，確認しておきたい。

そのほか，肥満とやせの判断の指標として，肥満度の計算や身長体重曲線，指数を用いるカウプ指数，ローレル指数などによって評価する。

・肥満度：肥満度(%)＝(実測体重〔kg〕－身長別標準体重〔kg〕)÷身長別標準体重〔kg〕×100

(評価：[乳幼児]±15%が「ふつう」
[学童以降]±20%が「ふつう」)

・身長体重曲線：横軸に身長(cm)縦軸に体重(kg)

(評価：－15%超＋15%未満が標準)

・カウプ指数：体重(g)÷身長$(cm)^2$×10

(評価：15以上19未満が標準)

・ローレル指数：体重(kg)÷身長$(m)^3$×10

(評価：115以上145未満が標準)

精神発達については運動発達以上に個人差が大きい。言葉の発達は，DENVERⅡ(発達判定法)などを参考にして，発達の基本を理解していくことが大切である。

## 3. 子どもの生理機能の発達

### 〈脳〉

出生時の体重は約3000g，3カ月で2倍，1歳で3倍になる。身長は50cm，1歳で1.5倍になる。脳の重量は出生時は大人の25%(350g)で，3歳で約80%，6歳で大人の90%に達する。

脳は大脳，間脳，下垂体，脳幹(中脳・橋・延髄)，小脳からなる。出生時，乳幼児期は未熟で，5つの感覚器官(耳，眼，皮膚，舌，鼻)を通し情報を入力し，大脳はその情報を識別統合し，それに応じた行動を起こす。乳幼児期の脳の発達や情報処理に関しては，よく理解しておきたい。

### 〈呼吸・循環〉

生後肺呼吸が開始され臍帯が結紮されると，次第に胎児期特有の循環経路である静脈管，卵円孔，動脈管が閉鎖し，成人循環に移行する。1回の拍出量，呼吸量が少なく，その分数を多くして循環・呼吸を維持するため，年齢が低いほど心拍数(脈拍数)，呼吸数は多い。新生児期から2歳ころまでは腹式呼吸，2歳ころより胸腹式呼吸になり，7歳ころになると胸式呼吸になる。

### 〈水分代謝〉

新生児，乳児期の腎臓は未熟であり，成人の機能に達するのは2～3歳ころである。小児は体重に占める水分の割合が成人に比べ多い。新生児では80%，乳児前期で75%，乳児後期で70%，成人では60%である。

〈体温調節機能〉

子どもは体温調節機能が未熟なため，環境温度により体温は上昇しやすい。高温・多湿などでは熱の放散が容易に妨げられるため体温は上昇しやすく，夏季熱やうつ熱を起こしやすい。そのため環境温度に注意して衣服の調節をする必要がある。

〈免疫機能〉

免疫グロブリンには，IgA，IgG，IgM，IgD，IgEの5種類ある。IgGは胎盤を通過できるため，新生児は母子免疫としてIgGを持って生まれる。また母乳にはIgAが含まれており，感染症の予防に有効である。

〈骨と歯〉

新生児の脳頭蓋は6種8個の骨からできている。前側前頭骨と頭頂骨の間隙を大泉門，後側後頭骨と頭頂骨の間隙を小泉門という。小泉門は生後間もなく閉鎖する。大泉門は1歳6カ月頃までに閉鎖する。

乳歯は，生後6カ月～8カ月頃，下の中央(乳中切歯)から生えはじめ，1歳半くらいになると第一乳臼歯が，2歳ごろまでに乳犬歯が生え，最後に第2乳臼歯が2歳半から3歳ころに生え，乳歯20本が揃う。

## 4．子どもの健康観察，疾病の予防および適切な対応

### 健康観察

平常時の子どもの健康観察のポイントをしっかり頭に入れておくことが必要である。「いつもと違う」「何か変」ということに早期に気づき対応できる能力が，保育者には必要不可欠である。

また，子どもが罹患しやすい疾病の症状を見分けるポイント，体調不良時の対応について理解しておくことが大切である。

**【体調不良時の対応】**

**①発熱**

熱の放散が上手くいかないうつ熱と，細菌やウイルスに感染することによって発熱物質がプロスタグランジンを産生させ体温が上昇する発熱があ

る。むやみに解熱剤を使用して熱を下げない。

**②けいれん**

意識はないことが多い。子どもは熱性けいれんが一番多い。発熱がない場合はてんかんが代表的な病気である。けいれんがおきた場合は，発熱の有無，どこからおきたか，左右差，持続時間などを観察する。

**③嘔吐・下痢**

発熱や腹痛，その他の症状を伴う場合，感染症を疑う。その場合の吐物・排泄物の処理を適切に行う。また，イオン水や経口補水液などの水分が摂れない場合は，医療機関を受診する。

**④咳・呼吸困難・喘鳴**

気道感染症や喘息などで空気の通り道が狭くなった時にゼーゼーなど雑音がみられる。これを喘鳴という。この場合，横にさせるより縦抱きや座らせる姿勢を取らせた方が呼吸しやすい。顔色や口唇の色がすぐれなかったりするときは医療機関を受診する。

### 感染症や予防接種

子どもが罹患しやすい疾患(感染症や消化器疾患など)について理解を深めておくとよい。また感染の予防と対策として，感染源対策，感染経路対策(飛沫感染，空気感染，接触感染，経口感染)，感受性対策(予防接種)があり，特に予防接種スケジュールについても理解しておくとよい。生ワクチンか不活化ワクチンか，定期接種か任意接種かなど基本的なことも覚えておくとよい。

**【子どもが罹りやすい感染症・疾病】**

麻疹(はしか)，風疹(三日はしか)，流行性耳下腺炎(おたふくかぜ)，伝染性膿痂疹，手足口病，伝染性紅斑(リンゴ病)，RSウイルス，ロタウイルス感染症，突発性発疹，溶連菌感染症

### 発達障害

自閉ペクトラム症やADHDなどの特徴，診断基準などはよく理解しておきたい。また，心の病気と言われる反応性愛着障害や脱抑制型対人交流障害，愛情遮断症候群等についても，症状に気づき障害に合わせた対応ができるよう学びを深めておくとよい。

## 5. 環境および衛生管理・安全管理

### 環境・衛生管理

室内の環境や室外の環境，温度(夏期 26 ～ 28℃，冬期 20 ～ 23℃ )や湿度(50 ～ 60% )を目安にする。玩具や器具は，水洗いおよびアルコールや次亜塩素酸ナトリウムなどで拭く。

### 安全管理

災害時の対応，顕在危険，潜在危険についても理解を深めておく。教育・保育施設等における事故防止及び事故発生時の対応のためのガイドラインに沿って出題されることが増えてきている。誤嚥や窒息，食物アレルギーに関するマニュアル等，ガイドラインで確認しておくとよい。ヒヤリハット報告やPDCAサイクルなどについても理解を深めておくことが大切である。

## 6. けがの手当と応急処置

創傷の手当，打撲時の対応(RICE)，鼻血や熱傷時の対応など基本的なことをしっかり覚えておくことが大切である。誤飲・誤嚥，窒息時の対応なども出題されている。心肺蘇生法やAEDの使用方法も動画で検索し，視覚から理解することも有効である。

個別的な配慮を要するアレルギーの疾患をもつ子ども，食物アレルギーを持つ子どもへの対応などやアナフィラキシーショックの原因と対応についても理解を深めておく必要がある。

## 演習問題

**1** 次の知的障害〈精神遅滞〉に関する記述として適切なものを，次の①〜⑤から１つ選びなさい。　(難易度■■■■□)

① 知的障害〈精神遅滞〉の評価は，知能指数のみで定義される。

② 知的障害〈精神遅滞〉は，女児のほうが男児より多い。

③ 知的障害〈精神遅滞〉の原因に，胎児性アルコール症候群は含まれない。

④ 軽度の知的障害〈精神遅滞〉においても，ほとんど原因となる要因が明確である。

⑤ 知的障害〈精神遅滞〉は，自閉性障害の代表的な併存症である。

**2** 子どもの欲求と防衛機制に関する記述として適切なものを，次の①〜⑤から１つ選びなさい。　(難易度■■■■□)

① 子どもが自分のほしいおもちゃを買ってもらえないとき，「あのおもちゃは面白くない」というのは「補償」の防衛機制である。

② 子どもがTVのヒーローになりきって高い所から飛び降りたり，乱暴な遊びをしたりするのは，「同一視」の防衛機制である。

③ 弟や妹が生まれたとき，上の子に幼いころの行動が現われ，親に甘えたりするのは「置き換え」の防衛機制である。

④ 子どもが自分の願いをなかなか言い出せず，我慢しているのは「抑圧」による防衛機制である。

⑤ 幼い妹や弟に対して，自分の母親にそっくりな様子で世話をしたり叱ったりするのは「投影」の防衛機制である。

**3** 次の文は，自閉スペクトラム症に関する記述である。適切な記述を○，不適切な記述を×とした場合の正しい組み合わせを，あとの①〜⑤から１つ選びなさい。　(難易度■■■■■)

ア 自閉スペクトラム症の症状には，「社会的コミュニケーションおよび対人的相互反応における持続的な欠陥」と「行動，興味，または活動の限定された反復的な様式」がある。

イ ２歳６カ月男児。友達や保育士と話すことはするが，会話が一方通行で目が合いにくい。母親との関係は良好である。砂場での泥遊びを極端に嫌がる。パチパチ手を打ち鳴らす。

ウ　自閉スペクトラム症は，自閉症，アスペルガー症候群，広汎性発達障害などを含む疾患概念で，発達障害のひとつである。

エ　自閉スペクトラム症は，知的障害は持っていないことが多く，てんかんを合併することがある。

オ　自閉スペクトラムは，発達障害の中でももっとも頻度が高く，発症率は約 100 人に 1 人いるといわれている。また，女性よりも男性のほうが約 2 倍多い。

| | ア | イ | ウ | エ | オ |
|---|---|---|---|---|---|
| ① | ○ | × | ○ | ○ | × |
| ② | ○ | × | ○ | × | × |
| ③ | ○ | × | × | ○ | × |
| ④ | ○ | ○ | ○ | × | × |
| ⑤ | × | × | ○ | ○ | ○ |

**4** 子どもの障害や問題行動に関する記述として適切なものの組み合わせを，あとの①～⑤から 1 つ選びなさい。　(難易度■■□□□)

ア　衝動的で攻撃的な子どもは，家庭で虐待を受けている可能性など家庭環境を含めて考える。

イ　子どもの爪かみ，指しゃぶりは内因性の神経性習癖と考えられる。

ウ　夜尿はトイレトレーニングが不十分なことが原因と考えられる。

エ　吃音は正しく言えるまで根気よく繰り返し発音させる。

オ　ADHDの子どもには，医師によって薬剤が処方されることがある。

①　ア，オ　　②　イ，ウ　　③　イ，エ　　④　ウ，エ
⑤　ウ，オ

**5** 次の文は，「保育所におけるアレルギー対応ガイドライン(2019 年改訂版)」(厚生労働省，平成 31 年 4 月)による子どものアレルギーに関する記述である。適切な記述を○，不適切な記述を×とした場合の正しい組み合わせを，あとの①～⑤から 1 つ選びなさい。　(難易度■■□□□)

ア　生まれ持ったアレルギーの症状は年齢によって変化することはない。

イ　乳幼児期で起こるアナフィラキシーの原因のほとんどは食物アレルギーである。

ウ　乳幼児期早期に発症する子どもの食物アレルギーのうち，鶏卵，牛乳，

小麦などについては，かなりの割合の子どもが就学前に耐性化すると考えられている。

**エ**　通年性アレルギー性鼻炎は主に動物(猫や犬など)のフケや毛などが原因で生じる。

**オ**　気管支ぜん息のときに聞かれる音(喘鳴(ぜんめい))は，気道が広くなることで起こりやすくなる。

| | ア | イ | ウ | エ | オ |
|---|---|---|---|---|---|
| ① | ○ | × | ○ | ○ | × |
| ② | ○ | ○ | × | × | ○ |
| ③ | ○ | × | × | ○ | × |
| ④ | × | ○ | ○ | × | × |
| ⑤ | × | × | ○ | ○ | ○ |

**6** 「健やか親子21」に関する記述として正しい記述を，次の①～⑤から1つ選びなさい。　(難易度■■■■□)

① 2015年に策定された「健やか親子21」(第2次)は，2015年から5年間の国民運動計画である。

② 2013年に発表された第1次計画の最終評価報告書によると，10代の性感染症罹患率は確実に減少している。

③ 2013年に発表された第1次計画の最終評価報告書によると，低出生体重児の割合は減少している。

④ むし歯のない3歳児の割合は，2012年現在80%を切っている。

⑤ 児童虐待による死亡数の最終評価目標は，心中以外・心中それぞれ50人以下である。

**7** 2022年の「人口動態調査」に関する記述として適切なものを，次の①～⑤から1つ選びなさい。　(難易度■■□□□)

① 「人口動態統計」(厚生労働省)によると，2022年の母親の年齢階級別合計特殊出生率で最も高い母親の年齢は30～34歳となっている。

② 2022年の人口動態統計において，乳児の男児における死因は先天奇形，変形及び染色体異常で約半数を占める。

③ 2022年の合計特殊出生率(総数)は，前年を上回った。

④ 2019年の出生数が100万人を下回り，その後2020年，2021年と低下

していたが，2022年は若干増加した。

⑤　母親の年齢(5階級)別出生数は，全ての年齢で前年より減少した。

**8** 身体発育(身体発育曲線，カウプ指数)に関する記述として適切なものを，次の①～⑤から1つ選びなさい。　(難易度■■□□□)

①　カウプ指数は，乳幼児の身体バランスを見る指標で，その計算方法は体重(g)÷身長(m)$^2$×10で示される。

②　出生率は，人口100人に対する出生数である。

③　児童福祉法では，生後1年未満(新生児期を含む)の子どもは乳児に区分される。

④　児童福祉法では，幼児は2歳以上就学前までである。

⑤　新生児期の生理的体重減少は，通常，出生体重の15%程度減少する。

**9** 生理機能の発達について正しい記述を，次の①～⑤から1つ選びなさい。
(難易度■□□□□)

①　脳細胞は出生後もしばらくは増え続け，それによって脳の重量が増える。

②　小児は一般に，大人より平熱が高い。

③　乳児のうちは胸式呼吸だが，成長とともに腹式呼吸になる。

④　乳児の脈拍は成人よりも多く，血圧も成人より高い。

⑤　新生児が緑色の便をした場合は異常と考えられる。

**10** 精神運動機能の発達について正しいものを，次の①～⑤から1つ選びなさい。　(難易度■■□□□)

①　原始反射は生後3か月～1歳頃まで見られる。

②　目の前に出されたものを唇と舌でくわえ，吸う運動が反射的に起こることを哺乳反射という。

③　手のひらを強く握ると反射的に強く握り返すことを把握反射という。

④　緊張性頸反射は，ハイハイをするのに都合のよい反射である。

⑤　緊張性頸反射は，伝い歩きをするのに都合のよい反射である。

**11** 空気感染することのある感染症を，次の①～⑤から１つ選びなさい。
(難易度■■□□□)

① 流行性耳下腺炎
② インフルエンザ
③ 百日咳
④ 水痘(水ぼうそう)
⑤ 咽頭結膜熱

**12** 指定医療機関への入院が義務づけられている感染症を，次の①～⑤から１つ選びなさい。
(難易度■■■□□)

① 痘そうなどの一類感染症
② 結核などの二類感染症
③ O－157 などの三類感染症
④ ボツリヌス症などの四類感染症
⑤ インフルエンザなどの五類感染症

**13** 小児期に見られる疾患に関する記述として正しい組み合わせを，あとの①～⑤から１つ選びなさい。
(難易度■■■□□)

ア SIDS(乳幼児突然死症候群)―― うつぶせ寝
イ アトピー性皮膚炎 ―――― 細菌感染
ウ 周期性嘔吐症 ――――― 過食
エ 熱性けいれん ――――― 脳神経の働きの異常
オ てんかん発作 ――――― 光の点滅

① ア，イ　② ア，オ　③ イ，ウ　④ ウ，オ
⑤ エ，オ

**14** 小児期に見られる症状について適切な記述を，次の①～⑤から１つ選びなさい。
(難易度■□□□□)

① 乳幼児の発熱は，多くは脱水によって起こる。
② 乳幼児の嘔吐は，多くは過食によって起こる。
③ 乳幼児の腹痛は，精神的緊張によって起こることもある。
④ 乳幼児のけいれんは，多くは脱水によって起こる。
⑤ 乳幼児の咳は，おもに空気の乾燥によって起こる。

**15** 乳幼児期の虫歯について正しい記述を，次の①～⑤から１つ選びなさい。
(難易度■■□□□)

① 乳幼児期の虫歯は食品中に含まれる原因菌に感染することによって生じる。

② 原因菌は強いアルカリを生成し，歯のエナメル質からカルシウムを溶かす。

③ 乳歯の虫歯は永久歯には影響しない。

④ 奥歯よりも前歯のほうが虫歯になりやすい。

⑤ 寝ながらの哺乳瓶使用は虫歯の原因になるため，問題視されている。

**16** けがの応急処置について適切な記述の組み合わせを，あとの①～⑤から１つ選びなさい。
(難易度■■■□□)

ア 鼻出血 ―― 仰向け

イ 溺水 ―― 人工呼吸

ウ やけど ―― 衣服を脱がし洗面器に溜めた水に患部を浸す

エ ねんざ ―― 固定

オ 熱中症 ―― 真水を与える

① ア，イ　② イ，ウ　③ イ，エ　④ ウ，エ

⑤ ウ，オ

**17** 救命処置に関する記述として適切なものを，次の①～⑤から１つ選びなさい。
(難易度■■■□□)

① 呼吸停止から５分が経過するとほとんど助からない。

② 乳幼児の場合，呼吸をしていないと判断した時は，１分間に胸骨圧迫60回，人工呼吸１回ずつ交互に行う。

③ 胸骨圧迫は，乳児には片手のひら，幼児には両手のひらで行う。

④ 気道確保は胸にあごを引き寄せるようにする。

⑤ 幼児にAED(児童体外式除細動器)を使用する場合，２枚が重ならないように貼れば成人用パッドを使用しても構わない。

**18** 小児の予防接種に関する記述として適切なものを，次の①～⑤から１つ選びなさい。
(難易度■■■□□)

① 保護者は，予防接種を受けるときは母子手帳を持参し，予防接種記録

の記載を受けなければならない。

② 3種混合ワクチンは，ジフテリア，結核，破傷風に対するワクチンである。

③ 流行性耳下腺炎の予防接種は，任意予防接種である。

④ 予防接種は，ワクチンの種類によって一定の間隔をあけて接種するが，注射生ワクチンは次回接種までに20日間以上あける。

⑤ ポリオワクチンとBCGワクチンは，2012年より不活化ワクチンに変更になった。

**19** 事故防止並びに安全管理等に関する記述として適切なものを，次の①～⑤から1つ選びなさい。 (難易度■■■■■)

① 通常の条件下では危険ではないが，何らかの条件の変化で危険となって現れる危険を顕在危険という。

② 「令和4年教育・保育施設等における事故報告集計」によると，教育・保育施設等の事故が一番起こりやすい場所は，施設内の屋内である。

③ 教育・保育施設等で発生した死亡事故や治療に要する期間が30日以上の負傷や疾病を伴う重篤な事故等(令和4年1月1日から令和4年12月31日の期間内)に国に報告のあった事故負傷等のうち7割以上が骨折によるものであった。

④ 「児童福祉施設の設備及び運営に関する基準」(昭和23年厚生労働省令第63号)第6条第2項において，避難訓練は少なくとも1年に1回は行わなくてはならないと規定されている。

⑤ 教育・保育中の事故の場合，事故に遭った子ども以外の子どもを事故が発生した場所と別の職員室等に移す。事故発生場所については，二次的な事故が発生する可能性があるためその場の片付け，物の移動等を行う。

**20** 食中毒の原因菌に関する記述として正しいものを，次の①～⑤から1つ選びなさい。 (難易度■■□□□)

① 腸炎ビブリオの原因食品は，大半が肉類である。

② サルモネラ菌は，カキなどの二枚貝から感染することが多い。

③ O－157は，十分な加熱で予防できる。また，人から人への二次感染は起こらない。

④ はちみつを1歳未満児に与えると，ボツリヌス症を発症することがあ

る。

⑤　ブドウ球菌による食中毒は，有機農法の野菜が原因となりやすい。

**21** 気道異物による窒息の子どもを発見した場合の対応として適切な記述の組み合わせを，あとの①～⑤から１つ選びなさい。（難易度■■■□□）

ア　意識があり咳き込んでいる場合は，咳を止めるように促す。

イ　苦しそうにして反応がある場合は，背部叩打法または腹部突き上げ法を行う。

ウ　異物が取れるか反応がなくなるまで，背部叩打法または腹部突き上げ法を繰り返す。

エ　意識がなく呼吸をしていない場合は，直ちに心肺蘇生法を行う。

オ　心肺蘇生の途中で口の中をのぞき込み異物が見えたら，胸骨圧迫を中断し指を入れて異物を探り異物を取り出す。

①　ア，イ，エ
②　ア，ウ，オ
③　イ，エ，オ
④　イ，ウ，エ
⑤　イ，ウ，オ

## 解答・解説

**1** ⑤

**解説**

① 知的機能は知能検査によって測られ，平均 100，標準偏差 15 の検査では知能指数(Intelligence Quotient, IQ)70 未満を低下と判断している。しかし，知能指数の値だけで知的障害の有無を判断することは避けて，適応機能を総合的に評価し，判断するべきとされている。

② 男児の方が多い。男女比はおよそ 1.6：1(軽度)～ 1.2：1(重度)。

③ 胎児性アルコール症候群(FAS)は，こどもの精神発達遅滞や先天異常の原因の一つである。

④ 原因としては，染色体異常・神経皮膚症候群・先天代謝異常症・胎児期の感染症(たとえば先天性風疹症候群など)・中枢神経感染症(たとえば細菌性髄膜炎など)・脳奇形・てんかんなど発作性疾患があげられ，多岐にわたっているため明確ではない。

⑤ 適切。精神遅滞が重症なほど，難治性てんかんと自閉症/自閉症スペクトラム障害を有する頻度が有意に高いことが示されている。

**2** ②

**解説**

① もっともらしい理由で自分を納得させるのは「合理化」。「補償」はある対象に劣等感を抱くとき，ほかのことで優位に立とうとする防衛機制。

② 適切。「同一視」は重要あるいは望ましい他者を自己と同一のものとみなす防衛機制である。

③ 記述は「親に構ってほしい」などの欲求が挫折したことによる「退行」である。「置き換え」はある物事への関心を別のものに置き換えて充足させようとする防衛機制。

④ 「抑圧」とは，願望や衝動を自分自身が受け入れ難い，あるいは実現困難なために，それを意識に上らせないようにしている防衛機制。記述は本人が願望をはっきりと意識している。

⑤ 母親を有能で優れた存在と感じ「同一視」している。「投影」は望ましくない自分の感情や考えを他人のものであると考える防衛機制。

3 ④

解説

ア 正しい。自閉スペクトラム症の2つの中心症状は，1つは社会的コミュニケーションの障害，もう一つは，反復的で常同的である。

イ 正しい。社会的コミュニケーション及び対人的相互反応における持続的欠陥と反復常同性(パチパチ手を打ち鳴らす)などの症状がみられる。

ウ 正しい。現在の医学の動向としては，アスペルガー症候群と自閉症は区別することなく，広汎性発達障害などを含め自閉スペクトラム症という。

エ 自閉スペクトラム症は，約半数が知的障害を持っており，てんかんを合併することも多い。

オ 自閉症スペクトラムは，女性よりも男性のほうが約4倍多い。

4 ①

解説

ア 適切。虐待を受けた子どもは精神面にもその影響が見られ，自己評価の低さ，衝動性，攻撃性，表面的で無差別な愛着などの特徴がある。

イ 爪かみ，指しゃぶり，吃音，緘黙，チック，夜驚症などの神経性習癖は，内因性ではなく心因性の適応障害と考えられる。

ウ 夜尿は排泄の自立後に起きる神経性習癖であり，ほとんどは自然に消失していく。昼間の緊張状態が原因となっていることがあり，子どもをリラックスさせるような働きかけが有効である。

エ 吃音は本人が強く意識して不安や緊張を感じると症状が悪化しやすいため，言い直しなどはさせない。

オ 適切。ADHDにより極度の興奮状態にある子どもには，医師の指示で薬剤が使われることがある。

5 ④

解説

ア 「変化することはない」が誤り。アレルギー症状は年齢によって変化し，次から次へと発症・軽快・再発する。

エ 「動物(猫や犬など)のフケや毛など」が誤り。主な原因はハウスダストやダニであるとされる。

オ 「広くなる」が誤り。気道(空気の通り道)での炎症が生じた結果，気道が狭くなることで起こりやすくなる。

**6** ②

**解説**

① 「健やか親子 21」は，女性と子どもの健康，思春期の健やかな体と性を目指して，NPO，関係機関・団体，地方，国が連携して支援しているもので，第 1 次計画が 2001 年度～ 2014 年度，第 2 次計画が 2015 年度～ 2025 年度までの国民運動計画である。

③ 増加している。従来死産となっていた児が出生となること等もあり，この指標が高いことは必ずしも悪いことを示してるわけではないという指摘もある。

④ 第 2 次計画によれば，2012 年現在，81％である。5 年後に 85％，10 年後に 90％を目標としている。

⑤ 第 2 次計画では，心中以外，心中それぞれ一人でも減少することを目標としており，具体的な数値は掲げられていない。

 ①

**解説**

① 適切。

② 2022 年の乳児死亡(男児)の死亡総数は 735 人であり，先天奇形，変形及び染色体異常によるものは 248 人である。

③ 2022 年の合計特殊出生率は，1.26 であり，前年(2021 年)の 1.30 より下がり，過去最低である。

④ 出生数は 2016 年以降毎年減少傾向である。

⑤ 45 ～ 49 歳のみ 3 名増加した。

**8** ③

**解説**

① カウプ指数の計算式は，体重(g)÷身長(cm)$^2$×10，もしくは体重(kg)÷身長(m)$^2$×10 である。

② 出生率は，人口 1000 人に対する一定期間，特に 1 年間の出生数である。

③ 適切。「乳児」は 1 歳未満の子どもを指す。児童福祉法と母子保健法で規定されており，生まれてから 1 歳の誕生日を迎える前日までは乳児として扱われる。

④ 幼児は，1 歳以上小学校就学前までをいう。

⑤ 生理的多重減少は，通常4～5％前後であり，10％を上回ることはないとされている。

**9** ②

**解説**

① 脳細胞の数が出生後に増えることはないが，グリア細胞が増えるとともに，脳細胞間の連絡網が密になるため，脳の重量が増える。

② 正しい。小児は一般に，大人より平熱が高く，ちょっとしたことで発熱しやすい。

③ 乳児のうちは胸郭の広がりが小さいため腹式呼吸だが，成長とともに胸郭を広げることができるようになるため，胸式呼吸になる。

④ 乳児の脈拍は120～140で成人の60～80よりも多いが，乳児の血圧は100/60で，成人の120～130/80よりも低い。

⑤ 新生児は生後24時間以内に黒緑色の便をしたり，授乳が進んでから黄色や緑色の便をすることがあるが，異常ではない。

**10** ①

**解説**

① 正しい。原始反射は生後3か月～1歳頃まで見られ，大脳の発達とともに消失する。

② 哺乳反射は，口の周りに指が触れると，触れたものを探して唇と舌でくわえ，吸う運動が反射的に起こるものをいう。授乳の際に役立つ反射である。

③ 把握反射は，手のひらに物が触れた時に強く握りしめる運動が反射的に起こるものをいう。

④，⑤ 緊張性頸反射は，頭を一方に向けると，弓を引くように向けた側の手足を伸展し，反対側の手足を屈曲するもので，寝返りするのに都合のよい反射である。この反射が見られない場合や，極端に体を反らせてしまう場合は，神経系に異常があることも考えられる。

**11** ④

**解説**

① 流行性耳下腺炎は飛沫感染・接触感染によって感染する。ワクチンによる予防が有効である。

② インフルエンザは飛沫感染・接触感染によって感染する。うがい・手

洗いなどの飛沫感染対策に加え，インフルエンザワクチンの接種が有効である。生後6か月から接種可能になる。

③ 百日咳は飛沫感染・接触感染によって感染する。定期予防接種の対象になっている。

⑤ 咽頭結膜熱は飛沫感染，接触感染によって感染する。ワクチンはなく，また有効な治療薬はないので対症療法が行われる。

 ①

解説

指定医療機関への入院が義務づけられているのは，「一類感染症」である。一類感染症：エボラ出血熱，クリミア・コンゴ出血熱，痘そう，南米出血熱，ペスト，マールブルグ病，ラッサ熱。　二類感染症：急性灰白髄炎，結核，ジフテリア，重症急性呼吸器症候群，中東呼吸器症候群，鳥インフルエンザ(H5N1，H7N9)。　三類感染症：コレラ，細菌性赤痢，腸管出血性大腸菌感染症(O-157)，腸チフス，パラチフス。　四類感染症：E型肝炎，A型肝炎，黄熱，Q熱，狂犬病，炭疽，鳥インフルエンザ(H5N1，H7N9を除く)，ボツリヌス症，マラリア，野兎病など。　五類感染症：インフルエンザ(鳥インフルエンザ及び新型インフルエンザ感染症を除く)，ウイルス性肝炎(E型肝炎及びA型肝炎を除く)，クリプトスポリジウム症，後天性免疫不全症候群，性器クラミジア感染症，梅毒，麻しん，メチシリン耐性黄色ブドウ球菌感染症など。

 ②

解説

**ア** SIDS(乳幼児突然死症候群)の原因はまだはっきりとはわかっていないが，うつぶせ寝は発生頻度を高める要因の1つであることがわかっている。

**イ** アトピー性皮膚炎はアレルギー疾患の1つで，遺伝的体質に環境因子やアレルゲンが加わって発症する。

**ウ** 周期性嘔吐症は2～10歳の小児に多く，体質的なものに感染症や疲労，緊張，興奮などが誘因となって発症する。

**エ** 熱性けいれんは発熱によって起こるけいれん発作をいう。

**オ** てんかんとは，発作的に起こる脳の律動異常に対して，けいれんや意識障害などの症状が現れるもの。光の点滅が誘因となることがある。

したがって，解答は**ア**と**オ**の②である。

 ③

解説

① 乳幼児の発熱は，風邪などの感染症によって起こることが多い。

② 乳幼児の嘔吐は，過食によって起こる場合もあるが，感染症，消化器・中枢神経系の疾病によって起こることが多い。

③ 正しい。乳幼児の腹痛は，精神的緊張によって起こることもある。

④ 乳幼児のけいれんは，中枢神経系の障害や，発熱などによって起こりやすい。

⑤ 乳幼児の咳は，呼吸器疾患によって起こることが多い。空気の乾燥は喉の粘膜が傷つきやすくなるほか，インフルエンザウイルスが増殖しやすいことなどから，呼吸器疾患を引き起こす要因となる。

 ⑤

解説

① 虫歯の原因菌はストレプトコッカス・ミュータンスと呼ばれるもので，保育者から感染すると考えられている。

② ストレプトコッカス・ミュータンスは食品中の糖から強い酸を生成し，歯のエナメル質からカルシウムを溶かし出す。進行すると象牙質や歯髄にまで広がり，痛みや腫れが生じるようになる。ほとんどの虫歯は生えて3年以内の柔らかい時期に発生する。

③ 乳歯の虫歯は永久歯の虫歯にも影響するため，乳歯のうちから虫歯を予防することが重要である。

④ 好発部位は上下の臼歯と上の切歯である。

⑤ 正しい。寝ながらの哺乳瓶使用や，健康飲料による水分補給が虫歯の原因になるため，問題視されている。

 ③

解説

ア 誤り。鼻出血の場合，血液がのどへ流れないよう，上を向いたり仰向けにしたりしないことが原則。軽い出血ならティッシュで押さえるだけで止まるが，多い場合は首の付け根部分を冷やす。

イ 正しい。溺水した場合，呼吸をしていないようなら人工呼吸を行う。無理に吐かせようとすると胃の水が肺に入ることがあるので，あわてて吐かせなくてよい。

**ウ**　誤り。やけどは衣服を着せたまま流水で十分に冷やすことが原則。衣服を脱がせると皮膚がはがれる恐れがある。

**エ**　正しい。ねんざや骨折をした場合は，その部分が動かないように，添え木と包帯で固定する。

**オ**　誤り。熱中症の場合はただちに涼しい場所へ移動させ，体を冷やす。脱水を伴っていることが多いため，真水ではなくナトリウムイオンを含むスポーツドリンクなどを与える。

**17** ⑤

**解説**

① 心肺停止後10分以上放置されると50%が助からなくなるといわれる。

② 乳幼児の場合も成人と同様1分間に胸骨圧迫30回，人口呼吸2回ずつ実施する。

③ 胸骨圧迫は，乳児の場合人差し指と中指で実施する。幼児の場合は方手のひらあるいは両手のひらどちらで実施してもよい。

④ 気道確保は，頭部を後屈させ，あご先を挙上させる方法が一般的であるが，転倒・外傷など頸椎保護が必要な患者には下顎挙上を行う。

⑤ 適切。

**18** ③

**解説**

① 予防接種記録の交付は，母子健康手帳への記載又は予防接種済証の交付であり，母子手帳に記載を受けなければならないは誤り。

② 3種混合ワクチンは，ジフテリア，百日咳，破傷風に対するワクチンである。

③ 適切。

④ 注射生ワクチンの接種後，次の注射生ワクチンの接種を受けるまでは27日以上の間隔をおくこと。2020年10月から経口生ワクチンや不活化ワクチンの接種間隔は同じワクチンを複数接種する場合を除き，原則制限がなくなっている。

⑤ ポリオワクチンは，2012年より不活化ワクチンに変更になったが，結核の予防接種であるBCGワクチンは，生ワクチンであり，不活化ワクチンに変更されてはいない。

 ③

解説

① 通常の条件下では危険ではないが，何らかの条件の変化で危険となって現れる危険は潜在危険と言われ，1：環境の潜在危険，2：服装の潜在危険，3：行動の潜在危険，4：心理状態の潜在危険などに分類できる。

② 負傷等の事故の発生場所は，施設内が2,182件〔89%〕，そのうち1,256件〔58%〕は施設内の室外で発生している。

③ 適切。死亡及び負傷集計2,461のうち1,897が骨折によるものである。

④ 児童福祉施設の設備及び運営に関する基準第6条においては，「児童福祉施設においては，軽便消火器等の消火用具，非常口その他非常災害に必要な設備を設けるとともに，非常災害に対する具体的計画を立て，これに対する不断の注意と訓練をするように努めなければならない。」とするとともに，避難及び消火に対する訓練は「少なくとも毎月1回」は行わなければならないとされる。

⑤ 「教育・保育施設等における事故防止及び事故発生時の対応のためのガイドライン【事故発生時の対応】～施設・事業所，地方自治体共通～」(平成28年3月　厚生労働省)では，事故直後についてはまずは事故に遭った子どもの応急処置を行う。施設・事業所の長，他の職員と連絡をとり，緊急時の役割分担表等に基づき各職員について事故対応に係る役割を分担する。また，事故が発生した現場を，現状のまま保存しておく。教育・保育中の事故の場合，事故に遭った子ども以外の子どもを事故が発生した場所と別の保育室等に移す。事故発生場所については，二次的な事故が発生する可能性がある場合を除き，片付け，物の移動等を行わない，と記載されている。

 ④

解説

① 腸炎ビブリオの原因食品は，大半が魚介類である。軽症であることが多いが，加熱で死滅するので，魚介類は加熱調理して食することが望ましい。

② サルモネラ菌は鶏卵の殻に付いていることがあるので，卵の殻の処理に注意する。

③ O－157は加熱の不十分な牛肉や，生野菜から感染することがある。人から人への二次感染もある。多くは一過性で終わるが，まれに重症合併

症を発症するといわれている。

④ 正しい。はちみつを1歳未満児に与えると，ボツリヌス症を発症することがあるため，与えないようにする。

⑤ ブドウ球菌は手指の傷に存在するので，傷のある手でにぎられたおにぎりなどから感染することが多い。近年は情報が行き渡り，予防が図られるようになったため，激減している。

 ④

解説

**ア** 誤り。強いせきをしているときは，自力で異物を排出できることもあるため，咳を止めさせない方がよい。

**イ，ウ** 正しい。どちらかの方法を数回行い，効果がなければもう1つの方法に切り替え，両方を交互に繰り返す。異物が取れるか，反応がなくなるまで，または救急隊の到着まで続行する。

**エ** 正しい。

**オ** 誤り。心肺蘇生の途中で異物が見えたら，指で取り除くようにする。見えない場合はやみくもに口の中を探らず，そのために胸骨圧迫を長く中断してはいけない。

# 第6章

# 専門試験
# 乳児保育

## POINT

### 1．乳児の発育・発達と生活の支援

#### 乳児の発育・発達

平成 29 年に告示された保育所保育指針では,「第 2 章　保育の内容」の中で,「1　乳児保育に関わるねらい及び内容」,「2　1 歳以上 3 歳未満児の保育に関わるねらい及び内容」,「3　3 歳以上児の保育に関するねらい及び内容」の三区分に乳幼児の発達を分けて記述をしている。児童福祉法第 4 条にて，乳児の定義は「満一歳に満たない者」，また幼児は「満一歳から，小学校就学の始期に達するまでの者」とされているので，乳児とは 1 歳未満児を指すが，一般的に乳児保育における対象は 3 歳未満児なので区別が必要である。

乳児(以下 3 歳未満児を指す)期の発達の特徴を踏まえ，保育所保育指針「第 2 章　保育の内容」では以下のような視点でまとめられている。

**【乳児保育(1 歳未満児)】**

(1)身体的発達に関する視点「健やかに伸び伸びと育つ」

(2)社会的発達に関する視点「身近な人と気持ちが通じ合う」

(3)精神的発達に関する視点「身近なものと関わり感性が育つ」

**【1 歳以上 3 歳未満児】**

(1)健康(心身の健康に関する領域)

(2)人間関係(人との関わりに関する領域)

(3)環境(身近な環境との関わりに関する領域)

(4)言葉(言葉の獲得に関する領域)

(5)表現(感性と表現に関する領域)

#### 乳児への配慮事項

乳児に対し，保育士が配慮する事項として，保育所保育指針「第 2 章　保育の内容」では各項目の視点から具体的に示されている。

**【乳児保育(1 歳未満児)】**

(1)保健的な対応　(2)応答的な関わり　(3)連携をはかった対応

(4)保護者への支援　(5)職員間の協力

**【1 歳以上 3 歳未満児】**

(1)保健的な対応　(2)事故防止への努力　(3)多様な遊びの取り入れ

(4)情緒の安定　(5)自発的な活動の尊重　(6)職員間の協力

## 2. 乳児の食生活と栄養

乳児期の食生活のポイントは，乳汁栄養や離乳食から幼児食への移行である。授乳・離乳を取り巻く社会環境等の変化を踏まえ，また授乳及び離乳の望ましい支援の在り方について「**授乳・離乳の支援ガイド**」が2019年3月に改訂された。基本的な考え方としては，育児支援の視点を重視し，母親等に寄り添っている。また，多機関，多職種の保健医療従事者が授乳及び離乳に関する基本的事項を共有し，一貫した支援を推進することとしている。改定の主なポイントは以下の通りである。

(1) 授乳・離乳を取り巻く最新の科学的知見等を踏まえた適切な支援の充実
(2) 授乳開始から授乳リズムの確立時期の支援内容の充実
(3) 食物アレルギー予防に関する支援の充実
(4) 妊娠期からの授乳・離乳等に関する情報提供の在り方

## 3. 乳児の疾病とその予防対策

**母子健康手帳**では，市町村によっては乳児期に発生しやすい乳幼児突然死症候群(SIDS)や股関節脱臼についての予防を呼びかけ，乳幼児揺さぶられ症候群についての説明をしているものもある。

- **SIDS**とは，それまで元気だった赤ちゃんが睡眠中に何の前ぶれもなく亡くなってしまう病気です。 (1)赤ちゃんを寝かせるときは，あお向け寝にしましょう。 (2)妊娠中や赤ちゃんの周囲では，たばこを吸ってはいけません。 (3)できるだけ母乳で育てましょう。
- **股関節脱臼**は脚のつけ根の関節がはずれる，女児や逆子(骨盤位)に多い病気です。この予防には，赤ちゃんの両脚は，両膝と股関節が十分曲がったM字型で，外側に開いて自由に動かせることが好ましいため，抱っこは正面抱きとし，寝ている姿勢等にも気をつけましょう。
- 赤ちゃんは激しく揺さぶられると，首の筋肉が未発達なために脳が衝撃を受けやすく，脳の損傷による重大な障害を負うことや場合によっては命を落とすことがあります。赤ちゃんが泣きやまずイライラしてしまうことは誰にでも起こり得ますが，赤ちゃんを決して揺さぶらないでください。万が一激しく揺さぶった場合は，すぐに医療機関を受診し，その旨を伝えましょう。

## 4．乳児への虐待問題

保育所保育指針「第4章　子育て支援」の「2　保育所を利用している保護者に対する子育て支援」の「(3)不適切な養育等が疑われる家庭への支援」には，

ア　保護者に育児不安等が見られる場合には，保護者の希望に応じて個別の支援を行うよう努めること。

イ　保護者に不適切な養育等が疑われる場合には，市町村や関係機関と連携し，要保護児童対策地域協議会で検討するなど適切な対応を図ること。また，虐待が疑われる場合には，速やかに市町村又は児童相談所に通告し，適切な対応を図ること。

と記載されている。子ども虐待による死亡事例等の検証結果等について(第19次報告，厚生労働省)では，虐待死亡事例のおよそ半数が0歳児であることからも，子どもが低年齢・未就園で離婚・未婚等によりひとり親である場合に，特に注意して対応する必要があるとしている。

## 5．児童福祉施設における保健対策

児童福祉施設の設備及び運営に関する基準(厚生労働省)では，第3章に乳児院，第5章に保育所関連の記述がある。

乳児院については，設備の内容や広さ，職員の資格や配置人数，養育の意義，観察方法，自立支援計画，業務の質の評価，関係機関との連携について示されている。また，保育所については，設備の内容や広さに加え，保育時間や保育の内容，保護者との連絡についても記載がある。

保育所保育指針「第2章　保育の内容」の「1　乳児保育に関わるねらい及び内容」の「(3)保育の実施に関わる配慮事項」に記載されているように，乳児は疾病への抵抗力が弱く，心身の機能の未熟さに伴う疾病の発生が多いことから，乳児の保健対策に関連する看護師や嘱託医との連携は細かく定められている。

## 6．子育て支援

平成29年に告示された保育所保育指針では，「保護者に対する支援」から「子育て支援」に改められ，在園児やその保護者だけでなく，地域の保護者等もその対象となった。保護者と連携して「子どもの育ち」を支えるという視点を持ち，子どもの育ちを保護者とともに喜び合うことを重視するとともに，保育所が行う地域の子育て支援の役割が重要になっていることが背景としてあげられる。

## 演習問題

**1** 次の【事例】を読んで,【設問】に答えなさい。 (難易度■■■□□)

【事例】

Eさんは, 1歳のFちゃんを保育所に預けて働いている。最近, Eさんの表情が暗く, 疲れているような印象を受けていた担任保育士は, Eさんに声をかけてみる。Eさんは,「仕事が忙しく, Fのことをしっかりと見てあげられていないような気がする。Fが泣くとイライラしてしまう」と言う。

【設問】

担当保育士の保護者への対応として,「保育所保育指針(平成29年3月)」「第4章　子育て支援」の「1　保育所における子育て支援に関する基本的事項」に照らし, 適切な記述を○, 不適切な記述を×とした場合の正しい組み合わせを, あとの①～⑤から1つ選びなさい。

A　保護者の話に傾聴し,「お仕事も子育ても大変ですよね」と保護者の気持ちを受容する。

B　保護者に適切な子育て方法を指導するため, 園が子育て方法をリードしていく。

C　この解決には多様な角度からの分析が必要なので, 園全体で話し合ったり, 友人に相談したりして解決の糸口を探る。

D　Eさんの様子を引き続き把握しながら, 必要に応じてイライラした場合の対応などを伝えていく。

| | A | B | C | D |
|---|---|---|---|---|
| ① | ○ | × | × | ○ |
| ② | ○ | × | ○ | ○ |
| ③ | ○ | ○ | ○ | × |
| ④ | × | ○ | × | ○ |
| ⑤ | × | × | × | ○ |

**2** 乳児期の言語発達について適切なものを, 次の①～⑤から1つ選びなさい。

(難易度■■■□□)

① 2歳半頃に単語をふたつつなげた二語文を使うようになる。

② 生後2～3か月頃にクーイングが始まる。

③ 1歳頃に言葉の機能をもつ発声である喃語が現れる。

④ 1歳半頃に「ママ」「マンマ」などの初語が見られる。

⑤ 8か月頃から大人の顔を見つめながら「アー」「ウー」などの発声がみられる。

**3** 次の保育所での【事例】を読んで,【設問】に答えなさい。

(難易度■■■■□)

【事例】

0歳児クラスの子ども達が砂場で遊んでいる時に,幼児クラスの子ども達が砂場にトンネルを掘り,水を流そうとコップを持ってきた。Eちゃんは,それを見て「あ！」と言って(a)指さした。保育士は「お水が流れるね」と言った。Eちゃんは,(b)水が流れる様子と保育士の顔を交互に見つめる。その時,園庭のフェンスにカラスが止まり,(c)保育士がそちらに視線を移すと,Eちゃんもカラスの方向を見る。保育士がEちゃんに「カラスさんが来たね。ちょっと怖いね」と怖がるような表情をすると,(d)Eちゃんは保育士にぴったりとくっつく。

【設問】

【事例】の文中にある下線部(a)～(d)を説明する語句を【語群】から選択した場合の最も適切な組み合わせを,あとの①～⑤から1つ選びなさい。

【語群】

| ア　三項関係 | イ　二項関係 | ウ　共同注意 | エ　社会的参照 |
|---|---|---|---|
| オ　協働視線 | カ　感情認知 | キ　指さし行動 | ク　視線追従 |

① (a)－キ　(b)－ア　(c)－オ　(d)－エ

② (a)－キ　(b)－オ　(c)－ク　(d)－カ

③ (a)－イ　(b)－ウ　(c)－ア　(d)－カ

④ (a)－キ　(b)－ウ　(c)－ク　(d)－エ

⑤ (a)－イ　(b)－オ　(c)－ウ　(d)－カ

**4** 「保育所保育指針」(平成29年3月)に示されている1歳以上3歳未満児の保育に関わる配慮事項について正しいものを,次の①～⑤から1つ選びなさい。

(難易度■■■□□)

① 身体の活動が活発になることにより事故が起きやすいので,全身を使う遊びを避けるなどして事故防止に努める。

② 子どもの自我の育ちを見守り，友達とのけんかなども子ども同士で解決できるよう，介入せずに見守る。

③ 食事，排泄，睡眠などの生活に必要な基本的習慣については，一人一人の状態に応じて行うようにし，子どもが自分でしようとする気持ちを尊重する。

④ 感染症にかかりやすい時期なので，救急用の薬品を常備し，常に特定の職員が対応するようにしておく。

⑤ 担当の保育士は，子どものそれまでの経験や発達過程に留意しながら，定期的に替えることが望ましい。

**5** **児童福祉施設の設備及び運営に関する基準の規定として適切でないものを，次の①～⑤から１つ選びなさい。** (難易度■□□□□)

① 乳児または満２歳に満たない幼児を入所させる保育所には，乳児室又はほふく室，医務室，調理室及び便所を設ける。

② 乳児室の面積は，乳児または満２歳に満たない幼児１人につき 1.65m$^2$ 以上とする。

③ ほふく室の面積は，乳児または満２歳に満たない幼児１人につき 3.3m$^2$ 以上とする。

④ 保育士の数は，乳児おおむね２人につき１人以上，満１歳以上満３歳に満たない幼児おおむね６人につき１人以上とする。

⑤ 保育所における保育時間は，１日につき８時間を原則とする。

**6** **児童福祉施設の設備及び運営に関する基準における乳児院の最低基準に関する記述として正しいものを，次の①～⑤から１つ選びなさい。**

(難易度■■□□□)

① 乳児10人未満を入所させる乳児院には，嘱託医，看護師，家庭支援専門相談員および調理員またはこれに代わるべき者を置かなければならない。看護師の数は５人以上とする。

② すべての乳児院において，乳児が入所した日から，医師または嘱託医が適当と認めた期間，観察室に入室させて，その心身の状況を観察しなければならない。

③ 乳児10人未満を入所させる乳児院には最低１人，それ以外の乳児院には最低２人の看護師を置くことが定められている。

④　すべての乳児院に診察室・病室を設けることが定められている。

⑤　乳児 10 人以上を入所させる乳児院には小児科の診療に相当の経験がある医師を置くことが定められており，嘱託医は認められていない。

**7** こども家庭庁「11 月は『乳幼児突然死症候群(SIDS)』の対策強化月間です」の内容として不適切なものを，次の①～⑤から 1 つ選びなさい。

(難易度■■■□□)

①　SIDSとは，それまで元気だった赤ちゃんが睡眠中に何の前ぶれもなく亡くなってしまう事故である。

②　1 歳になるまでは，あおむけに寝かせる。

③　医学上の理由でうつぶせ寝を勧める場合は，医師の指導を守る。

④　妊娠中の喫煙や妊婦や赤ちゃんのそばでの喫煙はやめる。

⑤　できるだけ母乳で育てる。

**8** 乳児保育の現状と対策に関する記述として適切なものを，次の①～⑤から 1 つ選びなさい。

(難易度■■■■■)

①　少子化が進む中，乳児の総数も減っている。一方で保育所等も減少しているため，入所できる児童数が減り，待機児童が増えている。

②　全体的な保育利用数が増え，3 歳以上児については待機児童が解消されつつあるが，0 歳児の待機児童数は増加している。

③　全国の市町村のうち 8 割以上で待機児童なしとなっている。

④　待機児童が 100 人以上の市区町村は 5 市区町村である。

⑤　新子育て安心プランでは，令和 3 年度から 6 年度末までに 14 万人分の保育の受け皿を整備する予定である。その中に幼稚園での預かり保育は含まれていない。

**9** 「保育所保育指針解説」(平成 30 年 2 月)に示されている 3 歳未満児の指導計画に関する記述として正しいものを，次の①～⑤から 1 つ選びなさい。

(難易度■□□□□)

①　計画は，週ごとに個別の計画を立てることを基本として，子どもの状況や季節の変化により，週ごとの区分にも幅を持たせ，ゆったりとした保育を心がける。

②　子どもの 1 日の生活全体の連続性を踏まえて，栄養士と「子どもの育ち

を共に喜び合う」という基本姿勢のもと，栄養士との連携を指導計画に盛り込む。

③ 心身の発達に即してグループ分けを行い，グループごとの指導計画を作成する。

④ 3歳未満児は心身の諸機能が未熟であるため，担当する保育士間の連携はもちろんのこと，看護師・栄養士・調理員等との緊密な協力体制の下で，保健及び安全面に十分配慮することが必要である。

⑤ 情緒的な絆を深められるよう，常に特定の保育士が特定の子どもを担任するようにし，年度替わりや年度途中に担任が替わることがないようにする。

**10** 次の(a)～(d)の下線部分のうち，「保育所保育指針」(平成29年3月)の「第4章　子育て支援」の「3　地域の保護者等に対する子育て支援」の一部として，適切なものを○，不適切なものを×とした場合の正しい組み合わせを，あとの①～⑤から1つ選びなさい。　(難易度■■■■□)

保育所は，児童福祉法(a)第50条の4の規定に基づき，その行う保育に支障のない限りにおいて，(b)地域の実情や当該保育所の体制等を踏まえ，地域の保護者等に対して，保育所保育の(c)特性を生かした子育て支援を(d)必要に応じて行うよう努めること。

| | (a) | (b) | (c) | (d) |
|---|---|---|---|---|
| ① | ○ | ○ | × | × |
| ② | ○ | × | ○ | × |
| ③ | × | ○ | × | ○ |
| ④ | × | ○ | ○ | ○ |
| ⑤ | × | ○ | × | × |

**11** 乳児等への虐待に関する記述として正しいものを，次の①～⑤から1つ選びなさい。　(難易度■■■■□)

① 児童虐待(0～17歳の子どもに対する虐待)の死亡事例は月齢0か月に集中しており，0歳児が全体の半数を占める。

② 児童虐待の死亡事例における主たる加害者は実母・実父と，ほぼ同じ割合である。

③ 児童虐待の直接死因で最も多いのは全身打撲である。

④ 近年ネグレクト事例が増加し，死亡時の年齢は1歳児に集中している。
⑤ 児童虐待の死亡事例における原因としては，身体的虐待とネグレクトがほぼ同数となっている。

**12** 「保育所保育指針解説」(平成30年2月)の「第1章　総則」の「2　養護に関する基本的事項」の「(2)養護に関わるねらい及び内容」の「イ　情緒の安定」の「(ア)ねらい」であげられていないものを，次の①～⑤から1つ選びなさい。　(難易度■□□□□)

① 一人一人の子どもが，安定感をもって過ごせるようにする。
② 一人一人の子どもが，自分の気持ちを安心して表すことができるようにする。
③ 一人一人の子どもが，周囲から主体として受け止められ，主体として育ち，自分を肯定する気持ちが育まれていくようにする。
④ 一人一人の子どもが，くつろいで共に過ごし，心身の疲れが癒されるようにする。
⑤ 一人一人の子どもの生理的欲求が，十分に満たされるようにする。

**13** 「保育所保育指針解説」(平成30年2月)の「第2章　保育の内容」の「1　乳児保育に関わるねらい及び内容」の「(3)保育の実施に関わる配慮事項」の内容として誤っているものを，次の①～⑤から1つ選びなさい。
(難易度■□□□□)

① 乳児は疾病への抵抗力が弱く，心身の機能の未熟さに伴う疾病の発生が多いことから，一人一人の発育及び発達状態や健康状態についての適切な判断に基づく保健的な対応を行うこと。
② 一人一人の子どもの生育歴の違いに留意しつつ，欲求を適切に満たし，特定の保育士が応答的に関わるのではなく，複数の保育士で対応するようにすること。
③ 乳児保育に関わる職員間の連携や嘱託医との連携を図り，(中略)，適切に対応すること。栄養士及び看護師等が配置されている場合は，その専門性を生かした対応を図ること。
④ 保護者との信頼関係を築きながら保育を進めるとともに，保護者からの相談に応じ，保護者への支援に努めていくこと。
⑤ 担当の保育士が替わる場合には，子どものそれまでの生育歴や発達過

程に留意し，職員間で協力して対応すること。

**14** 2歳の子どもが「自分でやる」と言い張ったり，「いや」と拒否し続ける場合の対応について，最も適切といえるものを，次の①～⑤から1つ選びなさい。 (難易度■■■□□)

① 子どもの意欲や自分でやりたい気持ちを尊重しながら，さりげなく手を貸していく。

② まだ小さいので現実には思い通りにいかないこともあるということを話して理解させ，積極的に手を貸していく。

③ 子どもの意欲や自分でやりたい気持ちを尊重し，自分でできるまで温かく見守る。

④ 頑なに拒否し続けたり，自分の欲求が伝わらない時に手が出てしまう子どもに対しては，常に自分の思い通りにいくわけではないことを言って聞かせ，手を出さないよう指導する。

⑤ 友達とけんかになった場合はすみやかに仲裁に入り，トラブルを未然に防ぐために仲の悪い子ども同士の接触を避けるようにする。

**15** 次の【事例】を読んで，【設問】に答えなさい。 (難易度■■■■□)

【事例】

Gさんは，2歳のHちゃんを保育所に預けている。最近のHちゃんの姿について，Gさんは「目を離すとすぐにいなくなってしまう。この前は道路に飛び出していてヒヤヒヤした。手をつなごうとしても振り払って，泣いて嫌がる。他のお子さんに比べて言葉での指示が通じていないような気がする。」と保育士に相談した。

【設問】

担当保育士の対応として，「保育所保育指針(平成29年3月)」の「第2章　保育の内容」の「2　1歳以上3歳未満児の保育に関わるねらい及び内容」に照らし，適切な記述を○，不適切な記述を×とした場合の正しい組み合わせを，あとの①～⑤から1つ選びなさい。

A　2歳の運動発達の特徴として，歩行が完成し探索行動が盛んになる時期なので事故を防止することはまだ考える必要はないことを伝える。

B　Hちゃんの行動や言語の発達について，Hちゃんが入園した当初から知っている前担任保育士から情報を得る。

C　自我が形成される時期なので，子どもが嫌がることはしない方がよいと助言する。

| | A | B | C |
|---|---|---|---|
| ① | ○ | × | ○ |
| ② | ○ | × | × |
| ③ | ○ | ○ | ○ |
| ④ | × | ○ | × |
| ⑤ | × | × | × |

**16** 「保育所保育指針解説」(平成 30 年２月)に示されている１歳以上３歳未満児の基本的事項に関する記述として適切なものを，次の①～⑤から１つ選びなさい。　(難易度■■□□□)

① 全身を巧みに使いながら様々な遊びに挑戦して，活発に遊ぶ。
② 身近な人の顔が分かり，あやしてもらうと喜ぶ。
③ 見知らぬ相手に対しては，人見知りをするようになる。
④ 玩具等を実物に見立てるなどの象徴機能が発達する。
⑤ 表情や体の動き，泣き，喃語などで自分の欲求を表現する。

**17** 「保育所保育指針」(平成 29 年３月)に示されている１歳以上３歳未満児の「健康」に関する保育の内容について適切なものを，次の①～⑤から１つ選びなさい。　(難易度■■□□□)

① 一人一人の発育に応じて，はう，立つ，歩くなど，十分に体を動かす。
② 進んで戸外で遊ぶ。
③ 一人一人の生活のリズムに応じて，安全な環境の下で十分に午睡をする。
④ 身の回りを清潔にし，衣服の着脱，食事，排泄などの生活に必要な活動を自分でする。
⑤ 様々な食品や調理形態に慣れ，ゆったりとした雰囲気の中で食事や間食を楽しむ。

**18** 「保育所保育指針」(平成 29 年３月)に示されている１歳以上３歳未満児の「環境」に関する保育の内容の取扱いについて適切なものを，次の①～⑤から１つ選びなさい。　(難易度■■■□□)

① 地域の生活や季節の行事などに触れる際には，社会とのつながりや地

域社会の文化への気付きにつながるものとなることが望ましい。

② 安全な環境の下で，子どもが探索意欲を満たして自由に遊べるよう，身の回りのものについては，常に十分な点検を行う。

③ 他の子どもの考えなどに触れて新しい考えを生み出す喜びや楽しさを味わい，自分の考えをよりよいものにしようとする気持ちが育つようにする。

④ 身近な事象や動植物に対する感動を伝え合い，共感し合うことなどを通して自分から関わろうとする意欲を育てる。

⑤ 表情，発声，体の動きなどで，感情を表現することが多いことから，これらの表現しようとする意欲を積極的に受け止めて，子どもが様々な活動を楽しむことを通して表現が豊かになるようにする。

**19** 「保育所保育指針解説」(平成 30 年２月)に示されている１歳以上３歳未満児の「言葉」のねらいに関する記述として適切なものを，次の①～⑤から１つ選びなさい。 (難易度■■□□□)

① 保育士等は，紙芝居や劇など，子どもが興味や関心をもって言葉に親しむことのできる環境を整える。

② この時期は，言葉を使って表現する意欲や，相手の言葉を聞こうとする態度を育てることが重要である。

③ 子どもが表情や言葉などで表した気持ちを丁寧に受け止め，応えていくことが大切である。

④ 意思をもつ主体としての自我の育ちと，表情や身振りなどで身近な大人に意思を伝えた経験を土台に，言葉を用いて他者と伝え合う力が培われていく。

⑤ 保育士等の話や言葉，保育士等の仲立ちを通して友達とのやり取りを楽しむことを通して，自分も意思を伝えたいという気持ちが育まれる。

**20** 次の文章は，「保育所保育指針解説」(平成 30 年２月)に示されている担当保育士の交替に関する記述である。( A )～( C )に入る言葉の組み合わせとして正しいものを，あとの①～⑤から１つ選びなさい。

(難易度■■■□□)

年度替わりあるいは年度途中で，担当の保育士が替わる場合，特に乳児保育では( A )保育士等との密接な関わりが重要であることから，子どもが安定して過ごすことができるための配慮が大切である。( B )や発達過程等における個人差だけでなく，それまでの家庭やクラスにおける生活や遊びの中での子どもの様子や，一人一人が好きな遊びや( C )，絵本などについても，担当者の間で丁寧に引き継いでいくようにすることが必要である。

① A－特定の　B－家庭環境　C－玩具
② A－身近な　B－家庭環境　C－遊具
③ A－特定の　B－生育歴　C－遊具
④ A－身近な　B－生育歴　C－遊具
⑤ A－特定の　B－生育歴　C－玩具

**21** 次の文章は，「保育所保育指針解説」(平成30年2月)に示されている授乳と離乳に関する記述である。( A )～( C )に入る言葉の組み合わせとして正しいものを，あとの①～⑤から1つ選びなさい。

(難易度■■■■□)

個々の子どもの食事に対する( A )を受け入れながら，子どもに合わせてゆったりとした環境の中で授乳を行うなど，生理的な( A )が一人一人に応じて満たされることは，子どもに安心感をもたらす。

離乳の開始は，それぞれの( B )の状況や発育状況を考慮して慎重に取り組む。その上で，離乳食を提供する際も，子どもの( C )や食事への向かい方を尊重し，落ち着いた環境の下，保育士等も子どもと一緒に食事を味わうような気持ちで関わることが大切である。

① A－欲求　B－家庭　C－ペース
② A－リズム　B－生活　C－気持ち
③ A－欲求　B－生活　C－ペース
④ A－リズム　B－家庭　C－ペース
⑤ A－リズム　B－家庭　C－気持ち

## 解答・解説

 ①

**解説**

A　適切。

B　「保護者の自己決定を尊重する」ため，適切ではない。

C　プライバシーの保持や知り得た事項の秘密を保持するため，友人への相談は適していない。

D　適切。

**2** ②

**解説**

①　誤り。二語文を使うようになるのは，1歳半頃が多い。

②　適切。

③　誤り。喃語は生後6か月頃に始まることが多い。

④　誤り。初語は1歳頃見られることが多い。

⑤　誤り。4か月頃の説明である。

**3** ④

**解説**

(a)は指さし行動である。(b)は共同注意であり，協働ではない。三項関係は共同注意とは異なり，子ども・大人・対象の三項を通して言語的なラベル付けを行うことを言う。(c)は指さしを介さなくても視線を追いかける様子のことを言う。(d)は大人の表情から感情や良い悪いなどの評価を読み取り，自身の判断基準として利用する様子である。

**4** ③

**解説**

①　身体の活動が活発になる時期なので，事故防止に努めながら全身を使う遊びなど様々な遊びを取り入れて探索活動が十分にできるようにする。

②　子どもの自我の育ちを見守り，保育士等が仲立ちとなって，友達の気持ちや友達との関わり方を丁寧に伝えていくこと。

③　正しい。

④　感染症にかかりやすい時期なので，日常の状態の観察を十分に行うと

ともに，必要に応じて嘱託医の指示に従うなど，全職員が対応できるようにしておく。

⑤ 特に乳児期は特定の保育士等との密接な関わりが重要であり，担任が目まぐるしく替わるような体制は避ける。担任が替わる場合は，子どものそれまでの経験や発達過程に留意し，職員間で協力して対応する。

**5** ④

**解説**

① 適切。児童福祉施設の設備及び運営に関する基準第32条第一号による。

② 適切。同第二号による。

③ 適切。同第三号による。

④ 適切ではない。乳児の場合はおおむね3人につき1人以上である。同基準第33条第2項による。

⑤ 適切。保育所における保育時間は，1日につき8時間を原則とし，その地方における乳幼児の保護者の労働時間その他家庭の状況等を考慮して，保育所の長がこれを定める。乳児，幼児の別はない。同基準第34条による。

**6** ③

**解説**

児童福祉施設の設備及び運営に関する基準第19・21・22・24条による。

① 乳児10人未満を入所させる乳児院に置く看護師の数は7人以上とされている。ただし，その1人以外は保育士または児童指導員でもよい。

② 必ず観察室を設けることとされているのは乳児10人以上を入所させる乳児院。よって観察室に入室させることが定められているのも乳児10人以上を入所させる乳児院である。

③ 正しい。すべての乳児院に一定数以上の看護師を置くことが定められている。乳児10人未満を入所させる乳児院には最低1人，それ以外の乳児院には最低2人の看護師を置けば，残りは保育士または児童指導員でもよいとされている。

④ 乳児10人未満を入所させる乳児院の場合は，乳児の養育に専用の部屋があればよく，診察室や病室は必ずしも設けなくてよい。

⑤ 嘱託医でもよい。

 ①

解説

①の「事故」が誤り，正しくは「病気」である。②～⑤の記述は正しい。乳幼児突然死症候群(SIDS)についてはよく理解をしておきたい。

8 ③

解説

① 誤り。こども家庭庁「保育所等関連状況取りまとめ(令和5年4月1日)」によると，0～2歳の乳児は246万人で減少傾向にある。また，保育所等数は前年より0.9％増加している。さらに，待機児童数は6年連続で減少傾向にある。

② 誤り。「令和5年4月の待機児童数調査のポイント」によると，全体的な保育利用率は年々上昇している。令和5年の3歳以上児の待機児童数は244人で全体の9.1％である。さらに，待機児童が多いのは1・2歳児であり，全体の85.1％を占める。保育の受け皿が拡大されたことにより，0歳児は減少傾向にある。

③ 正しい。

④ 誤り。「令和5年4月の待機児童数調査のポイント」によると，待機児童が100人以上の市区町村はなしである。

⑤ 誤り。幼稚園での預かり保育が明言されている。施設改修等の補助が新設された。

9 ④

解説

① 3歳未満児の指導計画は月ごとに個別の計画を立てることを基本とする。

② 栄養士との連携が重要であることはいうまでもないが，「子どもの育ちを共に喜び合う」という基本姿勢で連携すべきなのは保護者である。

③ 3歳未満児は①で述べた通り個人差が大きいため，一人ひとりの子どもの状態に即した保育が展開できるよう，個別の指導計画を作成する。

④ 正しい。

⑤ 年度替わりや年度途中で担任が替わらざるを得ない場合もある。ふだんから柔軟なかたちでの担当制のなかで，特定の保育士等が子どもとのゆったりした関わりをもち，情緒的な絆を深められるよう指導計画を作成する。

⑤

**解説**

(a)　誤り。「第48条」である。「保育所は，当該保育所が主として利用される地域の住民に対してその行う保育に関し情報の提供を行い，並びにその行う保育に支障がない限りにおいて，乳児，幼児等の保育に関する相談に応じ，及び助言を行うよう努めなければならない」と記載されている。

(b)　正しい。

(c)　誤り。「専門性」である。「第1章　総則」の「2 養護に関する基本的事項」では「保育所における保育は(中略)をその特性とする」と記載されているので，「特性」や「専門性」などの語の使用箇所への注意が必要である。

(d)　誤り。「積極的に」である。

①

**解説**

①　正しい。令和5年に発表された厚生労働省の「子ども虐待による死亡事例等の検証結果等について(第19次報告)」によると，0か月児の虐待死は25.0%である。また，全体の48.0%を0歳児が占める。

②　心中以外の虐待死における主たる加害者は，実母が最も多く69.2%である。また実父は24.2%である。

③　児童虐待の直接死因で最も多いのは頭部外傷である。

④　ネグレクト事例では0歳児に集中し(55.1%)，そのうち生後0日児が45.7%を占める。その原因として，母親の孤立や社会的機関から把握されていないことが考えられている。

⑤　子どもの死因となった虐待の類型について，心中以外の虐待死事例においては，「身体的虐待」が55.8%，「ネグレクト」が31.3%であった。

⑤

**解説**

「情緒の安定」に関わるねらいとして，選択肢の①から④までが示されている。⑤は同内容の「ア　生命の保持」であげられている内容の1つである。「情緒の安定」に関わる保育の内容は，「生命の保持」と相互に関連しており，それぞれの内容を踏まえ，一人一人の子どもの心の成長を助け，保育所全体で子ども主体の保育を実践していくことが求められる。

13 ②

解説

②は後半が誤り。「特定の保育士が応答的に関わるように努めること」が正しい。乳児期は特定の大人との間に信頼関係・愛着関係を形成し，これを基盤として成長する時期である。

14 ①

解説

① 適切。2歳頃になって「自分でやる」と言ったり，「いや」と拒否したりするのは自我が順調に育っている証拠である。この頃になると何でも自分で意欲的にやろうとするようになるが，多くの場合は保育士の援助が必要になる。子どもの意欲や自分でやりたい気持ちを尊重しながら，さりげなく手を貸していくことが大切である。

②，③ ①の通り。

④，⑤ 友達とのトラブルやけんかに対しては，頭ごなしに注意するのではなく，保育士等が互いの気持ちを受容し，その気持ちをわかりやすく伝えながら関わり方を教えるなど，適切な方法で自己主張ができるよう仲立ちをしていくことが必要である。

15 ④

解説

A 誤り。「保育の実施に関わる配慮事項」のイには，探索活動が十分できるように事故防止に努めるという記述がある。

B 正しい。「保育の実施に関わる配慮事項」エに「職員間で協力して対応する」という記述がある。

C 誤り。「保育の実施に関わる配慮事項」ウに自我が形成される時期であることが明記されているが，嫌がることはしないという記述はない。

16 ④

解説

① 3歳以上児の内容である。1歳以上3歳未満児は，徐々に基本的な運動機能が発達し，自分の体を思うように動かすことができるようになってくる時期である。

②，③ 乳児期の内容である。1歳以上3歳未満児は，友達や周囲の人への興味や関心が高まり，子ども同士の関わりが徐々に育まれていく時期

である。

④ 適切。

⑤ 乳児期の内容である。1歳以上3歳児未満児は指差し，身振り，片言などを盛んに使い，応答的な大人とのやり取りを重ねることで，この時期の終わり頃に自分のしたいことやしてほしいことを言葉で表出できるようになる。

**17** ⑤

**解説**

① 乳児期の「健やかに伸び伸びと育つ」に関する内容である。1歳以上3歳未満児は，歩く，走る，跳ぶなどができる時期である。

② 3歳以上児の「健康」に関する内容である。

③ 乳児期の「健やかに伸び伸びと育つ」に関する内容である。1歳以上3歳未満児は，徐々に保育所における生活のリズムが形成され，その中で午睡をとる。

④ 3歳以上児の「健康」に関する内容である。1歳以上3歳未満児は清潔に保つ習慣が少しずつ身につく段階である。

⑤ 適切。

**18** ①

**解説**

① 適切。

② 乳児期の「ウ　身近なものと関わり感性が育つ」における事項である。

③ 3歳以上児の「ウ　環境」における事項である。

④ 3歳以上児の「ウ　環境」における事項である。

⑤ 乳児期の「ウ　身近なものと関わり感性が育つ」における事項である。

**19** ③

**解説**

① 「紙芝居や劇」ではなく，「絵本や詩，歌」などがふさわしい。

② 3歳以上児に関する記述である。この時期は，言葉のもつ響きやリズムの面白さ，美しさ，言葉を交わすことの楽しさなどを感じ取らせることなどが重要である。

③ 適切。

④ 「表情や身振りなどで身近な大人に意思を伝えた経験」ではなく「自分

の思いを分かってほしい，共有したいと願う身近な大人との関係の育ち」がふさわしい。

⑤ 「自分も意思を伝えたい」ではなく「保育士等や友達の言うことを分かりたい」がふさわしい。

 ⑤

出題は「第２章　1　(3)　オ」の解説による。

A　乳児期は特定の大人との応答的な関わりを通じて，情緒的な絆が形成される時期である。

B　一人一人の子どもの生育歴に関する情報を把握するに当たっては，母子健康手帳等の活用が有効である。

C　様々な遊具で遊べるようになるのは，概ね手が自由に動かせるようになる１歳以上３歳未満児以降であるので，玩具が適切である。

21 ①

解説

出題は「第２章　1　(2)　(イ)　③」の解説による。授乳については「第１章　2　(2)　ア　(イ)　④」の解説などでも触れられている。また，厚生労働省の「授乳・離乳の支援ガイド」(2019年改訂版，厚生労働省)などを参考にしながら理解を深めたい。

# 第7章

# 専門試験
# 小児保育

POINT

## 1．小児保育の意義と概要

### 小児保育について

「小児」という用語について，厚生労働省の資料には「医療法施行規則第16条第1項第四号に規定する「小児」とは通常小児科において診療を受ける者をいうのであって，具体的に何歳から何歳までと限定することは困難である。」と記載されている。

また，児童福祉法第4条では，「小児」という用語は使われておらず，以下のように区分されている。

**乳児**　満1歳に満たない者
**幼児**　満1歳から，小学校就学の始期に達するまでの者
**少年**　小学校就学の始期から，満18歳に達するまでの者

このことから医療において，小児とは出生時から思春期までを含む広い範囲の子どもを示す用語であることが分かる。

乳幼児保育において「小児」の捉え方は曖昧であるが，平成29年に告示された保育所保育指針では，「第2章　保育の内容」の中で「1　乳児保育に関わるねらい及び内容」，「2　1歳以上3歳未満児の保育に関わるねらい及び内容」，「3　3歳以上児の保育に関するねらい及び内容」の三区分に乳幼児の発達を分けて記述をしている。「乳児保育」に関しては前章で取り扱っているため，本章「小児保育」では主に「3歳以上児の保育」について取りあげる。

### 幼児期の基本的な保育の目的と内容

小児(以下3歳以上児を指す)期の保育に関するねらい及び内容は，保育所保育指針「第2章　保育の内容」において，1歳以上3歳未満児と同様以下の5領域で示されている。

**【3歳以上児】**
(1)心身の健康に関する領域「**健康**」
(2)人との関わりに関する領域「**人間関係**」
(3)身近な環境との関わりに関する領域「**環境**」
(4)言葉の獲得に関する領域「**言葉**」
(5)感性と表現に関する領域「**表現**」

### 保育の配慮事項

小児の保育への配慮事項として，保育所保育指針に示された下記のことに特に配慮したい。

・第１章 4(2)に示された「幼児期の終わりまでに育ってほしい姿」が，ねらい及び内容に基づく活動全体を通して資質・能力が育まれている子どもの小学校就学時の具体的な姿であることを踏まえ，指導を行う際には適宜考慮すること。

・子どもの発達や成長の援助をねらいとした活動の時間については，意識的に保育の計画等において位置付けて，実施することが重要であること。なお，そのような活動の時間については，保護者の就労状況等に応じて子どもが保育所で過ごす時間がそれぞれ異なることに留意して設定すること。

・特に必要な場合には，各領域に示すねらいの趣旨に基づいて，具体的な内容を工夫し，それを加えても差し支えないが，その場合には，それが第１章１に示す保育所保育に関する基本原則を逸脱しないよう慎重に配慮する必要があること。

## 2. 小児の食と生活

保育所の特性を生かした食育を推進している。下記に示す内容を特に意識し，「食を営む力」の育成に向けその基礎を培うことを目標にしたい。

・子どもが生活と遊びの中で，意欲をもって食に関わる体験を積み重ね，食べることを楽しみ，食事を楽しみ合う子どもに成長していくことを期待するものであること。

・乳幼児期にふさわしい食生活が展開され，適切な援助が行われるよう，食事の提供を含む食育計画を全体的な計画に基づいて作成し，その評価及び改善に努めること。栄養士が配置されている場合は，専門性を生かした対応を図ること。

・食育の環境の整備等としては，子どもと調理員等との関わりや，調理室など食に関わる保育環境に配慮すること。特に体調不良，食物アレルギー，障害のある子どもなど，一人一人の子どもの心身の状態等に応じ，嘱託医，かかりつけ医等の指示や協力の下に適切に対応すること。栄養士が配置されている場合は，専門性を生かした対応を図ること。

## 3. 小児の疾病とその予防

子どもが罹患しやすい疾病(特に発熱やけいれん等)の症状を見分けるポイント，体調不良時の対応について理解しておくことが大切である。また，平常時の子どもの健康観察のポイントをしっかり頭に入れておくことも必要である。「いつもと違う」「何か変」ということを早期に気づき，対応できる能力が保育者には必要不可欠である。

感染症や予防接種についても，子どもが罹患しやすい疾患(感染症や消化器疾患など)について理解を深めることが大切である。感染の予防と対策として，感染源対策，感染経路対策(飛沫感染，空気感染，接触感染，経口感染等)，感受性対策(予防接種等)があり，特に予防接種スケジュールについても理解しておくとよい。また，生ワクチンか不活化ワクチンか，定期接種か任意接種かなど，基本的なことも覚えておきたい。

## 4. 環境及び衛生管理・安全管理

環境及び衛生管理・安全管理については，以下の 4 点の理解を深めるとよい。

**〈環境及び衛生管理〉**

施設内外の環境(温度・湿度・換気・採光・音など)を常に適切な状態に保持するとともに，施設内外の設備及び用具等の衛生管理に努めること。子ども及び全職員が清潔を保つようにすること。また，職員は衛生知識の向上に努めること。

**〈事故防止及び安全対策〉**

保育中の事故防止のために，子どもの心身の状態等を踏まえ，施設内外の安全点検に努め，安全対策のための体制づくりや安全指導を行う。事故防止の取り組みを行う際には，特に睡眠中，プール活動・水遊び中，食事中等の場面において施設内外の環境の配慮や指導の工夫を行い，必要な対策を講じる。また，保育中の事故の発生に備え，施設内外の危険箇所の点検や訓練を実施する。外部からの不審者等の侵入防止のための措置や訓練など不測の事態に備えて必要な対応を行う。その際，子どもの精神保健面にも留意することなどがあげられる。

**〈災害に備え，施設・設備等の安全確保〉**

防火設備，避難経路等の安全性が確保されるよう，定期的にこれらの安全点検を行う。備品，遊具等の配置，保管を適切に行い，日頃から安全環境の整備に努めることが重要である。

**〈災害発生時の対応体制及び避難への備え〉**

火災や地震などの災害の発生に備え，緊急時の対応，職員の役割分担，避難訓練計画等に関するマニュアルを作成する。また，定期的に避難訓練を実施するなど，必要な対応を図る。日頃から保護者との密接な連携に努め，連絡体制や引渡し方法等について確認をしておくことが大切である。

## 5．母子保健対策と子育て支援

「保育所を利用している保護者に対する子育て支援のポイント」としては，以下の3点があげられている。

**〈保護者との相互理解〉**

子どもの日々の様子の伝達や収集，保育所保育の意図の説明などを通じて，保護者との相互理解を図るよう努めること。保育の活動に対する保護者の積極的な参加を促すこと。

**〈保護者の状況に配慮した個別の支援〉**

保護者の多様化した保育の需要に応じ，病児保育事業など多様な事業を実施する場合には，保護者の状況に配慮し，子どもの福祉が尊重されるよう努め，生活の連続性を考慮すること。また，子どもに障害や発達上の課題が見られる場合や外国籍家庭など特別な配慮を必要とする家庭の場合には，市町村や関係機関と連携及び協力を図りつつ，保護者に対する個別の支援を行うよう努めること。

**〈不適切な養育等が疑われる家庭への支援〉**

保護者に育児不安等が見られる場合には，希望に応じて個別の支援を行うよう努めること。また，保護者に不適切な養育等が疑われる場合には，市町村や関係機関と連携し，要保護児童対策地域協議会で検討するなど適切な対応を図ること。虐待が疑われる場合には，速やかに市町村又は児童相談所に通告し，適切な対応を図ること。

次に「地域の保護者等に対する子育て支援のポイント」については，以下の2点があげられている。

**〈地域に開かれた子育て支援〉**

保育所は，児童福祉法第48条の4の規定に基づき，地域の実情や当該保育所の体制等を踏まえ，地域の住民等に対して，専門性を生かした子育て支援を積極的に行うよう努めること。また，地域の子どもに対する一時預かり事業などの活動を行う際には，一人ひとりの子どもの心身の状態などを考慮するとともに，日常の保育との関連に配慮するなど，柔軟に活動を展開できるようにすること。

**〈地域の関係機関等との連携〉**

地域の関係機関等との積極的な連携及び協働を図るとともに，子育て支援に関する地域の人材と積極的に連携を図るよう努めること。また，地域の要保護児童への対応は，要保護児童対策地域協議会など関係機関等と連携及び協力して取り組むよう努めること。

## 演習問題

**1** 小児の生理機能について適切なものを，次の①～⑤から１つ選びなさい。
(難易度■□□□□)

① 乳児期の胸郭は前後，左右の径がほぼ同じで，腹式呼吸である。年齢とともに胸郭は左右径が大きくなり，２歳ころから胸腹式呼吸となり，７歳ころには胸式呼吸になる。

② 体重に占める水分量の割合は年齢によって違い，新生児では約60％，成人では約50％が水分である。

③ 年少児ほど心拍数が少ない。

④ 安静時の呼吸状態を比べると，年齢が高くなるにしたがい呼吸数が多くなる。

⑤ 小児期の体温は成人に比べて高いが，代謝の活発さとは関係がない。

**2** 子どもに見られる症状と病名について正しい組み合わせを，あとの①～⑤から１つ選びなさい。
(難易度■■□□□)

ア 高熱から始まり，くしゃみ，咳，鼻水などのかぜ症状が続く。頬の内側の粘膜に白い斑点がみられる。

イ 「おたふくかぜ」とも呼ばれる。３人に１人は症状が出ない。

ウ 発熱と発疹から始まり，軽いかぜ症状。耳の後ろや首のリンパ節が腫れる。

エ 「水ぼうそう」とも呼ばれ，伝染力が強い。小豆大の赤い発疹に水がたまる。

オ 「りんご病」とも呼ばれる。妊婦が感染すると流産，または胎児死亡に至る例がある。

A 麻疹　B 風疹　C 伝染性紅斑
D 流行性耳下腺炎　E 水痘

① アーB　イーE　ウーD　エーA　オーC
② アーD　イーA　ウーC　エーE　オーB
③ アーC　イーD　ウーA　エーB　オーE
④ アーA　イーD　ウーB　エーE　オーC
⑤ アーE　イーC　ウーA　エーB　オーD

**3** 「保育所保育指針解説」(平成 30 年 2 月)に示されている全体的な計画について正しいものを，次の①～⑤から 1 つ選びなさい。

(難易度■■■■□)

① 全体的な計画や延長保育，夜間保育，休日保育の有無は各市町村で定めることとなっている。

② 全体的な計画は，入所児童の保護者への支援や，地域の子育て支援との区別を明確にする必要がある。

③ 全体的な計画は，施設長の責任のもとに全職員が参画して編成する。

④ 全体的な計画は，指導計画やその他の計画と同列に位置付けられる。

⑤ 保育所の実態を問わず，全体的な計画の編成は保育所保育指針に則した均一的な保育が実施できるようにする。

**4** 「保育所保育指針解説」(平成 30 年 2 月)に示されている 3 歳以上児の保育に関する基本的事項に関して適切なものを，次の①～⑤から 1 つ選びなさい。

(難易度■■■□□)

① 運動機能がますます発達し，手先を巧みに使いながら様々な遊びに挑戦する。

② 言葉の発達においては，言葉の理解が進み，自分の意思を親しい大人に伝えたいという欲求が高まる。

③ 共通の目的の実現に向かって，話し合いを繰り返しながら互いに折り合いを付ける経験を重ねる中で，身近な保育士等の仲立ちのもと解決しようとする姿も見られる。

④ この時期は，集団としての高まりを支えながら，子ども一人一人の自我の育ちを促す援助が必要になる。

⑤ 基本的な生活習慣を確立しつつあり，身辺自立の進む 3 歳以上児は養護に関する基本的事項と保育に関する基本的事項を独立させて展開する。

**5** 「保育所保育指針」(平成 29 年 3 月)の「第 2 章　保育の内容」の「3　3 歳以上児の保育に関するねらい及び内容」に示されている留意点として不適切なものを，次の①～⑤から 1 つ選びなさい。

(難易度■■■□□)

① 「健康」の内容では，いろいろな遊びの中で十分に体を動かす。

② 「人間関係」の内容では，友達と積極的に関わりながら喜びや悲しみを

共感し合う。

③ 「環境」の内容では，生活の中で，様々な物に触れ，その性質や仕組みに興味や関心をもつ。

④ 「言葉」の内容では，保育士等や友達の言葉や話に興味や関心をもち，親しみをもって聞いたり，話したりする。

⑤ 「表現」の内容では，感じたこと，考えたことなどを音や動きなどで表現したり，お手本をもとにかいたり，つくったりなどする。

**6** 次の文章は「保育所保育指針」(平成 29 年 3 月)に示されている 3 歳以上児の「環境」に関する保育の内容の取扱いの抜粋である。空欄( A )～( C )に当てはまる語句の組み合わせとして正しいものを，あとの①～⑤から 1 つ選びなさい。 (難易度■■■□□)

○子どもが，遊びの中で周囲の環境と関わり，次第に周囲の世界に( A )を抱き，その意味や操作の仕方に関心をもち，物事の( B )に気付き，自分なりに考えることができるようになる過程を大切にすること。

○身近な事象や動植物に対する( C )を伝え合い，共感し合うことなどを通して自分から関わろうとする意欲を育てる。

ア 好奇心　イ 発見　ウ 興味
エ 法則性　オ 探究心　カ 感動
キ 連続性　ク 規則性　ケ 印象

① A－ア　B－ク　C－イ
② A－オ　B－エ　C－ウ
③ A－ウ　B－ク　C－ケ
④ A－ア　B－エ　C－カ
⑤ A－オ　B－キ　C－カ

**7** 「保育所保育指針」(平成 29 年 3 月)に基づく保育の基本的な考え方として適切でないものを，次の①～⑤から選びなさい。 (難易度■■■□□)

① 子どもが安心感と信頼感をもって活動できるよう，子どもの主体としての思いや願いを受け止めること。

② 子どもの生活のリズムを大切にし，健康・安全で情緒の安定した生活ができる環境や自己を十分に発揮できる環境を整えること。

③ 子どもが自発的・意欲的に関わることができるような環境を構成し，

子どもの主体的な活動等を大切にすること。

④ 乳幼児期にふさわしい体験が得られるように，生活や遊びを通して総合的に保育すること。

⑤ 子どもの健康は，生理的・心理的な育ちとともに，自主性や社会性，豊かな感性の育ちがあいまってもたらされることに留意すること。

**8** 「保育所保育指針解説」(平成30年2月)に示されている3歳以上児の「表現」の内容に関する記述として適切なものを，次の①～⑤から1つ選びなさい。 (難易度■■■■□)

① 豊かな感性を養うためには，何よりも子どもを取り巻く環境を重視し，静かで落ち着いた刺激の少ない空間を構成していくことが大切である。

② 保育士等自身は，保育所の生活の様々な場面で子どもが心を動かされている出来事を絵や言葉にして記録することが望ましい。

③ 子どもは，自分なりの表現が他から受け止められる体験を繰り返す中で，安心感や表現の喜びを感じる。

④ 保育士等などの大人が，正しい発声や音程で歌うことや楽器を正しく上手に演奏することは，子どもが音楽に親しむようになる上で，重要な経験である。

⑤ 保育士等は，子どものもっているイメージがどのように遊びの中に表現されているかを理解しながら，そのイメージの世界を十分に楽しめるように，具体的な道具や用具は片付け，子どものイメージを聞きとることが大切である。

**9** 次の文は，「保育所における感染症対策ガイドライン(2018年改訂版)」(こども家庭庁　2018(平成30)年3月(2023(令和5)年5月一部改訂))に準じた保育所における消毒薬の種類と使用についての記述である。下線部(A)～(D)の語句や数値に関して，適切なものを○，不適切なものを×とした場合の正しい組み合わせを，あとの①～⑤から1つ選びなさい。 (難易度■■■■□)

消毒薬の種類には，アルコール類等と塩素系消毒薬がある。(A)どちらも手指の消毒や遊具，室内環境の消毒に適している。(B)塩素系消毒薬は，一般細菌，真菌，ウイルスなどに有効であり(C)ノロウイルスにも効果がある。嘔吐物の消毒などは，塩素系消毒薬である次亜塩素酸ナトリウム(製品濃度約6%の場合)を使用するが，希釈濃度は0.1%で，水1リットルに対して(D)約10mlである。

| | (A) | (B) | (C) | (D) |
|---|---|---|---|---|
| ① | ○ | ○ | × | × |
| ② | ○ | × | ○ | × |
| ③ | ○ | × | × | ○ |
| ④ | × | ○ | ○ | × |
| ⑤ | × | × | ○ | × |

**10** 3歳以上児の保育に関わる配慮事項に関する記述として適切なものを，次の①～⑤から1つ選びなさい。 (難易度■■■■□)

① この時期は疾病への抵抗力が弱く，心身の機能の未熟さに伴う疾病の発生が多い。特に感染症などの病気にかかりやすいので，生命の保持と情緒の安定に配慮した細かな保育が必要である。

② 睡眠中の突然死を防ぐため，うつぶせ寝を避けるなど，十分な観察と注意が必要な時期である。

③ 共働きの家庭が増えているため，食事や排泄，清潔などの基本的な習慣を子どもにつけさせるのは保育士等の役割と考えて指導する必要がある。

④ 自分の思い通りにいかないことなどに対して反抗的な態度を示す時は，子どもの気持ちを十分に受け止めたうえで，態度を改めるように言い聞かせる。

⑤ 集団のなかでけんかなど，葛藤を生じている子どもを見守りながら，必要に応じて相手の気持ちを知らせ，子どもの心の安定に配慮して援助する。

**11** 保育所において子どもの情緒を発達させるために最も適切といえる対応を，次の①～⑤から1つ選びなさい。 (難易度■■■□□)

① 子ども同士の関わりを見守り，子どもの考えや気づきを十分に認める。子どもの主体的な活動を援助し，満足感や充実感とともに自己肯定感を育んでいく。

② けんかなど，子ども同士のぶつかり合いに対しては，できる限り干渉せずに見守り，自分たちで解決できる力を育む。

③ けんかなど，子ども同士のぶつかり合いに対しては，積極的に交渉や合意を援助して，状況が悪化しないように配慮する。

④ 子どもが感動や喜びを表現できるようなパソコン用ソフトを積極的に活用する。

⑤ 子どもが保護者との関係を通して自己肯定感を育んでいけるよう，保護者に対する援助を行う。

**⑫** 「保育所保育指針解説」(平成30年2月)に示されている保育所保育指針の「改定の方向性」について適切でないものを，次の①～⑤から1つ選びなさい。 (難易度■■■■□)

① 保育所では子どもの育ちを保護者と共に喜び合うとともに，地域で子育て支援に携わる他の機関や団体など様々な社会資源との連携や協働を強めていくことが求められることを踏まえて，改定前の保育所保育指針における「子育て支援」の章を「保護者に対する支援」に改めた。

② 平成23年に発生した東日本大震災を経て，安全，防災の必要性に対する社会的意識が高まっている。子どもの生命を守るために，災害発生時の対応を保護者と共有するとともに，平時からの備えや危機管理体制づくり等を行政機関や地域の関係機関と連携しながら進めることが求められることから，安全な保育環境の確保等を中心に更なる充実を図った。

③ 幼保連携型認定こども園や幼稚園と共に，幼児教育の一翼を担う施設として，教育に関わる側面のねらい及び内容に関して，幼保連携型認定こども園教育・保育要領及び幼稚園教育要領との更なる整合性を図った。

④ 保育現場におけるリーダー的職員等に対する研修内容や研修の実施方法について，「保育士等キャリアアップ研修ガイドライン」が定められた。

⑤ 幼児教育において育みたい子どもたちの資質・能力として，「知識及び技能の基礎」「思考力，判断力，表現力等の基礎」「学びに向かう力，人間性等」を示した。そして，これらの資質・能力について「幼児期の終わりまでに育ってほしい姿」として明確化した。

**13** 「保育所保育指針解説」(平成30年2月)の「第2章　保育の内容」の「4　保育の実施に関して留意すべき事項　(1)保育全般に関わる配慮事項」に示されている，子どもの性差との関わり方に関する記述である。空欄(　A　)～(　C　)に当てはまる語句の組み合わせとして正しいものを，あとの①～⑤から1つ選びなさい。(難易度■■■□□)

保育所において,「こうあるべき」といった固定的なイメージに基づいて,子どもの性別などにより対応を変えるなどして，こうした意識を子どもに,植え付けたりすることがないようにしなければならない。(中略)子どもが将来，性差や個人差などにより人を差別したり，偏見をもったりすることがないよう，(　A　)に配慮した保育を心がけ，保育士等自らが自己の価値観や言動を省察していくことが必要である。(　B　)社会の推進とともに,子どもも，職員も，保護者も，一人一人の可能性を伸ばし，(　C　)を図っていくことが求められる。

ア　倫理　　イ　人権　　ウ　男女共同参画
エ　国際化　　オ　差別撤廃　　カ　自己実現

① A－ア　B－ウ　C－オ　② A－イ　B－エ　C－カ
③ A－イ　B－ウ　C－カ　④ A－イ　B－エ　C－オ
⑤ A－ア　B－ウ　C－カ

**14** 保育所と家庭との連携に関する記述として最も適切なものを，次の①～⑤から1つ選びなさい。(難易度■■■□□)

① 子どもの家庭での様子や過去の傷害を伴う事故等の情報収集は，プライバシーに配慮して，入所時と緊急時にのみ行う。
② 食生活や食育に関しては，子どもだけでなく保護者にも指導を行う必要がある。
③ 感染症の流行が懸念される場合は，保育所は保護者に予防対策を指導する義務がある。
④ 主治医からの指示書および連絡先等を確認し，保育所の独断で医療的ケアの実施に関して主治医からの直接の指示や研修が受けられるように調整する。
⑤ 保育所での子どもの健康と安全に関する基本的取り組み方針等については，入所時に説明する必要がある。

## 解答・解説

**1** ①

解説

① 正しい。

② 水分量の割合は，年齢によって大きく違う。新生児では約80%，乳児では70～75%，成人では約60%が水分。

③ 年少児ほど心拍数が多いが，それは1回当たりの心拍出量が少ないためである。

④ 安静時の新生児の呼吸数は5～6歳の約2倍近くで，呼吸数は年齢が低いほど多くなる。1分間の呼吸数は，新生児は40～50回，乳児は30～40回，5～6歳児は20～25回である。

⑤ 小児期は活動性が高く，代謝が活発になるため，体温も成人より高い。

**2** ④

解説

**ア** 麻疹(はしか)。発熱は3日前後続く。白く小さい斑点はコプリック斑と呼ばれ，眼は赤く，目やにが出る。

**イ** 流行性耳下腺炎(おたふくかぜ)。腫れは耳下腺の片側もしくは両側に見られ(両側性が多い)，疼痛がある。

**ウ** 風疹。発疹はひとつひとつ離れている。妊娠16週以内に母体が罹患すると，異常をもつ子どもが5人に1人の割合で生まれる危険性がある。

**エ** 水痘(水ぼうそう)。軽い発熱と背上部の円形赤斑から始まる。合併症として脳炎や肺炎を起こすことがあるため，注意を要する。

**オ** 伝染性紅斑(りんご病)。熱はほとんどなく，両頬が真赤に腫れる。首，胸腹部，四肢に発疹が見られる。妊婦が感染すると，胎児の発育遅滞がみられる場合があるほか，死亡に至る例がある。

**3** ③

解説

① 保育時間や延長保育，夜間保育，休日保育の有無は保育所ごとに定めることとなっている。

② 全体的な計画は，入所児童の保護者への支援や，地域の子育て支援と密接に関連して行われる業務と位置づけられる。

③ 正しい。全体的な計画は施設長の責任のもと，全職員が参画して共通

理解と協力体制のもとに創意工夫して編成する。

④　全体的な計画は，その他の計画の上位に位置付けられる。

⑤　保育所保育指針や解説の内容を参考にしながら，保育所ごとの実態に即して工夫して設定する必要がある。さらに子どもの心身の発達や，家庭・地域の実態も踏まえて創意工夫する。

**4** ②

**解説**

①　手先のみではなく，全身を巧みに使えるようになっている。

②　適切。

③「身近な保育士等の仲立ちのもと」ではなく，「自分たちで」が正しい。徐々に他の子どもとの役割分担や，互いの思いや考えを出し合うことができるようになる。

④「集団としての高まり」と「子ども一人一人の自我の育ち」が逆である。自我の育ちを土台として，仲間とのつながりが深まっていく。

⑤　養護と保育は3歳以上児であっても一体となって展開される。

**5** ⑤

**解説**

①「健康」のねらいの1つは「自分の体を十分に動かし，進んで運動しようとする」であり，ねらいと合致している。

②「人間関係」のねらいの1つは「身近な人と親しみ，関わりを深め，工夫したり，協力したりして一緒に活動する楽しさを味わい，愛情や信頼感をもつ。」であり，ねらいと合致している。

③「環境」のねらいの1つは「身近な環境に親しみ，自然と触れ合う中で様々な事象に興味や関心をもつ」であり，ねらいと合致している。

④「言葉」のねらいの1つは「人の言葉や話などをよく聞き，自分の経験したことや考えたことを話し，伝え合う喜びを味わう。」であり，ねらいと合致している。

⑤「表現」のねらいの1つは「感じたことや考えたことを自分なりに表現して楽しむ」である。正しくは，「感じたこと，考えたことなどを音や動きなどで表現したり，自由にかいたり，つくったりなどする」である。

 ④

解説

A　3歳以上児の「環境」に関する保育は「周囲の様々な環境に好奇心や探究心をもって関わり，それらを生活に取り入れていこうとする力を養う」ことを指導する。

B　ボールを上に投げると落ちてくるなどの科学的な法則にとどまらず，子どもが自分なりに発見した規則性なども含めて「物事の法則性」としている。

C　感動を伝えられた友達や保育士等が深く共感することが肝要である。共感が得られないと，子どもの感動は次第に薄れてしまう。

 ⑤

解説

子どもの健康は，生理的，身体的な育ちとともに，自主性や社会性，豊かな感性の育ちとがあいまってもたらされるのであって，「心理的」は間違い。「保育所保育指針」(平成29年3月)の「第2章　保育の内容」の「4　保育の実施に関して留意すべき事項」(1)保育全般に関わる配慮事項イ参照。

**8** ③

解説

① 「刺激の少ない空間」が誤り。静かで落ち着いた環境下では，子どもは小さな刺激であっても敏感に感知することができる。その一方で，様々な刺激を与えながら，子どもの興味や関心を引き出すような魅力ある豊かな環境を構成していくことも大切になる。

② 「絵や言葉にして記録することが望ましい」が誤り。保育士等自身は，子どもとともに感動できる感性が求められている。

③ 適切。

④ 子どもが生活の中で音楽に親しむ態度を育てる上では，音程や奏法が正しいことや上手なことは重要ではない。歌を歌ったり楽器を演奏したりすることを楽しんでいる姿に触れさせることが重要である。

⑤ 「具体的な道具や～」以降が誤り。子どもがイメージの世界を十分に楽しめるように，そのイメージを表現するための道具や用具，素材を用意してやり，環境作りにつとめる。

 ④

解説

A　アルコールは手指の消毒やおもちゃの消毒に適応する。次亜塩素酸はおもちゃや哺乳瓶の消毒などには適応するが，刺激が強く手指の消毒には適さないので，使用にあたっては手袋などを着用する。

D　0.1％の濃度は，水１リットルに対して約20mlである。

10 ⑤

解説

①　３歳未満児の保育に関わる配慮事項である。３歳以上児も風邪などにかかりやすいのは同じだが，心身の機能はある程度発達しており，３歳未満児と比べれば生命の保持と情緒の安定に配慮した細かな保育が必要というほどではない。

②　これも３歳未満児の保育に関わる配慮事項で，乳幼児突然死症候群(SIDS)に関する記述である。SIDSの約８割は生後６か月までに発生している。

③　共働きの家庭が増えているのは事実だが，食事や排泄，清潔などの基本的な習慣については家庭との連携を図るほか，子ども自身が習慣をつけていくことも大切である。

④　自分の思い通りにいかないことなどに対して反抗的な態度を示す時は，子どもの気持ちを十分に受け止めたうえで触れ合いや語りかけを多くし，情緒の安定を図るようにする。

⑤　適切。

 ①

解説

①　最も適切である。

②，③　けんかなど，子ども同士のぶつかり合いに対しては，子ども同士のやりとりやぶつかり合いを見守りながら，必要に応じて相手の気持ちを知らせ，子どもの心の安定に配慮して援助する。それぞれの子どもの良いところや得意なことを積極的に認め，他の子どもに伝えていくことも大切である。

④　積み木やブロック，クレヨンなどの画材などを使用するほうが，幼児にとっては手軽で自由度が高い。パソコン用ソフトは最も適切とはいえ

ない。

⑤ 自己肯定感を育むには保護者との関係も重要であるが，保育所においては①の通り，子ども同士の関わりを見守り，子どもの考えや気づきを十分に認めることや，子どもの主体的な活動を援助し，満足感や充実感とともに，自己肯定感を育んでいくことが中心となる。

**12** ①

**解説**

改訂前の「保護者に対する支援」の章を「子育て支援」に改めた。「保育所保育指針解説」(平成30年2月)の「序章」の「4　改定の方向性」参照。

**13** ③

**解説**

Aには人権，Bには男女共同参画，Cには自己実現が入る。したがって解答は③。なお，わが国が1995年に加入した国連の「人種差別撤廃条約」のもととなっている1963年のあらゆる形態の人種差別の撤廃に関する国際連合宣言の第2条のなかには,「いかなる国家，機関，集団又は個人も，人種，皮膚の色又は種族的出身を理由として人権及び基本的自由に関し，個人，集団又は団体を差別してはならない」とある。

**14** ⑤

**解説**

① 子どもの家庭での生活実態，健康状態，既往症や予防接種歴，過去の傷害を伴う事故等の情報収集は，入所時はもちろん，常に行う必要がある。守秘義務を守ることは言うまでもない。

② 食生活や食育に関しては，子どもだけでなく保護者にも情報提供を行う必要がある。

③ 特に義務づけはされていない。感染症の流行が懸念される場合は，保育所は保護者に予防対策に関する情報提供を行うことが望ましい。

④ 必要に応じて保護者同意のもと同行受診するなどして，医療的ケアの実施に関して主治医からの直接の指示や研修が受けられるようにする。

⑤ 適切。保育所での子どもの健康と安全に関する基本的取り組み方針等については，入所時に説明する必要がある。

# 第8章

# 専門試験
# 子どもの食と栄養

POINT

## 1. 子どもの健康と食生活の意義

### 子どもの心身の健康

子どもが心身ともに健やかに発育・発達するために栄養を摂ることはとても重要である。また,乳幼児期から発達の段階に応じた食生活ができることは,子どもの心身の健康に大きく影響する。

### 子どもの食生活

子どもの食生活には,以下のような特徴がある。

・発育のために多くの栄養素を必要とする。
・消化機能が未成熟である。
・感染に関する抵抗力が低い。
・発達段階に合わせた食事と食習慣の形成。

### 子どもの食生活の現状を示す調査等

**〈国民健康・栄養調査〉**

「国民の身体の状況,栄養素等摂取量及び生活習慣の状況を明らかにし,国民の健康の増進の総合的な推進を図るための基礎資料を得る」ことを目的として,厚生労働省が毎年実施している調査。

**〈乳幼児栄養調査〉**

「全国の乳幼児の栄養方法及び食事の状況等の実態を把握することにより,母乳育児の推進や乳幼児の食生活の改善のための基礎資料を得る」ために,厚生労働省が10年ごとに実施している調査。

### 食生活の課題

子どもの食事内容には,以下のような課題がある。

・子どもに食事を提供する大人側の問題(子どもの要求に合わせてばかりの献立や料理のレパートリーの少なさなど)から,適正な栄養摂取と望ましい食習慣が身につく食事が提供されていない場合がある。
・食事に関する手伝いの機会が減ったことにより,食品の名前を知らない,食品の形と味が一致しない子どもが増えている。

・家族と共に食事をする機会(共食)が減り，子どもだけで食べる(孤食)機会が増えている。
・朝食の欠食や間食(おやつ)の与え方に問題がある場合がある。
・食品産業が発達し，レトルト食品やインスタント食品など，いつでもどこでも好きなだけ食べることができる一方で，偏食による栄養素の摂取の過不足，エネルギーの過剰摂取などが問題となっている。

## 2. 栄養に関する基本的知識

### 5大栄養素と水分

人間が生きていくために必要な栄養成分は，**炭水化物(糖質)，脂質，たんぱく質，無機質(ミネラル)，ビタミン**の5つあり，これらを**5大栄養素**という。これら5大栄養素の機能や役割，消化や吸収の仕組みなどについて，それぞれ十分に理解をしておきたい。

また，水分はこれら栄養素を溶かして消化・吸収することや，栄養素，老廃物の運搬や体温保持，発汗による体温の調整などに関わるもので，「乳児では全体重の約80%」を,「成人の場合は全体重の約60%」を占めている。

### 日本人の食事摂取基準

健康な個人及び集団を対象として，国民の健康保持・増進，生活習慣病の予防を目的として，エネルギー及び栄養素の摂取量の基準を示すものとして，「**日本人の食事摂取基準(2020年版)**」が策定され，この基準は5年ごとに改訂されている。また，食事摂取基準のほか，食生活指針や食事バランスガイドなども理解しておきたい。

**〈食生活指針〉**

2000(平成12)年に国民一人ひとりが健全な食生活の実践を図り，健康寿命を延ばすことを目指して，文部科学省，厚生労働省，農林水産省の連携により策定されたもので，最新版が2016(平成28年)に出されている。

**〈食事バランスガイド〉**

食生活指針に示される項目が実践できるように2005(平成17)年に厚生労働省，農林水産省により作成されたもので，1日に何をどれだけ食べたらよいのかがコマの形をしたイラストにより分かりやすく示されている。

## 3. 子どもの発育・発達と食生活

子どもの発育・発達には，

① **順序性**(発達には一定の順序があること)
② **速度の多様性**(**スキャモンの発達曲線**が示すように臓器・器官により発達が異なることなど)
③ **臨界期**(ある特定の時期に刺激を受けないと，その後，能力の獲得が難しくなる時期のこと)
④ **方向性**(全身的な運動から指先の細かい動きへ，頭部から下半身に向かうなど，一定の方向性があること)
⑤ **相互作用**(遺伝的要因と環境要因の相互作用により進むこと)

などの特徴がある。具体的な発達の様子は，身長や体重，歯の発育などの「身体的発育」,「哺乳や咀嚼機能の発達」,「精神・運動機能の発達」などの観点から把握し，子どもはそれらに応じた望ましい食生活をすることが大切である。

### 哺乳反射

新生児には原始反射があるが，その中の一つに哺乳反射がある。

### 乳汁栄養(母乳栄養・人工栄養・混合栄養)

**〈母乳栄養〉**

・**初乳**：生後1週間くらいまでの乳。乳糖が少なく感染防御因子を多く含む。
・**成熟乳**：初乳に比べたんぱく質が少なく，乳糖が多い。

母乳栄養は，ビタミンK不足になりやすいという特徴がある。ビタミンK不足により発生しやすい疾病として，突発性ビタミンK欠乏症(頭蓋内出血)や新生児メレナ(消化管出血)などがある。

**〈人工栄養〉**

母乳の成分にできるだけ近づけている人工栄養に育児用ミルクなどがある。これらは，栄養素について計算されてつくられている。

**〈混合栄養〉**

母乳と人工栄養を併用すること。

### 離乳

離乳食は，一般に哺乳反射が消え始める5～6ヶ月頃から開始する。乳児の消化機能や，咀嚼機能，嗅覚や味覚の発達を促進する。はちみつはボツリヌス菌が混入していることがあり，1歳未満の乳児に与えてはいけない。

### 幼児期の心身の発達と食生活

成長の著しい乳幼児期は，心身機能の発達とともに行動範囲も広がり，エネルギー消費量も増していく。子どもの成長に必要な栄養素の摂取については十分な配慮が必要になる。なお，乳児期・幼児期の子どもの発育状態(体格など)は，**カウプ指数**や**身体発育曲線**に基づき観察していく。

### 学童期の心身の発達と食生活

学童期とは，小学校6年間のことを言う。この期間は乳児期・幼児期に次いで成長の著しい時期であり，思考力，記憶力，判断力などに大きな成長がみられ，とくに**第二発育急進期**(小学校高学年のころにみられ，思春期ともいわれる)には，心身ともに大きな変化がみられる。また，咀嚼面では乳歯から永久歯への生え変わりの時期であり，発達の過渡期である。

食生活面では，学校では学校給食が提供され，成長期の子どものために栄養バランスを整えるだけでなく，健康な生活を送るための食生活のモデルを子どもたちが学ぶ場であるという理解も必要である。一方家庭では，共稼ぎ等を理由として中食や加工食品を食べる機会が増える傾向にある時期であり，偏った食事による偏った栄養の摂取や，肥満が問題となることがある。

この時期の身長と体重のバランスを測る指標としては，**ローレル指数**などが用いられる。

## 4. 食育の基本と内容

### 保育における食育の意義・目的

**〈食育基本法〉**

2005(平成17)年に食育基本法が成立し，保育所も食育推進の拠点として規定されている。このため，食育基本法については前文，目的，基本理念について十分に理解しておく必要がある。

**〈保育所保育指針〉〈幼保連携型認定こども園教育・保育要領〉**

保育所保育指針，幼保連携型認定こども園教育・保育要領にも食育の推進に関する内容が示されている。近年の家族形態の変化などにより保育所，認定こども園の子育て支援の機能としても，保育所，認定こども園における食育の推進の重要性は高まっているといえる。

〈食育推進基本計画〉

食育基本法に基づき，食育推進基本計画が5年ごとに作成されている。令和3年～7年度は，**第4次食育推進基本計画**が示されている。

### 食育の内容と計画・評価

〈児童福祉施設における食事の提供ガイド〉

厚生労働省が，2010(平成22)年に作成した「**児童福祉施設における食事の提供ガイド**」では，「食育の観点からの食事の提供の考え方」などが示されているので確認しておきたい。

### 食生活指導及び食を通した保護者への支援

子どもの食に関する営みを豊かにするためには，保育所だけでなく家庭と連携して食育を進めていくことが大切である。家庭や地域における養育力の向上につなげていくことができるよう保育所の調理室等を活用し，食に関する相談や支援を行うことも重要である。

## 5．家庭や児童福祉施設における食と栄養

### 家庭における食と栄養

近年，家族形態の変化，家庭内の男女の役割分担の変化，加工食品産業・外食産業の発達もあり，家庭内で素材から調理する「**内食**」の必要性が減り，弁当や総菜などを購入して家庭で食べる「**中食**」，レストランなどでの「**外食**」の割合が増えている。

中食，外食は，手軽で便利な反面，塩分の過多や食品添加物の利用など，子どもにとって必ずしも安全で健康的ではない場合がある。

また，成長期の子どもが心身ともに健康に育まれるように，保護者とともに食卓を囲みながら食事を楽しむ機会があるということも大切である。家庭においても，**食事バランスガイド**などを活用して，さまざまな食材をバランスよく摂り，栄養の偏りがない食事が提供されることが大切である。

### 児童福祉施設における食と栄養

児童福祉法第7条に児童福祉施設とは「助産施設，乳児院，母子生活支援施設，保育所，幼保連携型認定こども園，児童厚生施設，児童養護施設，障害児入所施設，児童発達支援センター，児童心理治療施設，児童自立支援施設

及び児童家庭支援センター」であるとされている。これら施設は,「**児童福祉施設の設備及び運営に関する基準**」により設備と運営の基準が定められているので,栄養や食事に関する規定について確認しておきたい。

## 6. 特別な配慮を要する子どもの食と栄養

### 疾病及び体調不良の子どもへの対応

**〈疾病への対応〉**

子どもの疾病の中には,単なる体調不良ばかりではなく,先天性代謝異常症(フェニルケトン尿症,メープルシロップ尿症など),先天性甲状腺機能低下症(クレチン症),小児糖尿病や小児肥満など,医療機関(かかりつけ医など)との連携を密にとり対応しなければならないものもあるため,各種の疾病の特徴と対応方法について十分理解しておきたい。

**〈体調不良への対応〉**

子どもは体調の変化を起こしやすいため,保育者は子どもの顔色や食欲など,様子に注意する必要がある。体調不良の際には,脱水症予防のための水分補給や,煮る・蒸すなどの過熱法で刺激が少なく薄味で調理した消化の良い食事を心がける必要がある。

### 食物アレルギーのある子どもへの対応

食物アレルギーのある子どもについては,アレルギーの原因物質であるアレルゲンを除去した食事を提供する必要がある。アレルギーの原因となる食品のうち,患者数や症状の重さなどから食品表示法により表示義務のある特定原材料は8品目,また,特定原材料に準ずる推奨品目は20品目ある。

### 障害のある子どもへの対応

知的障害,肢体不自由,病弱,視覚障害,聴覚障害など,障害のある子どもの障害の種類はさまざまである。また,同じ障害種でも個人差があり,一律の対応というものは存在しない。そのため,障害のある子どもへの食と栄養の対応については,子どもの摂食機能に応じた食事形態の工夫や,子どもの障害特性に応じて必要となるエネルギーや栄養素の摂取に十分な配慮が必要となる。また,食事の良さを感じることができるように,子どもの様々な感覚(五感)に働きかけることや,他の子どもと一緒に食べられるような機会を設けることも大切である。

## 演習問題

**1** 小児の心の発達と食生活に関する記述として正しいものを，次の①～⑤から１つ選びなさい。 (難易度■■□□□)

① 十分な安心感を与えるため，母乳の１回の授乳時間は25分くらいが適当である。

② 生後３か月以降の乳児は，空腹だけでなく自己主張のときにも泣くようになるが，子どものしつけはこの時期から始めることが大切で，甘やかさないようにする。

③ 生後５～６か月ぐらいは，哺乳反射が消え始める時期であり，また，その後の時期になると，乳汁だけでは十分な栄養補給ができなくなるので，この頃に離乳食を開始する。動物性たんぱく質など，アレルギーが出やすい食品に注意する。

④ 幼児期の間食は肥満の原因となるので，欲しがってもなるべく与えないようにする。

⑤ 排便が２日おきの場合は，毎日させるようにする。

**2** 乳幼児の水分に関する記述として正しいものを，次の①～⑤から１つ選びなさい。 (難易度■■□□□)

① 体重の半分以上は水分で構成されている。その割合は，乳児で体重の約70～80%，成人で約60%といわれている。

② 体内の水分の約３分の１は細胞内に存在し，残りの３分の２は血液と細胞間液として分布している。

③ 水の必要量は成人と幼児では大きく違い，幼児は体重あたり成人の約３倍必要である。

④ 幼児の必要水分量が多いのは，幼児の新陳代謝や呼吸数とは関係なく，体温が成人より高いためである。

⑤ 幼児で最も気をつけたいのが水分摂取と脱水症状である。水分を摂取する際は，塩分を同時に摂らないようにする。

**3** ビタミンに関する記述として正しいものを，次の①～⑤から１つ選びなさい。 (難易度■■■□□)

① ほとんどのビタミンは人体内で合成できない。しかし，ビタミンCの

ような水溶性ビタミンを過剰に摂取すると，体内に蓄積されてしまう。

② 「美容ビタミン」ともいわれるビタミンAは，女性が妊娠初期に過剰摂取すると，生まれた子どもに形態異常発現率が高いといわれている。

③ 「発育促進ビタミン」とも呼ばれるビタミン$B_2$は，欠乏すると脚気(多発性神経炎)・筋肉痛などの発症につながる。

④ 約10種のビタミンがあり，ごく微量でも生体の生理機能の代謝を円滑にする役割が大きい。

⑤ ビタミンは水溶性と脂溶性の2つに分けられ，葉酸は脂溶性である。

**4** 5大栄養素のうち，脂質について述べた文章として正しいものはどれか，次の①～⑤から1つ選びなさい。 (難易度■■□□□)

① 脂質は消化の過程で多糖類・二糖類が分解され，単糖類になる。

② 食品を燃焼させたときに灰として残るものが脂質である。

③ 微量でほかの栄養素を助け，支配する重要な生理機能を果たしている。

④ 数種のアミノ酸からなり，身体の構成成分となる。

⑤ 脂質の一種であるEPA(エイコサペンタエン酸)やDHA(ドコサヘキサエン酸)は，冠動脈硬化の進行を予防し，抗アレルギー作用がある。

**5** 栄養素の消化と分解について適切な組み合わせを，次の①～⑤から1つ選びなさい。 (難易度■■■□□)

① 炭水化物 ——— 腸液 ——— グリセリン

② 炭水化物 ——— 胃液 ——— 麦芽糖

③ たんぱく質 ——— 胃液 ——— ペプトン

④ たんぱく質 ——— 唾液 ——— アミノ酸

⑤ 脂肪 ——— 胃液 ——— 脂肪酸

**6** 次のア～オのうち，5大栄養素のおもな働きに関する記述として正しいものの組み合わせを，あとの①～⑤から1つ選びなさい。

(難易度■■■□□)

ア ビタミンは代謝の調節を行う。

イ 炭水化物は細胞内膜の構成成分となる。

ウ たんぱく質は血液をつくる。

エ 脂質は腸の働きを整える。

オ　ミネラル(無機質)はエネルギー源となる。

① ア，イ　② ア，ウ　③ イ，ウ　④ イ，オ
⑤ ウ，エ

**7** 水分に関する記述として正しいものを，次の①～⑤から１つ選びなさい。
(難易度■■■□□)

① 生命の危険を招く脱水の目安は，体重の30％以上である。
② 幼児の水分摂取量は，１日約２リットルを目安とする。
③ 小児に塩化ナトリウム(食塩)を含む水を与えると，熱けいれんを生じる恐れがある。
④ 成人の体重あたりの水分必要量は乳幼児の約２倍である。
⑤ 一般に，幼いほど体重あたりの水分必要量は多くなる。

**8** 母乳に関する記述として適切なものを，次の①～⑤から１つ選びなさい。
(難易度■■□□□)

① 母乳と育児用調製粉乳の胃内停留時間は3～4時間と，ほぼ同じである。
② 母乳に含まれる糖質のほとんどは乳糖である。
③ 牛乳と母乳の成分を比較すると，ビタミンは各種とも牛乳のほうが多い。
④ 分娩後，１～３日に分泌する母乳を初乳という。
⑤ 母乳の成分は分娩後から離乳期に至るまで一定である。

**9** 次のア～オのうち，妊産婦の食生活に関する記述として正しいものの組み合わせを，あとの①～⑤から１つ選びなさい。　(難易度■■□□□)

ア　授乳婦のエネルギーの付加量は350kcal/日である。
イ　授乳中は鉄分不足を防ぐため，玄米を積極的に摂るとよい。
ウ　遠洋でとれた魚介類は近海ものよりもダイオキシンの含有量が多いので，できるだけ避ける。
エ　妊娠前に比べての体重増加は，やせの人は12～15kgが望ましい。
オ　アルコールは多量に摂取しない限り，胎児には移行しない。

① ア，ウ　② ア，エ　③ イ，オ　④ ウ，エ
⑤ エ，オ

**10** 育児用調製粉乳に関する記述として正しいものを，次の①〜⑤から１つ選びなさい。　　（難易度■■■□□）

① 授乳する際の温度は 32 〜 33℃がよい。

② ミルクの缶はしっかりふたを閉めて，冷蔵庫で保管する。

③ 保育所で多人数分を一度に一日分を調乳する場合は，無菌操作法で行う。

④ 濃度を調製したうえで，月齢に関係なく同じ量・回数で与える。

⑤ 月齢に関係なく，同じ濃度で与える。

**11** 離乳期と離乳食の組み合わせとして正しいものを，次の①〜⑤から１つ選びなさい。　　（難易度■■■■□）

① 初期 ―――――― つぶしがゆ 50g→80g

② 中期 ―――――― 舌でつぶせる固さのものを１日に２回

③ 中期 ―――――― 野菜・果物 10g→15g

④ 後期 ―――――― 歯ぐきで噛める固さのものを１日に３回

⑤ 完了期 ――――― 全がゆ 90g→100g→軟飯 80g

**12** 乳児期の栄養上の問題に関する記述として正しいものを，次の①〜⑤から１つ選びなさい。　　（難易度■■■□□）

① 牛乳アレルギーがある場合は，牛乳のたんぱく質を消化吸収しやすいように分解したペプチドミルクを用いる。

② 毎日便通があれば健康的な便通であるといえる。

③ 母乳の出が悪い場合は，フォローアップミルクで栄養不足を補う。

④ 乳幼児はたんぱく質が十分に消化されないまま吸収されて，アレルギーを起こすことがある。

⑤ フォローアップミルクを使用する場合は生後６か月以降がよい。

**13** 次のア〜オのうち，幼児期の食生活に関する記述として正しいものの組み合わせを，あとの①〜⑤から１つ選びなさい。　　（難易度■■■□□）

ア 幼児は消化吸収機能が十分に発達していないので，間食は５歳頃からでよい。

イ ３歳頃までに大人とほぼ同じ調理形態のものが食べられるようになる。

ウ 好みにむらが出てきた時は，偏食や食欲不振などを起こさないように調理方法を工夫する。

エ　食事と間食の間隔は2時間以上あけるようにする。

オ　幼児期の肥満は大半が学童期に移行する。

①　ア，オ　②　イ，ウ　③　イ，エ　④　ウ，エ
⑤　エ，オ

**14** 次の文は，「第４次食育推進基本計画」(令和３年３月)の「第３　食育の総合的な促進に関する事項」の「2．学校，保育所等における食育の推進」「(2)取り組むべき施策」の一部である。空欄(　A　)・(　B　)に当てはまる語句の組み合わせとして正しいものを，あとの①～⑤から１つ選びなさい。　　(難易度■■■□□)

(就学前の子供に対する食育の推進)

就学前の子供が，成長や発達の段階に応じて，(　A　)を基本とし，望ましい食習慣を定着させるとともに，食に関する体験を積み重ねていくことができるよう，保育所，幼稚園及び認定こども園等において，保護者や地域の多様な関係者との連携・協働により食に関する取組を推進する。

…(中略)…

取組を進めるに当たっては，保育所にあっては，(　A　)の基本としての「食を営む力」の育成に向け，その基礎を培うことを目標とし，子供が生活と遊びの中で意欲をもって食に関わる体験を積み重ねていくことを重視する。その際，(　B　)としての食材や，調理する人への感謝の気持ちを育み，伝承されてきた地域の食文化に親しむことができるよう努める。

ア　健康な生活　　イ　体力の増強　　ウ　知識の習得
エ　自然の恵み　　オ　栄養補給

①　A－ア　B－エ
②　A－ア　B－オ
③　A－イ　B－エ
④　A－ウ　B－エ
⑤　A－ウ　B－オ

**15** 次のア～オのうち，「日本人の食事摂取基準」(2020年版)に関する記述として正しい記述の組み合わせを，あとの①～⑤から１つ選びなさい。
(難易度■■■■■)

ア　エネルギー及びたんぱく質では，乳児の区分を0～5か月，6～11か月の2区分としている。

イ　エネルギー及びたんぱく質では，乳児の区分を0～5か月，6～8か月，9～11か月の3区分としている。

ウ　健康の維持・増進と欠乏症予防のために，「推定推奨量」と「推奨量」の2つの値を設定している。

エ　目標量とは，推定平均必要量及び推奨量を算定するのに十分な科学的根拠が得られない場合に，特定の集団の人々がある一定の栄養状態を維持するのに十分な量をいう。

オ　目標量とは，生活習慣病の発症予防を目的として，現在の日本人が当面の目標とすべき摂取量をいう。

①　ア，ウ　②　ア，エ　③　イ，ウ　④　イ，エ
⑤　イ，オ

**16** **幼児期の間食として最も適切な食品を，次の①～⑤から1つ選びなさい。**
**(難易度■□□□□)**

①　チョコレート
②　チーズ
③　ポーションタイプのこんにゃくゼリー
④　スナック菓子
⑤　スポーツ飲料，乳酸菌飲料

**17** **小児期の食生活の問題について，特に問題となりやすい記述の組み合わせを，あとの①～⑤から1つ選びなさい。**　**(難易度■■□□□)**

ア　幼児期 ―― 母乳依存
イ　学童期 ―― 咀嚼不良
ウ　離乳期 ―― 遊び食い
エ　思春期 ―― ダイエット志向
オ　幼児期 ―― 偏食

①　ア，イ　②　イ，ウ　③　ウ，エ　④　ウ，オ
⑤　エ，オ

**18** 乳幼児の食事について述べた文として誤っているものを，次の①～⑤から1つ選びなさい。　(難易度■■■■□)

① 母乳は，生後5か月頃までの乳児の発育に必要なほとんどの栄養素を含み，病気を防ぐ免疫性は初乳に多く含まれる。育児用調整粉乳の成分はほぼ母乳と変わらないが，免疫成分は含まれていない。

② 乳児期初期までの乳汁だけの利用から，幼児の食事がとれるようになるまでの過程を離乳といい，消化能力が発達する生後3～4か月ころから開始し，12か月には完了して普通食に移行させる。

③ 離乳は，栄養摂取の面だけでなく，物をかむ力や飲み込む力が訓練される。この訓練が適切に行われないと，あごの発達に影響を与えたり，食べ物を丸のみする癖がついたりする。

④ 離乳時期には，1日3回の食事リズムを大切にして決まった時間に食事を与え，生活のリズムをつくる。また，自分で食べる楽しみを手づかみ食べから始め，食べ物への関心を芽生えさせ，自分で食べる能力を育てていく。

⑤ 幼児の胃の容量は小さく，1日3回の食事ではとりきれない必要なエネルギーや水分を補うために，1回～2回の間食・おやつを与える。おやつの時間は，子どもにとって気分転換になり，楽しみのひとときである。

**19** 各種ミネラルの働きに関する記述として正しいものを，次の①～⑤から1つ選びなさい。　(難易度■■■□□)

① 体内のカルシウムの大半は骨・歯の構成成分として存在する。血液の凝固を防ぐ性質がある。

② カリウムはナトリウムとともに血圧を上げる働きをする。

③ 鉄分は血液中に含まれ，酸素の運搬にかかわっている。

④ 低ナトリウム血症は，血液中のナトリウム濃度が低い状態のこと。治療として，1日約2リットルの水分を摂取する。

⑤ リンが不足すると，欠乏症として味覚障害が現れることがある。

**20** 各種ビタミンの働きに関する記述として正しいものを，次の①～⑤から1つ選びなさい。　(難易度■■■□□)

① ビタミンDは緑黄色野菜に多く含まれ，抗酸化作用に優れている。

② ビタミンEは豆類に多く含まれ，体内ではアミノ酸代謝を促進する。

③　ビタミンCは紫外線に当たることによって体内で合成され，骨の代謝を促進する。

④　ビタミンAは皮膚や粘膜を保護する働きがある。「美容ビタミン」とも呼ばれる。

⑤　ビタミン$B_2$はカキに多く含まれ，鉄分の吸収を促進する。

## 解答・解説

 ③

**解説**

① 母乳の1回の授乳時間は10～15分ぐらいが適当。初めの5分くらいの間で全体の半量以上が哺乳されるので，通常，長い時間は必要ない。授乳時間が長い場合は，母乳不足の疑いがある。探索・捕捉・吸啜・嚥下の各反射の動きを利用し自然に行う。

② 自己主張は，暑い，寒い，うるさい，何となくさびしいなど，色々な原因が存在する。この時期は，周囲の大人がその訴えを読み取ることが大事である。

③ 正しい。生後5～6か月ぐらいになると，乳汁だけでは十分な栄養補給ができなくなるので，この頃に離乳食を開始する。動物性たんぱく質のほか，そばやエビ，カニなど，アレルギーが出やすい食品に注意する。

④ 栄養補給や食事時間のリズムを作るため，食後2時間ほどあけたところで間食を与える。1日のエネルギー量の1～2割は間食と考えてよい。

⑤ 2，3日おきに決まって排便があれば，心配ない。

**2** ①

**解説**

① 正しい。人体を構成する生体成分中，最も多いのが水分である。消化・吸収・分泌など，水は生体を維持する最大の要素として欠かせないものである。

② 数値が逆。体内の水分の約3分の2は細胞内に存在し，残りの3分の1は血液と細胞間液である。

③ 幼児の必要水分量は，体重あたり成人の約2倍である。

④ 新陳代謝や呼吸数が関係する。幼児は新陳代謝が激しいため呼吸が盛んで体温が高く，水分補給は欠かせない。

⑤ 水分摂取や脱水症状を気づかうあまり，水だけ与え過ぎるのは禁物。塩化ナトリウムを伴わない水の摂取は，熱けいれんを発生させる場合などがあるため，注意が必要である。脱水を防ぐためには，少量の塩分とともに摂取するようにする。

 ②

解説

① ビタミンCなどの水溶性ビタミンは，過剰に摂取しても蓄積せず尿中に排泄される。「日本人の食事摂取基準(2020年版)」でも，ビタミンCの耐容上限量は設定されていない。

② 正しい。ビタミンAが「美容ビタミン」といわれるのは皮膚や粘膜を保護する役割によるもの。ただし，過剰症に注意が必要で，妊婦の場合は，妊娠前3か月から妊娠3か月の間の過剰摂取に注意する必要がある。

③ 脚気はビタミン$B_1$の不足から起こる。ビタミン$B_2$が欠乏すると，口唇炎・口角炎・舌炎・角膜炎・脂漏性皮膚炎などを起こす。

④ ビタミンは約13種あり，その大部分は補酵素として代謝に重要な働きをする。

⑤ 葉酸は水溶性である。

 ⑤

解説

① 炭水化物の説明。消化しやすい糖質(ブドウ糖・果糖など)と，消化しにくい食物繊維があり，糖質は最終的に単糖類として吸収される。

② 無機質(ミネラル)の説明。骨や歯などの硬い組織や，筋肉・臓器などの軟らかい組織をつくる成分となる。カルシウム，リン，マグネシウム，ナトリウム，塩素，鉄，亜鉛など。

③ ビタミンの説明。ほとんどのビタミンは人体内で合成できないので，食物から摂取する必要がある。

④ たんぱく質の説明。数種のアミノ酸からなり，髪・爪・筋肉などの構成成分となる。

⑤ 正しい。EPA(エイコサペンタエン酸)やDHA(ドコサヘキサエン酸)は脂質の一種で，冠動脈硬化の予防，抗アレルギー作用だけでなく，特にDHAは脳や目の発達に欠かせない。

5 ③

解説

①, ② 炭水化物は食道で唾液によってデキストリンに分解された後，十二指腸から分泌されるアミラーゼによって麦芽糖に分解され，最終的に小腸の腸液でブドウ糖に分解される。ショ糖や乳糖は小腸でガラク

トースや果糖に分解される。

③ 正しい。たんぱく質は胃から分泌されるペプシンによってペプトンとポリペプチドに分解された後，十二指腸から分泌されるトリプシンによって分解され，最終的に小腸でアミノ酸に分解される。

④ ③を参照。

⑤ 脂肪は十二指腸から分泌される胆汁によって乳化され，小腸から分泌されるリパーゼによってグリセリンと脂肪酸に分解される。

**6** ②

たんぱく質，糖質，脂質は3大栄養素と呼ばれ，どれもエネルギー源となる。また，たんぱく質は体の組織や血液をつくったり，ホルモンや酵素の原料になったりもする。脂質は細胞内膜の構成成分となるほか，ホルモンの原料にもなる。糖質は，たんぱく質や脂質の分解にも必要とされる栄養素である。ビタミン，ミネラルはエネルギー源とはならないが，血圧や体液の平衡の調整，抗酸化作用，血行促進作用など，種類によって様々な代謝調節機能がある。**イ**は炭水化物ではなく脂質，**エ**は脂質ではなく食物繊維，**オ**はミネラルではなく3大栄養素の説明。よって，正しい記述の組み合わせは**ア**と**ウ**の②である。

**7** ⑤

① 体内の水分は発汗，排尿のほか，下痢や嘔吐によっても失われる。一般に体重の3%の水分が失われると運動能力が低下するといわれている。生命の危険を招くのは体重の12～14%の脱水。下痢，嘔吐，発汗などの急激な水分減少には注意が必要である。

② 幼児の水分摂取量は1日約1リットル，成人は1日約2.5リットルを目安とする。

③ 正しくは小児に塩化ナトリウム(食塩)を含まない水を与えると，熱けいれんを生じる恐れがある。

④ 乳幼児期は新陳代謝が激しく，呼吸も盛んなため，正しくは，乳幼児の体重あたりの水分必要量は成人の約2倍である。

⑤ 正しい。

 ②

**解説**

① 母乳の胃内停留時間は2～3時間，牛乳は3～4時間，育児用調製粉乳はその中間で，それぞれ異なる。母乳は最も消化が早い。

② 正しい。母乳には約7%の糖質が含まれており，そのほとんどが乳糖である。

③ 牛乳と母乳の成分を比較すると，牛乳のほうが各栄養素を多く含むが，糖質とビタミンA，C，E，ナイアシンは母乳のほうが多い。

④ 分娩後，3～5日頃までに分泌する母乳を初乳という。免疫グロブリンA，ビフィズス菌などを含み，感染予防の働きをする。また，人工栄養と比べてアレルギーを起こしにくいという利点もある。

⑤ 母乳の成分は分娩後から離乳期にかけて一定ではない。初乳，移行乳(6～10日頃まで)を経て，成乳(成熟乳)になると成分が一定になる。

 ②

**解説**

授乳婦のエネルギーの付加量は350kcal/日である。妊娠前に比べての体重増加は，体格がやせの人は12～15kg，肥満(2度以上)の人は個別対応(上限目安5kgとされている(厚生労働省「妊娠前からはじめる妊産婦のための食生活指針」(令和3年3月))。増えすぎは難産の原因になることがあるため，食べすぎに注意する。授乳中は鉄分を積極的に摂る必要があるが，緑茶やコーヒー，玄米などを多量に摂ると鉄分の吸収が悪くなるので，控えめにする。わが国では母乳中に一定程度のダイオキシンが含まれていることがわかっている。ダイオキシンの含有量が多いのは，遠洋でとれた魚介類ではなく近海ものである。カフェインやアルコールは乳汁に移行する。特にアルコールは胎盤を通って胎児に移行するので，妊娠中・授乳中は摂取を控えることが望ましい。適切な記述は**ア**，**エ**の②である。

**10** ⑤

**解説**

① 授乳する際の温度は，乳児の体温とほぼ同じ37℃程度がよい。

② ミルクの缶はしっかりふたを閉めて，冷暗所で保管する。冷蔵庫にしまうと取り出した時に結露するので，冷蔵庫には入れない。

③ 調乳は清潔に行うことが重要である。無菌操作法は，哺乳瓶，乳首な

どを煮沸消毒してからミルクを調合する方法で，家庭で一般的に行われる。一方，終末殺菌法は，多人数分や一日分など多数の調乳を行う場合に用いる殺菌の方法で，哺乳瓶に調合した乳を入れてから，煮沸消毒を行う。その後，冷水等で冷やし，冷蔵庫に保存したものを授乳時に適温に温める。保育所等では終末操作法を用いることが効率的である。

④ 月齢による濃度の違いはないが，量や回数は月齢に応じて変える。

⑤ 正しい。月齢に関係なく同じ濃度で，量と回数を増やしていく(単一処方)。

**11** ②

**解説**

① 離乳初期(5～6か月)の調理形態の目安はなめらかにすりつぶした状態で，穀類はつぶしがゆ。すりつぶした野菜等も試し，慣れてきたら，つぶした豆腐・白身魚・卵黄等を試してみる。離乳食は子どもの様子をみながら1日1回1さじずつ始める。

② 正しい。離乳中期(7～8か月)の離乳食は1日2回，調理形態の目安は舌でつぶせる固さ。穀類なら全がゆ50～80g。たんぱく質は魚なら10～15g。

③ 野菜・果物は20～30g。

④ 離乳後期(9～11か月)の離乳食は1日3回，調理形態の目安は歯ぐきでつぶせる固さ。穀類は全がゆ90g～軟飯80g。野菜・果物は30～40g。たんぱく質は魚なら15g。

⑤ 離乳完了期(12～18か月)の離乳食も1日3回。調理形態の目安は歯ぐきで噛める固さ。穀類の目安は軟飯90g～ご飯80g。野菜・果物は40～50g。たんぱく質は魚なら15～20g。

**12** ④

**解説**

① ペプチドミルクはたんぱく質を分解しているものの，アレルゲンを完全に除去していないため，牛乳アレルギーの子どもには使用できない。牛乳アレルギーのある子どもには医師と相談し，治療用ミルク(アミノ酸混合乳等)を使用する必要がある。

② 毎日便通があっても，便が硬く，排便時に苦痛を伴うような場合は便秘である。水分や食物繊維の摂取を心がけ，下腹部のマッサージを行うとよい。

③ フォローアップミルクは，通常のミルクと比べて一般にたんぱく質やミネラルが多く，脂肪は少ない。離乳食からの栄養摂取量が少ない場合に利用する。

④ 正しい。乳幼児は腸粘膜の機能が未熟なため，たんぱく質が十分に消化されないまま吸収されて，アレルギーを起こすことがある。卵，牛乳，大豆などのたんぱく質食品は少量から始めて，様子を見ながら与えるとよい。

⑤ フォローアップミルクを使用する場合は生後9か月以降がよい。

 ④

**解説**

幼児は消化吸収機能が十分に発達していないので，3回の食事では十分な栄養が摂れない。1～2歳児は1日2回，3～5歳児は1日1回を目安に間食を与えて栄養を補う。食事と間食の間隔は2時間以上あけるようにして，規則性のあるリズムをつくる。乳歯は3歳頃までに生えそろう。5歳頃には大人とほぼ同じ調理形態のものが食べられるようになる。好みにむらが出た時は，無理に食べさせようとすると食欲不振に陥ってしまう。かといって好きなものだけ食べさせていては栄養が偏ってしまう。そこで，偏食や食欲不振などを起こさないように調理方法を工夫する。幼児期の肥満は半数が学童期に解消し，半数が学童期・青年期に移行する。正しい記述は**ウ**，**エ**の④である。

 ①

**解説**

新型コロナウイルス感染症の流行は，世界規模に拡大し，その影響は人々の生命や生活のみならず，行動・意識・価値観にまで波及した。接触機会低減のためのテレワークの増加，出張機会の減少等により，在宅時間が一時的に増加するとともに，外出の自粛等により飲食業が甚大な影響を受けるなど，我が国の農林水産業や食品産業にも様々な影響を与えた。また，在宅時間や家族で食を考える機会が増えることで，食を見つめ直す契機ともなっており，家庭での食育の重要性が高まるといった側面も有している。本計画は，今後5年間に特に取り組むべき重点事項を定め，国民の健全な食生活の実現と，環境や食文化を意識した持続可能な社会の実現のために，行政，教育関係者，農林漁業者，食品関連事業者，ボランティア等関係する各主体が相互の理解を深め，連携・協働し，国民運動として食育を推進するものである。

15 ⑤

解説

「日本人の食事摂取基準」は厚生労働省が定めているもので，令和２年度から令和６年度の５年間使用される。健康の維持・増進と欠乏症予防のために，「推定平均必要量」と「推奨量」を設定し，この２指標を設定することができない栄養素については，「目安量」を設定した。推定平均必要量及び推奨量を算定するのに十分な科学的根拠が得られない場合に，特定の集団の人々がある一定の栄養状態を維持するのに十分な量を目安量という。また，生活習慣病の一次予防を目的として，現在の日本人が当面の目標とすべき摂取量を目標量という。乳児については，成長に合わせてより詳細な区分設定が必要と考えられているため，エネルギー及びたんぱく質では０～５か月，６～８か月，９～11か月の３区分にて表す。よって正しい記述は**イ**と**オ**の⑤である。

16 ②

解説

幼児期の間食は虫歯や肥満などを防ぐために，糖分や脂肪，塩分の多いものをできるだけ控えることが大切である。

① チョコレートは糖分が多いうえ，歯にくっつきやすいために虫歯になりやすい。

② チーズは選択肢のなかでは最も適切な食品といえる。チーズのカルシウムは消化吸収されやすい。ただし，乳アレルギーへの配慮や種類によって塩分の多いものがあるので注意する。

③ ポーションタイプのこんにゃくゼリーは幼児が喉に詰まらせる事故が複数報告されており，最も適切とはいえない。

④ スナック菓子は糖質，脂肪，塩分がいずれも多いだけでなく，化学調味料を使っているものも多い。代わりに，薄切りにした野菜を乾燥させただけの野菜チップスなどを間食にするとよい。

⑤ スポーツ飲料，乳酸菌飲料は糖分を多く含んでいるものが多い。

17 ⑤

解説

生後１年までを乳児期といい，生後５か月頃までは母乳不足やビタミン

K欠乏症に注意する必要がある。離乳期は生後約5か月頃～12か月頃。この時期に問題となりやすいのは母乳依存である。幼児期は満1歳から小学校就学まで。咀嚼不良は離乳期から幼児期にかけて起こりやすい。また，幼児期は遊び食いや偏食が見られやすいので，栄養不足や栄養の偏りを防ぐ食べさせ方を工夫する必要がある。学童期とは小学校在学期間。食べ物の好き嫌いと食物アレルギー，朝食の欠食，間食による肥満などに注意する必要がある。思春期は10歳代から20歳代前半頃まで。この年齢は女子のダイエット志向によるやせが問題となっている。よって，正しい記述は**エ**，**オ**の⑤である。

**18** ②

**解説**

厚生労働省「授乳・離乳の支援ガイド」によると，離乳の開始は生後5～6か月後としており，離乳の完了は12か月から18か月ころである。大切なのは子どもの様子を見ながら進めることである。

**19** ③

**解説**

① 体内のカルシウムの大半は骨・歯の構成成分として存在する。血液を凝固させる性質がある。

② カリウムは野菜や海藻などに多く含まれ，ナトリウム(塩分)の排出を促し，血圧を下げる働きをする。

③ 正しい。鉄分は血液中の色素成分に含まれ，酸素の運搬にかかわっている。不足すると貧血を起こしやすくなる。初潮を迎えたばかりの女子の鉄分不足には特に注意が必要である。

④ 低ナトリウム血症は，体液量に対して，含まれるナトリウム量が少なすぎる場合に発生する。軽い低ナトリウム血症の場合の治療は，水分摂取の制限で，水分摂取量を1日約1リットル以下に制限する。

⑤ リンはカルシウムとともに丈夫な骨や歯をつくる。通常，不足の心配はない。摂りすぎるとカルシウムが体外に排出されてしまうため，過剰摂取に気をつける。欠乏症として味覚障害が現れるのは亜鉛である。

**20** ④

**解説**

① ビタミンDは魚やきのこに多く含まれ，カルシウムの吸収を助けて骨

を丈夫にする。

② ビタミンEは胚芽やレバー，植物油に多く含まれ，抗酸化作用に優れている。血行促進作用もある。

③ ビタミンCは肌のシミを予防するほか，抗酸化作用にも優れているが，体内では合成することができない。紫外線に当たることによって体内で合成され，骨の代謝を促進するのはビタミンDである。

④ 正しい。ビタミンAはウナギ，アナゴ，緑黄色野菜などに多く含まれている。

⑤ ビタミン$B_2$は牛乳，乳製品や卵，レバーなどに多く含まれ，多くの栄養素の代謝にかかわっていることから，「発育ビタミン」とも呼ばれる。

# 第9章

# 専門試験
# 保育原理

POINT

## 1．保育に関連する法規

法規関係は，自治体によって出題される・されないが明確に分かれる。しかし，試験で出題されなくても保育に携わる人物として基礎的な法規は把握しておきたい。ここでは特に保育所・保育士に関連する法規について掲載する。

### 児童福祉法(抜粋)

（児童の権利）

第1条　全て児童は，児童の権利に関する条約の精神にのつとり，適切に養育されること，その生活を保障されること，愛され，保護されること，その心身の健やかな成長及び発達並びにその自立が図られることその他の福祉を等しく保障される権利を有する。

（保育の実施）

第24条　市町村は，この法律及び子ども・子育て支援法の定めるところにより，保護者の労働又は疾病その他の事由により，その監護すべき乳児，幼児その他の児童について保育を必要とする場合において，次項に定めるところによるほか，当該児童を保育所(認定こども園法第3条第1項の認定を受けたもの及び同条第11項の規定による公示がされたものを除く。)において保育しなければならない。(省略)

そのほか，第2条(国民等の責務)，第4条(児童・障害児の定義)，第18条の4(保育士)等は把握しておきたい。

### 児童の権利に関する条約(抜粋)

（子どもの最善の利益）

第3条　1　児童に関するすべての措置をとるに当たっては，公的若しくは私的な社会福祉施設，裁判所，行政当局又は立法機関のいずれによって行われるものであっても，児童の最善の利益が主として考慮されるものとする。

2　締約国は，児童の父母，法定保護者又は児童について法的に責任を有する他の者の権利及び義務を考慮に入れて，児童の福祉に必要な保護及び養護を確保することを約束し，このため，すべての適当な立法上及び行政上の措置をとる。

3　締約国は，児童の養護又は保護のための施設，役務の提供及び設備が，特に安全及び健康の分野に関し並びにこれらの職員の数及び適格性並びに適正な監督に関し権限のある当局の設定した基準に適合することを確保する。

そのほか，第1条(児童の定義)，第6条(生命・生存の権利)，第17条(情報の利用)，第29条(教育の目的)等は把握しておきたい。

### 児童憲章(抜粋)

われらは，日本国憲法の精神にしたがい，児童に対する正しい観念を確立し，すべての児童の幸福をはかるために，この憲章を定める。

児童は，人として尊ばれる。

児童は，社会の一員として重んぜられる。

児童は，よい環境の中で育てられる。

一　すべての児童は，心身ともに健やかにうまれ，育てられ，その生活を保障される。

五　すべての児童は，自然を愛し，科学と芸術を尊ぶように，みちびかれ，また，道徳的心情がつちかわれる。

六　すべての児童は，就学のみちを確保され，また，十分に整つた教育の施設を用意される。

児童憲章は分量が多くないため，そのほか大事なキーワードはすべて覚えるように努めたい。

## 2. 教育思想

教育史に登場する代表的な人物は，西洋も東洋も区別することなく把握しておきたい。ここでは出題頻度の高い人物とその業績について，掲載をする。

**ロック(1632～1704年)**

イギリスの思想家・哲学者。イギリス経験論の大成者で，すべての知性は経験から得られるという「精神白紙説〈タブラ＝ラサ〉」は，人の発達における環境優位説につながった。主著に『人間悟性(知性)論』がある。

**ルソー(1712～78年)**

フランスの思想家。教育的主著『エミール』の冒頭「造物主の手から出るときはすべて善いものである」という信念のもと，自然に従う教育(自然主義教育)や，自然に先立って教育をしてはいけないという消極的教育を主張した。児童中心主義の立場から，注入より自発性を，言語より直観や経験を重視した。

**ペスタロッチ(1746 ～ 1827 年)**

スイスの教育思想家・実践家。言語中心の主知主義教育を批判し，知的・道徳的・技能的な能力の調和的な発達を目指し，直接経験や感覚を通じた教授(直観教授)を展開した。また，幼児教育における家庭の役割を重視し，「生活が陶冶する」教育の原則を示した。主著に『隠者の夕暮』などがある。

**フレーベル(1782 ～ 1852 年)**

ドイツの教育家で，世界最初の幼稚園の創設者。子どもの本質を神的なものとし，不断の創造によってその本質が展開されると考え，子どもの遊戯や作業を重視した。また，そのための教育遊具として「恩物」を考案した。主著に『人間の教育』がある。

**エレン＝ケイ(1849 ～ 1926 年)**

スウェーデンの婦人思想家。主著『児童の世紀』では，20 世紀は子どもが幸福になり，解放される時代と主張し，20 世紀初頭の児童中心主義保育を求める新教育運動に大きな影響を与えた。

**デューイ(1859 ～ 1952 年)**

アメリカのプラグマティズムの代表的哲学者。シカゴ大学に実験学校(デューイ・スクール)を開設し，実生活における必要性から子どもが自発的に問題を発見し，解決していく問題解決学習を考案，実践した。また，個人の環境との相互作用を経験と呼び，教育において，経験が連続的に再構成されていく過程を教育の本質ととらえた。主著に『学校と社会』『民主主義と教育』がある。

**モンテッソーリ(1870 ～ 1952 年)**

イタリアの医師であり幼児教育の実践家・思想家。幼児教育施設「子どもの家」での経験を活かし，感覚重視の幼児教育法(モンテッソーリ・メソッド)を確立した。主著に『子どもの発見』がある。

**松野クララ(1853 ～ 1941 年)**

ドイツ人。フレーベル創設の養成校で保育の理論や実践を学んだ。日本人と結婚して日本に居住し，東京女子師範学校附属幼稚園創設当時の首席保母として「恩物」の使い方や遊戯など，日本に初めてフレーベルの教授法を導入した。

**倉橋惣三(1882 ～ 1955 年)**

日本において児童中心主義を提唱し，幼稚園教育の基礎を築いた幼児教育研究者。1917 年に東京女子高等師範学校附属幼稚園の主事となった。フレー

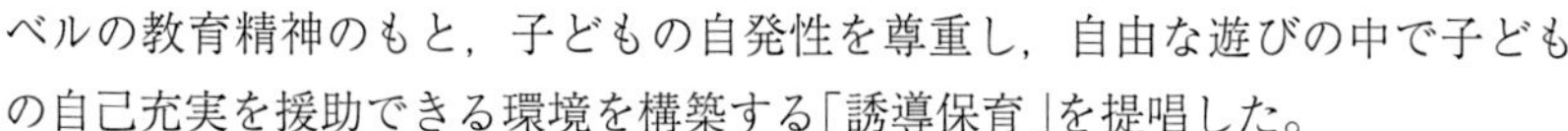


ベルの教育精神のもと，子どもの自発性を尊重し，自由な遊びの中で子どもの自己充実を援助できる環境を構築する「誘導保育」を提唱した。

## 3. 保育所保育指針

保育所保育指針は，保育所など多くの保育を実践する施設における重要な指針である。そのため，試験では多数出題されるのはもちろん，保育士として勤務し始めた後も常に目を通しておく必要のあるものである。ここでは目次のみ掲載しておくが，全文に目を通し，実際の保育の場面をイメージしながら理解を深めておきたい。

**(目次)**

第1章　総則
第2章　保育の内容
第3章　健康及び安全
第4章　子育て支援
第5章　職員の資質向上

## 4. 幼保連携型認定こども園教育・保育要領

2018(平成29)年に改訂された幼保連携型認定こども園教育・保育要領は，総則で，幼保連携型こども園における教育及び保育の基本が示されている。また，幼保連携型認定こども園の教育及び保育において育みたい資質・能力の明確化や小学校教育との接続の推進なども示されている。

**(目次)**

第1章　総則
第2章　ねらい及び内容並びに配慮事項
第3章　健康及び安全
第4章　子育ての支援

## 演習問題

**1** 保育所と幼稚園に関する記述として正しいものを，次の①～⑤から1つ選びなさい。 (難易度■■■□□)

① 保育所も幼稚園も乳児や就学前の幼児を対象としており，ともに根拠となる法律は児童福祉法であって，所管官庁は厚生労働省である。

② 保育所の設置者は地方公共団体と社会福祉法人等となっているが，一方，幼稚園はこれらに加えて国も設置者となる。

③ 保育所，幼稚園ともに保育料は保護者負担となっているが，公私で保育料の格差が生じないように保育所，幼稚園とも国が単価についてのガイドラインを示している。

④ 2009(平成21)年の政権交代により，保育所と幼稚園の抱える問題点を解決するため，保育所と幼稚園を一体化する幼保一体化の検討化が始まった。

⑤ 保育と教育を一体的に提供する認定こども園には，幼保連携型，保育所型，幼稚園型，地方裁量型の4つのタイプが認められている。

**2** 次のA～Eの人物と関係の深い用語の組み合わせを語群から選ぶとき，正しい組み合わせを，あとの①～⑤から1つ選びなさい。

(難易度■■□□□)

A　野口幽香　　B　筧雄平　　C　石井十次　　D　赤沢鐘美

E　渡辺嘉重

〔語群〕

ア　子守学校

イ　二葉幼稚園

ウ　岡山孤児院

エ　農繁期託児所

オ　守孤扶独幼稚児保護会

① A－ア　B－エ　C－オ　D－ウ　E－イ

② A－ア　B－イ　C－ウ　D－エ　E－オ

③ A－イ　B－エ　C－ウ　D－オ　E－ア

④ A－イ　B－ウ　C－ア　D－オ　E－エ

⑤ A－ウ　B－ア　C－オ　D－イ　E－エ

**3** 次の文は,「保育所保育指針」(平成29年3月)の「第1章　総則」の「1　保育所保育に関する基本原則」の一部である。( A )~( C )にあてはまる語句の正しい組み合わせを,あとの①~⑤から1つ選びなさい。(難易度■■■□□)

保育所は,その目的を達成するために,保育に関する専門性を有する( A )が,家庭との緊密な連携の下に,子どもの状況や( B )過程を踏まえ,保育所における( C )を通して,養護及び教育を一体的に行うことを特性としている。

| | A | B | C |
|---|---|---|---|
| ① | 保育士 | 成長 | 環境 |
| ② | 職員 | 発達 | 設備 |
| ③ | 職員 | 発達 | 環境 |
| ④ | 職員 | 成長 | 設備 |
| ⑤ | 保育士 | 成長 | 設備 |

**4** 次の(a)~(e)は「児童の権利に関する条約」の条項である。空欄( A )~( E )に当てはまる語句を語群から選ぶとき,正しい語句の組み合わせを,あとの①~⑤から1つ選びなさい。(難易度■■■□□)

締約国は,児童の教育が次のことを指向すべきことに同意する。

(a) 児童の人格,才能並びに精神的及び身体的な能力をその可能な( A )まで発達させること。

(b) 人権及び基本的自由並びに( B )にうたう原則の尊重を育成すること。

(c) 児童の父母,児童の文化的同一性,言語及び価値観,児童の居住国及び出身国の国民的価値観並びに自己の( C )と異なる( C )に対する尊重を育成すること。

(d) すべての人民の間の,種族的,国民的及び宗教的集団の間の並びに原住民である者の間の理解,平和,寛容,両性の平等及び友好の精神に従い,( D )社会における責任ある生活のために児童に( E )させること。

(e) 自然環境の尊重を育成すること。

〔語群〕

ア　範囲　　イ　最大限度　　ウ　理想

エ　国際連合憲章　オ　世界人権宣言　カ　児童権利宣言
キ　文明　ク　国民　ケ　社会
コ　発展ある　サ　持続可能な　シ　自由な
ス　努力　セ　準備　ソ　訓練

① A－ウ　B－カ　C－ケ　D－コ　E－ソ
② A－イ　B－エ　C－キ　D－シ　E－セ
③ A－イ　B－オ　C－キ　D－サ　E－ソ
④ A－ア　B－エ　C－ク　D－コ　E－セ
⑤ A－ア　B－カ　C－ケ　D－シ　E－ス

**5** 次の【Ⅰ群】の法律(条約を含む)の条文と【Ⅱ群】の法律(条約名を含む)の呼称を結びつけた場合の正しい組み合わせを，あとの①～⑤から１つ選びなさい。　(難易度■■■■□)

【Ⅰ群】

A　締約国は，自己の意見を形成する能力のある児童がその児童に影響を及ぼすすべての事項について自由に自己の意見を表明する権利を確保する。この場合において，児童の意見は，その児童の年齢及び成熟度に従って相応に考慮されるものとする。

B　児童は，人種的，宗教的その他の形態による差別を助長するおそれのある慣行から保護されなければならない。児童は，理解，寛容，諸国民間の友愛，平和及び四海同胞の精神の下に，また，その力と才能が，人類のために捧げられるべきであるという充分な意識のなかで，育てられなければならない。

C　すべての児童は，家庭で，正しい愛情と知識と技術をもつて育てられ，家庭に恵まれない児童には，これにかわる環境が与えられる。

D　全て国民は，児童が良好な環境において生まれ，かつ，社会のあらゆる分野において，児童の年齢及び発達の程度に応じて，その意見が尊重され，その最善の利益が優先して考慮され，心身ともに健やかに育成されるよう努めなければならない。

【Ⅱ群】

ア　児童の権利宣言(国連)
イ　児童福祉法(日本)
ウ　児童憲章(日本)

エ　児童の権利に関する条約(国連)

オ　日本国憲法(日本)

|  | A | B | C | D |
|---|---|---|---|---|
| ① | エ | ア | ウ | イ |
| ② | イ | エ | ア | オ |
| ③ | ウ | ア | オ | エ |
| ④ | オ | ア | エ | イ |
| ⑤ | ア | エ | ウ | イ |

**6** 保育の本質について適切でないものを，次の①～⑤から１つ選びなさい。
(難易度■■■□□)

① 保育については，子どもの最善の利益が優先されるべきである。

② 近年，核家族化などのさまざまな社会事情により，家庭や地域社会の子育て機能の低下が指摘されている。

③ 2006(平成 18)年に改正された教育基本法において，はじめて「父母その他の保護者は，子の教育について第一義的責任を有する」と明記された。

④ 家庭のもつ養護的機能とは，身辺自立に対するしつけを行い，その家族が属している社会の言葉や文化を伝え，子どもの発達課題を達成させていく機能である。

⑤ 保育の場には「家庭」，保育所などの「保育施設」，在宅で個別あるいは小集団で行う保育形態の「家庭的保育」がある。

**7** 次の【Ⅰ群】の記述と【Ⅱ群】の人物を結びつけた場合の正しい組み合わせを，あとの①～⑤から１つ選びなさい。 (難易度■■■■□)

【Ⅰ群】

A 彼は,「強制において如何に自由を養うか」を教育における最大の問題とした。彼によれば，教育は機械的なかつ思慮的な二面をもった合自然の技術である。「人間は教育されなければならない唯一の被造物である」「人は教育によって人間に成れるまでのことである」と述べる彼は，人間が単に自然であることから教育的強制が必然であるのではなく，人間を人間たらしめる道徳の次元から義務・命令としての強制が必然とされる。従って,道徳的性格の形成が彼の教育思想の核心を成す。

B 彼の教育思想の特徴は，敬虔主義から啓蒙主義，ロマン主義をへてシェリングの自然哲学やヘーゲルの弁証法体系にいたるまでの，あの市民的思考の精神的自己解放過程が個人の形成過程の中に認められ，しかもその程度たるや，最終的には，市民社会の限界をこえでていくようなライフワークを残すほどのものであった。だが，次に続く世代にとって『人間の教育』に近づくのが困難なのは，彼において，あらゆる新しい認識が，子ども時代に獲得された深い宗教性と独特の仕方で結びついているという事実による。

C　彼は「人類の教育者」とも呼ばれる。彼は，コメニウス以来近代教育思想の基本原理となる直観教授を，数・形・語を基礎とする教授法＝「メトーデ」として発展させ，それ以後の学校改革に決定的な影響を与えることになる。彼は，この「メトーデ」を「基礎陶冶の理念」として確立しようと努力した。彼は，認識を要素にまで分解し，そして最も単純な構成要素(数・形・語＝直観のABC)から事物の表象を再構成する方法的道筋を提唱した。教育は知識を構成する基礎的能力の形成として把握される。

【Ⅱ群】

ア　ペスタロッチ　　イ　カント　　ウ　フレーベル　　エ　フィヒテ

|  | A | B | C |
|---|---|---|---|
| ① | ア | ウ | イ |
| ② | エ | ウ | イ |
| ③ | イ | ウ | ア |
| ④ | イ | エ | ア |
| ⑤ | エ | ア | イ |

**8**　次の【Ⅰ群】の記述と【Ⅱ群】の人物を結びつけた場合の正しい組み合わせを，あとの①～⑤から１つ選びなさい。　(難易度■■□□□)

【Ⅰ群】

A　初期の教育は純粋に消極的でなければならない。

B　教師は子どもの環境である。

C　私の家塾で放任主義を行うということは畢竟独立心を養うためである。

【Ⅱ群】

ア　シュタイナー　　イ　ルソー　　ウ　広瀬淡窓　　エ　津田梅子

| | A | B | C |
|---|---|---|---|
| ① | ア | ウ | エ |
| ② | ア | エ | イ |
| ③ | イ | エ | ウ |
| ④ | イ | ア | エ |
| ⑤ | ア | ウ | イ |

**9** 次のア～オはわが国の保育の歴史に関する記述である。正しいものの組み合わせを，あとの①～⑤から１つ選びなさい。　(難易度■■■□□)

ア　大正デモクラシーのなか，倉橋惣三らは，教師ではなく子どもを中心とする児童中心主義を唱えた。

イ　昭和期の戦前・戦中は，徴兵による労働力不足を家族全員によって補うため，託児所が多く作られるようになった。

ウ　1947(昭和22)年，学校教育法により「幼稚園」が学校として位置付けられ，2年後に児童福祉法により託児所が「保育所」として児童福祉施設に位置付けられた。

エ　1948(昭和23)年，保育所における保育の手引書として「保育要領」が文部省から刊行された。

オ　2006(平成18)年，小学校就学前の子どもに教育・保育を一体的に提供する「認定こども園」が誕生することになった。

①　ア，イ，オ　②　ア，ウ，オ　③　イ，ウ，エ　④　イ，オ
⑤　ウ，オ

**10** 次の文は，「児童福祉法」第18条の5に規定される保育士資格欠格事由の一部である。(　A　)～(　C　)にあてはまる語句の正しい組み合わせを，あとの①～⑤から１つ選びなさい。　(難易度■■■□□)

一　(　A　)の故障により保育士の(　B　)を適正に行うことができない者として内閣府令で定めるもの

二　(　C　)以上の刑に処せられた者

三　この法律の規定その他児童の福祉に関する法律の規定であつて政令で定めるものにより，罰金の刑に処せられ，その執行を終わり，又は執行を受けることがなくなつた日から起算して三年を経過しない者

| | A | B | C |
|---|---|---|---|
| ① | 心神 | 任務 | 懲役 |
| ② | 身体 | 業務 | 禁錮 |
| ③ | 精神 | 業務 | 懲役 |
| ④ | 身体 | 任務 | 懲役 |
| ⑤ | 心身 | 業務 | 禁錮 |

**11** 次は「保育所保育指針解説」(平成 30 年 2 月)が示す「養護」と「教育」に関わる内容である。このうち,「養護」に関わる内容の組み合わせとして正しいものを,あとの①～⑤から 1 つ選びなさい。 (難易度■■■□□)

ア 生命　イ 環境　ウ 健康　エ 情緒　オ 表現

① ア,ウ,エ　② ア,エ　③ イ,ウ,オ　④ イ,エ,オ
⑤ ウ,エ

**12** 「保育所保育指針」(平成 29 年 3 月)の「第 1 章　総則」のなかで述べられている「保育の目標」に関する記述として正しいものを,次の①～⑤から 1 つ選びなさい。 (難易度■■■□□)

① 十分に教育の行き届いた環境の下に,くつろいだ雰囲気の中で子どもの様々な欲求を満たし,生命の保持及び情緒の安定を図ること。
② 人との関わりの中で,人に対する愛情と信頼感,そして環境を大切にする心を育てるとともに,自主,自立及び協調の態度を養い,道徳性の芽生えを培うこと。
③ 生命,自然及び社会の事象についての興味や関心を育て,それらに対する豊かな心情や思考力の芽生えを培うこと。
④ 生活の中で,コミュニケーションへの興味や関心を育て,話したり,聞いたり,相手の話を理解しようとするなど,言葉の豊かさを養うこと。
⑤ 様々な指導を通して,豊かな感性や表現力を育み,創造性の芽生えを培うこと。

**13** 「保育所保育指針解説」(平成 30 年 2 月)で述べられている保育所保育における保護者支援について適切でないものを,次の①～⑤から 1 つ選びなさい。 (難易度■■■□□)

① 保護者の意見や要望等からその意向を促える必要がある。

② それぞれの保護者や家庭の状況を考慮し，職員間で連携を図りながら援助していく。

③ 日頃から保育の意図や保育所の取組について説明し，丁寧に伝える。

④ 保護者と共に考え，対話を重ねていく。

⑤ 保護者への援助に当たっては，子どもと保育士等の関係を軸に，子ども・保育士等・保護者の関係が豊かに展開していくことが望まれる。

**14** 「保育所保育指針」(平成29年3月告示)の「第1章　総則」のなかで述べられている「保育の方法」において，保育士が留意すべきこととして適切なものの組み合わせを，あとの①～⑤から1つ選びなさい。

(難易度■■■□□)

ア　一人一人の子どもの状況や家庭及び地域社会での生活時間を把握するとともに，子どもが安心感と信頼感を持って活動できるよう，保護者の思いや願いを受け止めること。

イ　子どもの生活リズムを大切にし，健康，安全で情緒の安定した生活ができる環境や，自己を十分に発揮できる環境を整えること。

ウ　子どもの発達について理解し，一人一人の年齢差に応じて保育すること。その際，子どもの個人差に十分配慮すること。

エ　子ども相互の関係づくりや互いに尊重する心を大切にし，集団における個々の活動を効果あるものにするよう援助すること。

オ　特に，乳幼児期にふさわしい体験が得られるように，生活や遊びを通して総合的に保育すること。

① ア，イ，エ　② ア，ウ　③ イ，ウ，エ　④ イ，オ
⑤ ウ，オ

**15** 次のA～Eは「保育所保育指針」(平成29年3月)の「第2章　保育の内容」から，乳児期，1歳児から3歳児未満，3歳児以上のそれぞれの発達段階における基本的事項を抜粋したものである。また，ア～ウは3つの発達段階である。基本的事項と発達段階の組み合わせとして適切なものを，あとの①～⑤から1つ選びなさい。　(難易度■■■□□)

A　仲間と遊び，仲間の中の一人という自覚が生じ，集団的な遊びや協同的な活動も見られる。

B　視覚，聴覚などの感覚や，座る，はう，歩くなどの運動機能が著しく

発達する。

C　自分の意思や欲求を言葉で表出できるようになる。

D　食事，衣類の着脱なども，保育士等の援助の下で自分で行うようになる。

E　特定の大人との応答的な関わりを通じて，情緒的な絆が形成される。

ア　乳児期

イ　1歳以上3歳未満児

ウ　3歳以上児

| | A | B | C | D | E |
|---|---|---|---|---|---|
| ① | ア | イ | ウ | ウ | ア |
| ② | イ | ア | イ | ウ | ア |
| ③ | イ | ウ | ア | ウ | イ |
| ④ | ウ | ア | イ | イ | ア |
| ⑤ | ウ | イ | ア | イ | ア |

**16** 次の文は，わが国の「児童憲章」の一部である。(　A　)・(　B　)にあてはまる語句の正しい組み合わせを，あとの①～⑤から１つ選びなさい。

(難易度■■□□□)

すべての児童は，心身ともに健やかにうまれ，育てられ，その(　A　)を保障される。

すべての児童は，家庭で，正しい愛情と(　B　)と技術をもつて育てられ，家庭に恵まれない児童には，これにかわる環境が与えられる。

| | A | B |
|---|---|---|
| ① | 養育 | 責任 |
| ② | 養育 | 知識 |
| ③ | 生活 | 責任 |
| ④ | 生活 | 知識 |
| ⑤ | 権利 | 責任 |

**17** 「保育所保育指針解説」(平成30年2月)の「第1章　総則」の「3　保育の計画及び評価」で述べられている全体的な計画に関する記述として適切なものを，次の①～⑤から１つ選びなさい。　(難易度■■■□□)

①　全体的な計画は，保育時間や在籍期間の長短が優先され，また在籍するすべての児童が対象となるわけではない。

② 保育所の保育時間は，地域における乳幼児の保護者の労働時間や家庭の状況等に関係なく，1日につき8時間を原則とする。

③ 子どもの発達過程を長期的に見通し，保育所の生活全体を通して，それぞれの時期にふさわしい具体的なねらいと内容を，一貫性をもって構成する。

④ 保育所保育の基本について，児童福祉法や児童の権利に関する条約等，関係法令については職員間の共通理解を図るが，保育所保育指針，保育所保育指針解説の内容については個人で内容を理解する。

⑤ 全体的な計画は，子どもの利益を第一にするよりも保護者の思いを最優先に考え，保護者の意見を全体的な計画に反映するようにする。

**18** **「保育所保育指針解説」(平成30年2月)に示されている保育所での健康，安全に関して適切なものを，次の①～⑤から1つ選びなさい。**

**(難易度■■■□□)**

① 毎日の健康観察では，機嫌，食欲，顔色，活動性などどの子どもにも共通した事項の観察より，子ども特有の所見・病気等に伴う状態の観察に重点を置く。

② 心身の機能の発達は，脳神経系の成熟度合や疾病，異常によるところが大きく，出生前及び出生時の健康状態や発育及び発達状態，生育環境などの影響は受けない。

③ 心身の状態を把握することは，不適切な養育等の早期発見にも有効である。

④ 保育所は児童福祉施設であるが，感染症対策は学校保健安全法に準拠して行われる。

⑤ 保育所における食育は，健康な生活の基本としての「食を楽しむ力」の育成に向け，その基礎を培うことを目標としている。

# 解答・解説

**1** ⑤

解説

① 保育所は「保育を必要とする」乳幼児が対象，根拠法は「児童福祉法」。所管官庁は厚生労働省であったが，2023(令和5)年4月よりこども家庭庁に移管された。一方，幼稚園は満3歳から小学校就学前までの幼児が対象，根拠法は学校教育法，所管官庁は文部科学省。

② 幼稚園の設置者は国，地方公共団体と学校法人等であり，社会福祉法人等ではない。

③ 保育所は記述のとおりだが，幼稚園は公私間の格差が大きいため，保護者の所得をもとに私立幼稚園就園児に対し，就園奨励金を出し，是正を図っている。

④ 幼保一体化ということばは，民主党政権が使っていたものだが，政権交代以前から，幼保一元化といわれて検討されている課題であった。2010年1月には「子ども・子育てビジョン」が閣議決定され，新たな制度構築が模索されている。

⑤ 正しい。地方裁量型とは認可のない地域の保育・教育施設が認定こども園として機能するタイプ。

**2** ③

解説

A 野口幽香は1900(明治33)年，森島美根の協力で，貧民のための保育所二葉幼稚園を，東京の麹町に日本で最初に設立し，その後，東京のスラム街に移転した。

B 筧雄平は，1890(明治23)年，農繁期の農家のための託児所を日本で最初に設立した。このような季節託児所(保育所)は，昭和に入って全国的に普及した。

C 石井十次は，1887(明治20)年，日本で最初の孤児院(のちの岡山孤児院)を設立した。

D 赤沢鐘美は妻仲子と1890(明治23)年，日本最初の保育所(のちの守孤扶独幼稚児保護会)を設立した。

E 渡辺嘉重は1883(明治16)年，日本で最初の子守学校を設立した。子守学校は子守などの理由で学校へ通えない就学期の子どものために，明治政府が全国に設置を命じたもの。

 ③

解説

保育所とは,「児童福祉法」第39条に明文化されている通り，保育を必要とする子どもの保育を行い，その健全な心身の発達を図ることを目的とする児童福祉施設である。そこでは入所する子どもを保育する家庭や地域と連携を図りながら，入所する子どもの保護者に対する支援及び地域の子育て家庭に対する支援が行われることになる。保育士は，倫理観に裏づけられた専門的知識，技術及び判断をもって，子どもを保育する専門家である。「保育所保育指針」には，これに続いて保育の目標・方法・環境などについて明記されているため，それぞれ整理しておきたい。

 ②

解説

「児童の権利に関する条約」(児童の権利条約)は1989年，国連総会で採択され，日本は1994年に批准した。前文と54の条文で構成されており，設問部分は第29条第1項(教育の目的)である。Aには「最大限度」が入る。Bには「国際連合憲章」が入る。Cには「文明」が入る。Dには「自由な」が入る。「自由な社会」と，これに続く「責任ある生活」が対の関係にある。Eには「準備」が入る。したがって解答は②である。

5 ①

解説

日本国憲法の第3章には「国民の権利及び義務」が列挙されているが，この中で「児童」は「その保護する子女に普通教育を受けさせる義務を負ふ」(第26条)と「児童は，これを酷使してはならない」(第27条)の二度しか登場しない。しかし，第3章には児童が享有する権利も含まれているので,「すべて国民」の読み方に注意したい。「児童福祉法」には，児童(乳児，幼児，少年，障害児を含む)の定義，児童福祉施設，児童福祉審議会，児童相談所，児童福祉士，そして保育士についても詳細な規定がある。「児童福祉法」で初めて「福祉」が法令名に登場したことも覚えておきたい。「児童憲章」は,「児童福祉法」の制定後，さらにその法理を国民に浸透させる目的から起草されたものである。他方，国際的視点から，児童の権利の普及及び定着には国際連合の存在が必要だった。「児童の権利宣言」(1959年)では，その出生の時から姓名及び国籍をもつ権利(第3条)，社会保障の恩恵を受ける権利(第4条)，健康に発育し，かつ成長する権利(第4条)，教育を受ける権利(第7条)，その他，障害のある児童への配慮(第5条)，可能な限り両親の愛護と責任の必要性(第6条)，放任，虐待及び搾取からの保護(第9条)，あらゆる差別からの保護(第10条)などが列挙され，その上で児童は，「理解，寛容，諸国民の友愛，平和及び四海同胞の精神の下に，また，その力と才能が，人類のために捧げられるべきであるという十分な意識のなかで育てられなければならない」としている。「児童の権利に関する条約」(1989年)は，わが国では，「世界の多くの児童が今日なお貧困や飢餓などの困難な状況に置かれていることにかんがみ，世界的視野から，児童の人権の尊重，保護の促進を目指したもの」(文部次官通知)として受け入れられた。

 ④

解説

① 適切。「児童の権利に関する条約」(児童の権利条約)は子どもの最善の利益が優先されるべきとしている。

② 適切。

③ 適切。改正前の「教育基本法」には「家庭教育」の条項はなかった。改正法において第10条を「家庭教育」とし，その第1項で「父母その他の保護者は，子の教育について第一義的責任を有する」と明記している。

④ 適切ではない。家庭には養護的機能，教育的機能の2つがあり，記述にあるのは教育的機能にあたる。養護的機能とは，基本的生活を保つための機能であり，衣・食・休息などの生理的欲求の充足や精神的安定，あるいは衛生や健康を保つ機能である。

⑤ 適切。「家庭的保育」の代表的なものにベビーシッター，ファミリー・サポート・センター，保育ママ(家庭福祉員)などがあり，これらのなかには国や自治体による公的補助があるものもある。

 ③

解説

3人のドイツ語圏の教育思想からの出題である。

A 「道徳律」を重要視する『実践理性批判』を著したカントになる。彼によれば，人間が自己の未成年状態を脱け出ることが「啓蒙」であった。人間はこの状態を自ら克服する努力の中で，自らの理性の行使能力を獲得し，人は人となるのである。

B 『人間の教育』からフレーベルになる。彼は教育活動の源泉を子どもの本能的・衝動的な態度及び活動であると考えた。幼年期・少年期・青年期の要求が忠実に拡充されることにより，人は成人となる。C 「メトーデ」からペスタロッチになる。彼によれば，あらゆる知識の基礎にはさまざまな要素があるが，その中の基本的要素は数・形・語である。初歩的教授(計算・測定・会話)に熟練することによって，子どもの思考能力は目覚めさせられ，発達に刺激が与えられる。こうした発達の要求を満たすために彼は実物教授(直観教授)の重要性を指摘した。　また，残りの選択肢のフィヒテは，『ドイツ国民に告ぐ』(1807年)で高名な哲学者である。彼はナポレオン戦争敗北後のドイツにあって，国家復興のため学校教育の必要性を説き，その教授法として「メトーデ」を取り上げた。

**8** ④

高名な教育思想家の名言からの出題である。

A 「消極(的)教育」は，ルソーの教育論を象徴する。ルソー『エミール』(1762年)は時間があれば目を通しておきたい。なお，消極教育に与する教育思想書としては，フレーベル『人間の教育』(1826年)やエレン・ケイ『児童の世紀』(1900年)などがあるが，消極とは何かは決して簡単な問題ではない。

B 「環境」は，シュタイナーにとって教師は子どもの環境でしかなかった。つまり，子どもが誕生以来，出会うものの一つにすぎない。その子の親，兄弟姉妹，近所の人，そして就学後は学校の先生や友達だ。また，シュタイナーは，「子どもを畏敬の念で受け入れ，愛によって育み，自由の中へ解き放つ」という言葉を残している。

C 「放任主義」は，津田梅子が創立した女子英学塾(1900年)で採用された。津田は女子英学塾の教育目的を「allround woman」=「完(まっ)たい女性」として，英語による職業教育を目指した。それは，わが国の女性の独立心の欠如を専門教育によって打破しようとした先進的な試みであった。「日本の女性は自分の頭で考え，行動する力を欠いている」(中嶋みさき)ため，津田は放任主義によって若い女性を家父長的支配から解放し，自己に立ち返らせようとした。なお，広瀬淡窓は，江戸時代に私塾咸宜園を創設した儒学者・教育学者である。

 ①

**解説**

**ア**　正しい。

**イ**　正しい。

**ウ**　誤り。「児童福祉法」の成立も1947(昭和22)年であり，同年から幼稚園は学校として，保育所は児童福祉施設として行政上二元化された。

**エ**　誤り。1948(昭和23)年，文部省から「保育要領」が刊行されたが，これは保育所だけでなく，幼稚園，家庭における保育の手引書であった。

**オ**　正しい。「就学前の子どもに関する教育，保育等の総合的な提供の推進に関する法律」が成立し，「認定こども園」が誕生することになった。

 ⑤

**解説**

保育士は，「児童福祉法」第18条の4によれば，保育士の名称を用いて，専門　的知識及び技術をもって，児童の保育及び当該児童の保護者に対する保育に関する指導を行うことを業とする者を指す。保育士には，保育士資格欠格事由が存在する。同法第18条の5には，上記のほか，同法の規定その他児童の福祉に関する法律の規定であって政令で定めるものより，罰金の刑に処せられ，その執行を終わり，または執行を受けることがなくなった日から起算して3年を経過しない者などが規定されている。さらに，「保育士の信用を傷つけるような行為」(同法第18条の21)や「正当な理由がなく，その業務に関して知り得た人の秘密を漏らす行為」(同法第18条の22)が禁止されている。しかも，「保育士でなくなった後においても」この禁止規定は適用される。このように責任や倫理が求められる専門職だからこそ，保育士はその名称を独占できる。同法第18条の23は，保育士でない者に「保育士又はこれに紛らわしい名称」の使用を禁止する。

**11** ②

**解説**

「養護とは，子どもの生命の保持及び情緒の安定を図るために保育士等が行う援助や関わり」であり，「教育とは，子どもが健やかに成長し，その活動がより豊かに展開されるための発達の援助」である(『保育所保育指針解説』)。②の**ア**の生命，**エ**の情緒が養護に関わる内容である。なお，正しくは「生命の保持」「情緒の安定」。保育所保育指針が示す養護に関わる内容はこの２つである。**イ**の環境，**ウ**の健康，**オ**の表現は，それぞれ教育に関わる内容である。教育に関わる内容にはこのほか，人間関係，言葉があり，合わせて５つの領域で構成される。

**12** ③

**解説**

① 「教育の行き届いた環境の下」でなく「養護の行き届いた環境の下」である。それによって，生命の保持，情緒の安定を図る。

② 「環境を大切にする心」ではなく「人権を大切にする心」である。

③ 正しい。

④ 「コミュニケーション」でなく「言葉」である。

⑤ 「指導を通して」でなく「体験を通して」である。「保育所の保育」は，保育の目標として，①～⑤のほか，「健康，安全など生活に必要な基本的な習慣や態度を養い，心身の健康の基礎を培うこと」を加え，６つを目指して行うこととされている。

**13** ⑤

**解説**

① 適切。

② 適切。その場合，常に，子どもの最善の利益を考慮して取り組むことが必要である(「保育所保育指針解説」第１章１の(2)保育の目標)。

③ 適切。

④ 適切。

⑤ 適切ではない。保護者への援助に当たっては，「子どもと保育士等の関係」ではなく「子どもと保護者の関係」を軸に関係が豊かに発展していくことが望まれる。「保育所は，入所する子どもの保護者に対し，その意向を受け止め，子どもと保護者の安定した関係に配慮し，保育所の特性や保育士等の専門性を生かして，その援助に当たらなければならない」とあるように，子どもと保護者の安定した関係に配慮する必要がある。(「保育所保育指針解説」第１章１の(2)保育の目標)。

 ④

**解説**

**ア** 適切ではない。「生活時間」ではなく「生活の実態」である。生活の実態は生活時間だけからはわからない。また「保護者の思いや願い」ではなく

「子どもの主体としての思いや願い」である。

**イ**　適切。「健康，安全で情緒の安定した生活」は養護，「自己を十分に発揮できる」は教育に主に関わってくる。

**ウ**　適切ではない。「一人一人の年齢差」ではなく「一人一人の発達過程」である。

**エ**　適切ではない。「集団における個々の活動」ではなく，「集団における活動」である。子ども相互のかかわりを重視し，集団としての成長を促そうというものである。そして，集団の活動が個の成長を促していくことになる。

**オ**　適切。

 ④

**解説**

B，E　乳児期の発達に関する基本的事項である。出題の他には，乳児期の保育は愛情豊かに，応答的に行われることが特に必要であることなどに留意する。

C，D　1歳以上3歳未満児の発達に関する基本的事項である。出題の他には，歩き始めから，歩く，走る，跳ぶなどへと，基本的な運動機能が次第に発達し，排泄の自立のための身体的機能も整うようになることなどに留意する。

A　3歳以上児の発達に関する基本的事項である。出題の他には，運動機能の発達により，基本的な動作が一通りできるようになるとともに，基本的な生活習慣もほぼ自立できるようになることや，理解する語彙数が急激に増加し，知的興味や関心も高まってくることなどに留意する。

**16** ④

**解説**

「児童憲章」は，児童憲章制定会議によって，1951年5月5日に制定された。「児童福祉法」の施行後，児童の権利を権利章典の形で表現したわが国独自の児童の権利宣言であり，その後の子ども関連法規に甚大な影響を与えた。その前文は，日本国憲法の精神に従って，「児童に対する正しい観念を確立し，すべての児童の幸福をはかるために」児童憲章を定めると述べている。つまり，児童は「人として」「社会の一員として」「よい環境の中で」育てられなければならない。前文を含む全条文を徹底的に読み込み，丸暗記する覚悟で臨みたい。なお，国際的には，1959年11月20日の国際連合総会で「人類は，児童に対し，最善のものを与える義務を負う」と謳った「児童の権利宣言」が満場一致で採択されている。その20周年にあたる1979年を国際連合は「国際児童年」とし，それから10年後，1989年に「児童の権利に関する条約」が誕生する。

17 ③

解説

全体的な計画における具体的なねらいや内容は，発達過程に即して組織する。保育所保育指針や同解説に示されている発達過程や養護及び教育のねらい・内容を参考にしながら，それぞれの保育所の実態に即して工夫して設定することが必要である。

① 全体的な計画は，保育時間の長短，在籍期間の長短に関わりなく在籍している全ての子どもを対象とする。

② 保育所の保育時間は，1日につき8時間を原則とし，地域における乳幼児の保護者の労働時間や家庭の状況等を考慮して，各保育所において定める。

③ 適切。

④ 全体的な計画作成に当たっては，条約や関係法令のみではなく，保育所保育指針・保育所保育指針解説の内容についても，職員間の共通理解を図る。

⑤ 全体的な計画は，保護者の思いを受け止め，全体的な計画に反映するかどうかなど検討することが求められるが，子どもの最善の利益を第一義にすることが前提である。

18 ③

解説

① 機嫌，食欲，顔色，活動性なども重要な観察事項である。

② 出生前及び出生時の健康状態や発育及び発達状態，生育環境などの影響も大きい。

③ 適切。定期的・継続的に把握することによって不適切な養育等のほかにも，慢性疾患や障害の早期発見につなげることが期待される。

④ 従来，学校保健安全法に準拠して行われていたが，保育所保育指針の改定(平成20年3月)により，新たに「保育所における感染症対策ガイド

ライン」が策定され(平成21年8月。30年3月改訂)，このガイドラインに基づくこととなった。なお，保育所の管轄が厚生労働省からこども家庭庁に移管されたため，こども家庭庁で修正され，2023(令和5)年5月一部改訂，10月一部修正されたものが最新である。乳幼児は学童・児童と比較して抵抗力が弱いことなどの特性を踏まえた対応が必要なためである。

⑤ 「食を楽しむ力」ではなく，「食を営む力」である。

# 第10章

# 専門試験
# 教育原理

POINT

## 1. 教育に関連する法規

法規関係は，自治体によって出題される・されないが明確に分かれる。しかし，一般的には公立保育士は地方公務員に該当するので，試験で出題されなくても教諭・公務員として基礎的な法規は把握しておきたい。ここでは，特に重要な条文について掲載をする。

### 日本国憲法

（教育を受ける権利と受けさせる義務）
第26条　すべて国民は，法律の定めるところにより，その能力に応じて，ひとしく教育を受ける権利を有する。
②　すべて国民は，法律の定めるところにより，その保護する子女に普通教育を受けさせる義務を負ふ。義務教育は，これを無償とする。

そのほか，第11条(基本的人権)，第13条(個人の尊重)，第23条(学問の自由)等は把握しておきたい。

### 教育基本法

（幼児期の教育）
第11条　幼児期の教育は，生涯にわたる人格形成の基礎を培う重要なものであることにかんがみ，国及び地方公共団体は，幼児の健やかな成長に資する良好な環境の整備その他適当な方法によって，その振興に努めなければならない。

そのほか，第2条(教育の目標)，第4条(教育の機会均等)，第9条(教員)等は把握しておきたい。

### 学校教育法

（幼稚園の目的）
第22条　幼稚園は，義務教育及びその後の教育の基礎を培うものとして，幼児を保育し，幼児の健やかな成長のために適当な環境を与えて，その心身の発達を助長することを目的とする。
（幼稚園教育の目標）
第23条　幼稚園における教育は，前条に規定する目的を実現するため，次に掲げる目標を達成するよう行われるものとする。
一　健康，安全で幸福な生活のために必要な基本的な習慣を養い，身体諸機能の調和的発達を図ること。
二　集団生活を通じて，喜んでこれに参加する態度を養うとともに家族や身近な人への信頼感を深め，自主，自律及び協同の精神並びに規範意識の芽生えを養うこと。
三　身近な社会生活，生命及び自然に対する興味を養い，それらに対する正しい理解と態度及び思考力の芽生えを養うこと。
四　日常の会話や，絵本，童話等に親しむことを通じて，言葉の使い方を正しく導くとともに，相手の話を理解しようとする態度を養うこと。
五　音楽，身体による表現，造形等に親しむことを通じて，豊かな感性と表現力の芽生えを養うこと。

そのほか，第11条(懲戒)，第24条(家庭・地域への教育支援)，第27条(教諭等の配置)等は把握しておきたい。

## 2. 教育思想

教育史に登場する代表的な人物は，保育原理同様，西洋も東洋も区別することなく把握しておきたい。「本書第9章2. 教育思想」を参照。

## 3. 幼稚園教育要領

各自治体の受験資格として，幼稚園教諭免許，保育士免許の両方を保持していることを条件とするところも増えてきており，保育士採用試験でも幼稚園教育要領は出題される可能性がある。ここでは一部を掲載するが，全体を通して大事なキーワードは押さえておきたい。

第1章　総則
第1　幼稚園教育の基本

幼児期の教育は，生涯にわたる人格形成の基礎を培う重要なものであり，幼稚園教育は，学校教育法に規定する目的及び目標を達成するため，幼児期の特性を踏まえ，環境を通して行うものであることを基本とする。

このため教師は，幼児との信頼関係を十分に築き，幼児が身近な環境に主体的に関わり，環境との関わり方や意味に気付き，これらを取り込もうとして，試行錯誤したり，考えたりするようになる幼児期の教育における見方・考え方を生かし，幼児と共によりよい教育環境を創造するように努めるものとする。これらを踏まえ，次に示す事項を重視して教育を行わなければならない。

1　幼児は安定した情緒の下で自己を十分に発揮することにより発達に必要な体験を得ていくものであることを考慮して，幼児の主体的な活動を促し，幼児期にふさわしい生活が展開されるようにすること。

2　幼児の自発的な活動としての遊びは，心身の調和のとれた発達の基礎を培う重要な学習であることを考慮して，遊びを通しての指導を中心として第２章に示すねらいが総合的に達成されるようにすること。

3　幼児の発達は，心身の諸側面が相互に関連し合い，多様な経過をたどって成し遂げられていくものであること，また，幼児の生活経験がそれぞれ異なることなどを考慮して，幼児一人一人の特性に応じ，発達の課題に即した指導を行うようにすること。

その際，教師は，幼児の主体的な活動が確保されるよう幼児一人一人の行動の理解と予想に基づき，計画的に環境を構成しなければならない。この場合において，教師は，幼児と人やものとの関わりが重要であることを踏まえ，教材を工夫し，物的・空間的環境を構成しなければならない。また，幼児一人一人の活動場面に応じて，様々な役割を果たし，その活動を豊かにしなければならない。(以下略)

## 4. 各種答申

中央教育審議会の答申・諮問も出題される可能性がある。すべてに目を通すのは不可能であるが，代表的なもの，話題となっているものに関しては把握しておきたい。ここでは代表的な答申に関して掲載をする。

- 今後の学校におけるキャリア教育・職業教育の在り方について
- 共生社会の形成に向けたインクルーシブ教育システム構築のための特別支援教育の推進(報告)
- 子供の発達や学習者の意欲・能力等に応じた柔軟かつ効果的な教育システムの構築について
- 特別支援教育を推進するための制度の在り方について
- いじめ防止等のための基本的な方針

## 演習問題

**1** 次の文は，中央教育審議会答申「子供の発達や学習者の意欲・能力等に応じた柔軟かつ効果的な教育システムの構築について(平成 26 年)」の一部である。( A )～( C )にあてはまる語句の組み合わせとして適切なものを，あとの①～⑤から 1 つ選びなさい。 (難易度■■■□□)

地域コミュニティの衰退，三世代同居の減少，共働き世帯や一人親世帯の増加，世帯当たりの子供の数の減少といった様々な背景の中で，家庭や地域における子供の( A )育成機能が弱まっているとの指摘がある。また，少子化等に伴い，単独の小学校及び中学校では十分な集団規模を確保できない地域も多くなってきている。こうした中，( B )交流を活発化させたり，より多くの多様な教師が児童生徒たちに関わる体制を確保したり，地域の( C )を積極的に学校に取り入れることへのニーズが高まり，小中一貫教育の導入が行われている現状がある。

| | A | B | C |
|---|---|---|---|
| ① | 社会性 | 異学年 | 活性化 |
| ② | 社交性 | 異学年 | 教育力 |
| ③ | 社会性 | 異文化 | 教育力 |
| ④ | 社交性 | 異文化 | 活性化 |
| ⑤ | 社会性 | 異学年 | 教育力 |

**2** 次の【Ⅰ群】の記述と【Ⅱ群】の人物を結びつけた場合の正しい組み合わせを，あとの①～⑤から 1 つ選びなさい。 (難易度■■□□□)

【Ⅰ群】

A 彼女は，一般にはスウェーデンの社会評論家・女性解放論者とされているが，教育者でもあった。彼女の主著は自国のみならず，世界各国で読まれた。その中で彼女は，子どもの権利と母性の擁護を強く主張した。

B 革命的知識人たちと交流があり，ナロードニキ・人民主義者の組織に加盟していた進歩的な思想の持ち主であった彼女の父親は，ポーランド在任時，ポーランド人やユダヤ人を専制的ツァーリ体制の迫害から護ったと言われている。

C 彼女は，ローマのスラム街に「子どもの家」を創設し，それまで取り組んできた障害児の治療と教育の経験を健常児の就学前の子どもたちに適用し，感覚教具や実生活の訓練として家事仕事を導入した。彼女の教育法は，当時のイタリアでは革命的であった。

【Ⅱ群】

ア　クルプスカヤ

イ　モンテッソーリ

ウ　エレン・ケイ

| | A | B | C |
|---|---|---|---|
| ① | イ | ア | ウ |
| ② | イ | ウ | ア |
| ③ | ウ | ア | イ |
| ④ | ウ | イ | ア |
| ⑤ | ア | ウ | イ |

**3** 次の文は,「教育基本法」第11条である。(　A　)〜(　C　)にあてはまる語句の組み合わせとして適切なものを，あとの①〜⑤から1つ選びなさい。　(難易度■■■□□)

幼児期の教育は，生涯にわたる(　A　)形成の基礎を培う重要なものであることにかんがみ，国及び地方公共団体は，幼児の健やかな(　B　)に資する良好な環境の整備その他適当な(　C　)によって，その振興に努めなければならない。

| | A | B | C |
|---|---|---|---|
| ① | 人格 | 成長 | 指導 |
| ② | 人間 | 成長 | 指導 |
| ③ | 人格 | 発達 | 方法 |
| ④ | 人間 | 発達 | 指導 |
| ⑤ | 人格 | 成長 | 方法 |

**4** 次の文は，ある学習法の説明である。その学習法の呼称として適切なものを，あとの①〜⑤から1つ選びなさい。　(難易度■■■□□)

児童の学習過程をスモール・ステップと呼ばれる細かい段階に分け，個々の段階でフィードバックを行う学習方法。

①　バズ学習

② 問題解決学習
③ ティーム・ティーチング
④ 集団学習
⑤ プログラム学習

**5** 次の文は，協同学習を目的として，開発されたグループ学習の一方式に関する説明である。その名称として適切なものを，あとの①～⑤から1つ選びなさい。 (難易度■■■□□)

学習集団を小グループに分け，教材(学習内容)を1グループの人数と同数に分割する。教材を一人ひとりが分担し，各小グループの同じ教材を担当している者同士で新たな小グループを作る。そのグループで学習した後，元の小グループに戻り，自分の習得した内容を小グループの成員間で互いに教え合う。

① プロジェクト学習
② バズ学習
③ プログラム学習
④ テーマ学習
⑤ ジグソー学習

**6** 次の文は，教育思想史に関する説明である。空欄( A )，( B )にあてはまる語句の組み合わせとして適切なものを，あとの①～⑤から1つ選びなさい。 (難易度■■■□□)

( A )は「子どもの教育は自然の手にゆだねよ，教訓は経験だけから学ばせるがよい」という自然主義の原理に基づく教育論を唱えたが，カントの哲学を継承する( B )は教育による社会改善の考えから，教育の目的は，児童の中に誤りのない，確固とした石を形成すること，つまり，児童を純粋な道義性に形成することにあるとした。

① A－コメニウス　B－フィヒテ
② A－コメニウス　B－ワロン
③ A－モンテスキュー　B－デューイ
④ A－ルソー　B－フィヒテ
⑤ A－ルソー　B－デューイ

**7** 次のA～Dのうち，経験カリキュラムに関する記述として適切なものの組み合わせを，あとの①～⑤から１つ選びなさい。

(難易度■■■□□)

A　経験カリキュラムでは，個々人の可能性や興味の発達が重視され，子どもの興味・関心によって内的に動機づけられた個性的かつ積極的な学習が展開される。

B　子ども中心のカリキュラムと教科中心のカリキュラムの間に位置する経験カリキュラムの考えは，国際化，情報化，環境問題などの今日の社会の変化に対応した現代的な課題に対する子どもの主体的な態度の育成と基礎的な知識の定着の双方を補うのに有効である。

C　経験カリキュラムは，教育課程の伝統的な型であり，教育目的に応じて学問・技術・芸術などの文化的遺産のなかから主として分野別に選択され，系統的に組織された教材のまとまりを学習内容として編成しようとするものである。

D　知識や技術の機能的，統合的な獲得や問題解決能力の発達の重視といった特質をもつことから，総合的な学習の時間のねらいや内容の中に経験カリキュラムの志向性がみられる。

①　B，D　　②　A，D　　③　B，C　　④　C，D　　⑤　A，B

**8** 次の文は，「幼稚園教育要領」総則の一部である。(　A　)～(　C　)にあてはまる語句の組み合わせとして適切なものを，あとの①～⑤から１つ選びなさい。

(難易度■■■□□)

3　幼児の発達は，心身の諸側面が相互に関連し合い，多様な経過をたどって成し遂げられていくものであること，また，幼児の生活経験がそれぞれ異なることなどを考慮して，幼児一人一人の特性に応じ，(　A　)の課題に即した指導を行うようにすること。

その際，教師は，幼児の主体的な活動が確保されるよう幼児一人一人の行動の理解と予想に基づき，計画的に(　B　)を構成しなければならない。この場合において，教師は，幼児と人やものとの関わりが重要であることを踏まえ，物的・空間的環境を構成しなければならない。また，幼児一人一人の活動の場面に応じて，様々な(　C　)を果たし，その活動を豊かにしなければならない。

| | A | B | C |
|---|---|---|---|
| ① | 成長 | 学習 | 任務 |
| ② | 発達 | 環境 | 役割 |
| ③ | 成長 | 環境 | 任務 |
| ④ | 発達 | 学習 | 役割 |
| ⑤ | 成長 | 学習 | 役割 |

**9** 次の文は，ある教育方法についての記述である。この教育方法の呼称として適切なものを，あとの①～⑤から１つ選びなさい。

(難易度■■■□□)

各教科の学習とは別に，個別的な教科学習やその他の学習活動で学んだ知識，獲得した能力について，例えば，平和，公害，温暖化など，現実に社会が当面している重要な生活問題，社会問題に取り組ませることを目指している。この課程を設けることで学習成果の活用とそれによる既習知識の定着を意図すると同時に，現実の生活への問題関心，探求意欲を深めることが期待される。

① 普通教育　② 融和教育　③ 生涯学習
④ 専門教育　⑤ 総合学習

**10** 現代日本の家庭や子育てを取り巻く状況に関する説明として適切でないものを，次の①～⑤から１つ選びなさい。(難易度■■■■□)

① 児童の非行問題は低年齢化・凶悪化の傾向にある。不適切な家庭環境，対人関係，本人の性格や行動傾向など，その要因は複雑に関連しており，子どもに対する地域社会全体のあり方も含めた取り組みが必要である。

② 少子化の影響は，将来的な労働力不足や経済成長の低減，社会保障や高齢者介護における負担増などを懸念させる課題となっている。

③ 子どもの虐待・放任が児童相談所に通報された場合，子どもの心身への悪影響の排除が最優先の問題となるため，児童相談所は所定の手続きをとることにより，その家庭を強制的に立ち入り調査する権限をもたされている。

④ 児童養護施設への入所理由では，虐待・放任が増えており，親子関係の修復，家庭復帰のための支援が重要な課題となっている。

⑤ 都市部の保育所入所に関する待機児童が多いことには，幼稚園よりも

子どもを預かってもらえる時間が長い保育所に子どもを入所させることで，育児から解放される時間をより長くすることを，親が願っているということが最大の要因となっている。

**11** 幼稚園と保育所に関する記述として適切でないものを，次の①〜⑤から1つ選びなさい。 (難易度■■■□□)

① 保育所では昼寝の時間を設けているが，幼稚園ではとくに設けていない。

② 幼稚園の設置には，市町村立・私立ともに都道府県の教育委員会への届出が必要である。

③ 保育所の設置には，市町村立は都道府県知事への届け出が，私立は都道府県知事の認可がそれぞれ必要である。

④ 保育所の対象は，保育に欠ける乳児または幼児であるが，保育を必要とするその他の児童も保育することができる。

⑤ 幼稚園の対象は，満3歳から小学校に就学する時期までの幼児である。

**12** 保育における留意事項に関する記述として適切なものを，次の①〜⑤から1つ選びなさい。 (難易度■■■■□)

① 子どもの活動に対する指導を徹底し，幼児期にふさわしい体験が得られるように遊びを通して総合的に保育を行う。

② 性別により，ある程度は固定的な役割分業意識をもたせるよう指導する。

③ 保育にあたり知りえた子どもなどに関する情報は，常に園と保護者全体で共有する。

④ 子どもの人権に配慮するとともに，文化の違いを認め，互いに尊重する心を育てるようにする。

⑤ 子どもの人格を辱めることがないように配慮しなくてはならないが，悪いことをした子どもには，少々の身体的苦痛を与えることもやむを得ない。

**13** 生涯学習の推進に関連する次のア〜エの文を，時代の古いものから順に並べたとき，正しいものはどれか。あとの①〜⑤から1つ選びなさい。

(難易度■■■■■)

**ア**　臨時教育審議会答申において，教育改革の基本的視点として「生涯学習体系への移行」が打ち出された。

**イ**　エドガー・フォールを委員長とするユネスコ教育開発国際委員会は，報告書「Learning to be」をまとめた。

**ウ**　中央教育審議会答申「生涯学習の基盤整備について」を受けて「生涯学習の振興のための施策の推進体制等の整備に関する法律」が成立した。

**エ**　ユネスコ成人教育推進国際委員会でポール・ラングランは，生涯教育の考え方を提唱した。

①　ア－イ－ウ－エ
②　ウ－ア－イ－エ
③　ア－エ－イ－ウ
④　エ－イ－ア－ウ
⑤　イ－ア－ウ－エ

## 解答・解説

 ⑤

**解説**

「子供の発達や学習者の意欲・能力等に応じた柔軟かつ効果的な教育システムの構築について」(平成26年)「第1章　第1節　5　地域コミュニティの核としての学校における社会性育成機能の強化の必要性」からの出題。Aには「社会性」, Bには「異学年」, Cには「教育力」が当てはまる。各種の答申及び諮問は，毎年出題される。特に特別支援教育やいじめ関連の各種の答申及び諮問は早い時期に一度確認して，頭に入れておきたい。

 ③

**解説**

三人の女性思想家に関する問題。それぞれの人となりを改めて確認しておきたい。クルプスカヤは革命家レーニン夫人である。資本主義教育の矛盾を摘出して, 労働の教育的意義を説明した。モンテッソーリは,「モンテッソリ」と表記されることもある。従来の学校教育のあり方に疑問を持ち，子どもの自由な活動こそが教育の中心になるべきだと考えた。モンテッソーリ教育は,「子どもの家」を中心とする幼児の教育実践と障害児の療育実践から生まれた。なお，哲学者ラッセルでさえわが子の教育に苦労したとき，モンテッソーリ教育を実践する学校にわが子を預けることによって，子育ての苦労から解放されたという。エレン・ケイは,『児童の世紀』(1900年)の著者。彼女の教育思想は，わが国の大正自由主義教育に影響を与えた。

**3** ⑤

**解説**

Aには「人格」, Bには「成長」, Cには「方法」が当てはまる。「教育基本法」は2006(平成18)年12月15日全面改正され，同22日に交付・施行された。特に幼児教育に関連する第1条，2条，4条，6条，10条，11条，13条などは徹底的に読み込んで理解しておきたい。

**4** ⑤

**解説**

① 集団学習の一種で，少人数のグループに分かれ，話し合いをするため，そのディスカッションの様子がブンブンというハチの羽音に似ているこ

とからバズ(buzz)という名称になった。

② 児童自ら問題を設定させ，探究心を養う積極的活動による学習法。

③ 2人以上の教職員が個々の子どもおよび集団の指導の展開をはかり，責任をもつ指導方法。

④ 集団のもつ相互作用を生かし，学習効果を高めようとする教育方法。グループ学習や協同学習などがある。

⑤ 適切。米国の心理学者スキナーが提唱した学習法。学習者の積極的な反応を強化することを特徴とし，学習の目標値に確実に到達できるように配慮されている。徐々に難易度の上がる例題を解き，すぐに答えの確認をさせ，学習者に達成感を味わわせ，無理なく自分のペースで着実に学習内容を習得させる。

5 ⑤

①は教育的に意味のある活動や経験を学習者の自発性に基づく計画として学習者自身が企画・実行し，その過程において必要な知識・技能の獲得を図る教育方法。②は教室の中での話し合いが活発になされるように仕組まれた討論方式で，これを通して参加者は学習内容について自分の理解の仕方を他の参加者に問うことが期待され，理解を深めることができる。③は到達させたい学習目標に導くために，教材を行動の系列として分析し，その項目をフレームとして配列した教材を用いて進められる学習のことである。④は学習者が自らテーマを認定して情報収集を行い，その結果をまとめて発表すること。

6 ①

① コメニウスは現在のチェコ共和国で，17世紀に活躍した宗教家・教育者。今日，多くの国で見られる同一年齢・同時入学・同一学年・同一教育内容・同一卒業の仕組みは，コメニウスの構想に端を発する。フィヒテはドイツの哲学者。カント哲学に影響を受けたドイツ観念論の哲学者である。教育によるドイツの再建を考え，ナポレオン軍の包囲下で行った大講演「ドイツ国民に告ぐ」が有名。彼の教育方法にはペスタロッチ主義が導入された。

②～⑤ ワロンはフランスの精神科医・心理学者・教育者。モンテスキュー

はフランスの哲学者・政治思想家。米国の心理学者デューイが提唱したのは，問題解決学習法。啓蒙思想家ルソーは著書『エミール』で，人為を排した自然の法則に基づく消極教育論を展開した。

 ②

**解説**

経験カリキュラムとは，国語，数学，英語などの教科の枠を廃止し，子どもの興味・関心・欲求をもとにして，現実の中で問題を解決していくことで生活経験を積んでいくように構成されたカリキュラムのことである。一方,経験カリキュラムの対局に位置づけられるカリキュラムの類型として，教科カリキュラムがあげられる。教科カリキュラムとは，伝統的な学問体系を背景にして，教材を論理的な順序によって系統的に構成したもののことである。カリキュラムは，教科カリキュラムと経験カリキュラムを両極にして，両者のあいだに様々な統合的なカリキュラム(相関カリキュラム，融合カリキュラム，広領域カリキュラム，コア・カリキュラム)が並ぶという類型として示すことができる。以上のことを踏まえると，経験カリキュラムの説明として正しいのは，AとDであるといえる。ちなみに，Cは教科カリキュラムの内容を説明したものである。Bは「子ども中心のカリキュラム」という言葉の意味や,「今日の社会の変化に対応した現代的な課題」と経験カリキュラムがどのように結びつくのかが不明である。

8 ②

**解説**

幼稚園教育要領の「第１章　総則」の「第１　幼稚園の基本」からの出題。Aには「発達」，Bには「環境」，Cには「役割」が当てはまる。問題文の前に，重視すべき教育の事項として，「1　幼児は安定した情緒の下で自己を十分に発揮することにより発達に必要な体験を得ていくものであることを考慮して，幼児の主体的な活動を促し，幼児期にふさわしい生活が展開されるようにすること。2　幼児の自発的な活動としての遊びは，心身の調和のとれた発達の基礎を培う重要な学習であることを考慮して，遊びを通しての指導を中心として第２章に示すねらいが総合的に達成されるようにすること。」と記載されており，こちらも併せて覚えておきたい。幼稚園教育要領に関する問題は毎年何らかの形で出題されているため，他の部分に関しても大事なキーワードは頭に入れ，理解をしておきたい。

 ⑤

解説

① 普通教育は，国民が一般に受けるべき基礎教育を指すとされている。

② 融和教育は，差別はないと教えるだけで，差別の現実に目を向けさせない教育の呼称である。

③ 生涯教育において，人間は一生涯新しい経験を積んで，学習し続ける存在と考えられる。ラングランの問題提起(1965年)も併せて覚えておきたい。

④ 専門教育は，前出の普通教育に対して，一定の職業人や専門研究者(いわゆるプロフェッショナル)を養成する教育を指す。

**10** ⑤

解説

① 適切。地域ぐるみで子どもとその保護者を見守り，支援していく必要がある。

② 適切。労働人口に比べ高齢者が増える中，社会保障の水準を維持しようとすれば，若い世代の負担は当然大きくなる。

③ 適切。通報は，保育所・幼稚園・小学校などの職員に限らず，気付いた人間は誰でもできる。

④ 適切。近年の入所理由の順位は，両親の行方不明，父母就労，父または母の入院，両親の離別に次いで放任・怠惰などとなっている。親が生存している場合の入所が増えており，家庭との関係調整は大きな課題となっている。

⑤ 適切ではない。待機児童の増加は都市部で顕著ではあるが，その原因としてあげられるべきは，母親の就労率の上昇や保育所入所の低年齢化に伴う受け入れ施設の未整備などである。

**11** ②

解説

① 適切。幼稚園の教育時間の中で昼寝の時間をとるのは無理があり，夜，幼児の就寝時間が遅くなるなどの問題も懸念される。

② 適切ではない。幼稚園の設置を行う際は，公立・私立ともに，「届出」ではなく，「認可」が必要である。ただし，公立は都道府県教育委員会のものが，私立は都道府県知事のものが必要と，認可者が異なるので注意

する。

③ 適切。保育所で認可・無認可が問題になるのは，私立の場合である。

④ 適切。「保育を必要とするその他の児童」，すなわち場合によっては小学生も保育所の対象となる。

⑤ 適切。学校教育法第 26 条に規定されている。ただし対象とすることができるのが満 3 歳以上の未就学児というだけで，幼稚園は必ずしも満 3 歳になったときからの 3 歳児保育を行っているわけではない。多くは満 3 歳になった翌 4 月からの入園としている。

**12** ④

**解説**

① 子どもの活動に対しては，指導を行うのではなく，その「主体的な活動」を大切にできるよう見守る(「保育所保育指針解説」 第 1 章　総則　1　保育所保育に関する基本原則　(3)保育の方法)。

② 子どもの性差・個人差に留意しながらも，旧来の固定的な役割分業意識を，性別によって子どもに植え付けてしまうことのないよう，十分な配慮が必要である(同解説　第 2 章　保育の内容　4　保育実施に関して留意すべき事項　(1)保育全般に関わる配慮事項)。

③ 子どもの病歴・家庭の経済状況など，秘密にしておかなければならない情報も多い。それらの情報は，正当な理由なく漏らすことがないようにしなくてはならない(同解説　第 1 章　総則　1　保育所保育に関する基本原則　(5)保育所の社会的責任)。

④ 適切(同解説　第 1 章　総則　1　保育所保育に関する基本原則　(5)保育所の社会的責任)。

⑤ 身体的苦痛イコール体罰であり，一切許されない。また，子どもに対する「注意」などが言葉の暴力にならないよう，保育者は留意しなくてはならない(同解説　第 1 章　総則　1　保育所保育に関する基本原則　(5)保育所の社会的責任)。

**13** ④

**解説**

**ア**の答申は 1985 年から 1987 年まで 4 次にわたる。「生涯学習体系への移行」については 1986 年の第 2 次答申で述べられた。答申をうけ，1988 年には文部省(当時)の社会教育局生涯学習局に改組された。**イ**の報告書は 1972

年に公刊された。「フォール報告」とも呼ばれる。**ウ**は1990年。同年「生涯学習審議会」が設置された。**エ**は1965年。日本では臨時教育審議会以降,「社会教育」「生涯教育」の語に代わって「生涯学習」が一般に使用されている。

# 第11章

# 専門試験
# 社会的養護

**POINT**

## 1. 社会的養護の意義

### 社会的養護とは何か

社会的養護とは

保護者のない児童や，保護者に監護させることが適当でない児童を，公的責任で社会的に養育し，保護するとともに，養育に大きな困難を抱える家庭への支援を行う

こと。

### 社会的養護の基本理念

社会的養護は「**こどもの最善の利益**」と「**社会全体でこどもを育む**」という考え方を基本理念としている。

## 2. 社会的養護の基本

### 子どもの人権擁護と社会的養護

古代や中世の社会で子どもは，大人の所有物や小さな大人などとして認知され，「安価な労働力」として扱われるなど，今日的な人権思想とはかけ離れた扱いがなされていた。その後，子どもの権利を守ろうとする国際的な動きが活発となり，1989年には国連が「**児童の権利に関する条約**」(**子どもの権利条約**)を採択している(わが国は1994年に同条約に批准)。2016年には児童福祉法が大改正され，児童の権利に関する条約との関連性が明記されるようになった。なお，児童福祉法は2024年4月に施行されるものが最新の改正となる。子育て世帯に対する包括的な支援のための体制強化及び事業の拡充として，こども家庭センターの設置や，自立支援の強化として児童養護施設，障害児入所施設の入居者を22歳までの入所継続を可能とする他，虐待や性犯罪から児童を守るための取り組みなどがある。

今日のわが国の社会的養護では，児童の権利に関する条約に基づき，保護者に養護される権利を持つ子どもの権利が保障されない場合の代替的養護の実施など，子どもの権利が明確に示されている。虐待問題や特別なニーズ(個別のニーズ)に応じたケアや支援，家庭環境の調整など，さまざまな支援や特別な配慮に関する子どもの権利についても押さえておきたい。

### 社会的養護の基本原則

社会的養護の基本理念である「こどもの最善の利益」と「社会全体でこどもを育む」という考え方をもとに,

①　家庭的養護と個別化
②　発達の保障と自立支援
③　回復をめざした支援
④　家族との連携・協働
⑤　継続的支援と連携アプローチ
⑥　ライフサイクルを見通した支援

という6つの原理が示されている。

### 社会的養護における保育士等の倫理と責務

社会的養護に携わる保育士等には，専門職としての倫理が求められる。これら倫理は，**全国保育会倫理綱領や全国児童養護施設協議会倫理綱領**など，各種団体の倫理綱領により定められている。

また，保育士には児童福祉法において，信用失墜行為の禁止，守秘義務，自己研鑽の努力義務などが規定されている。

## 3. 社会的養護の制度と実施体系施設における児童養護

### 社会的養護の制度と法体系

児童福祉法をはじめとする社会的養護の関連法規や制度は，社会的養護に関する各種の施策の実施に関する基本事項を定めている。これら基本事項の理解は社会的養護の理解のための基礎となるため，確実に押さえておきたい。

### 社会的養護の仕組みと実施体系

社会的養護の基本的な流れとして，児童相談所への相談・通告・送致から始まり，受理会議や調査，一時保護を経て施設や里親等への措置までの経緯を押さえておきたい。また，委託された子どもの支援には，アドミッションケア(施設入所前の支援)，インケア(施設入所中の支援)，リービングケア(施設退所直前の支援)，アフターケア(施設退所後の支援)といった一連の流れがあることを理解しておきたい。

## 4. 社会的養護の対象と形態

### 社会的養護の対象

社会的養護の対象については，その対象となる子どもや家庭等の状況から，

① 予防的支援の対象
② 在宅措置の対象
③ 代替養育の対象
④ アフターケアの対象

という4つの視点の理解が大切である。それぞれの対象についてどのような支援が行われているのかを整理しておきたい。

### 家庭養護と施設養護

わが国の社会的養護は，施設で子どもたちの養育を行う「**施設養護**」と里親等の家庭における養育である「**家庭養護**」の2つに大きく分けられる。また，児童福祉法改正後の「**新しい社会的養育ビジョン**」に基づいた取り組みが進められており，社会的養護の実施体系は

① 施設
② 良好な家庭的環境【施設(小規模型)】
③ 家庭と同様の養育環境【小規模住居型児童養育事業，里親，養子縁組】
④ 家庭【実親による養育】

の4つに整理されている(下図参照)。

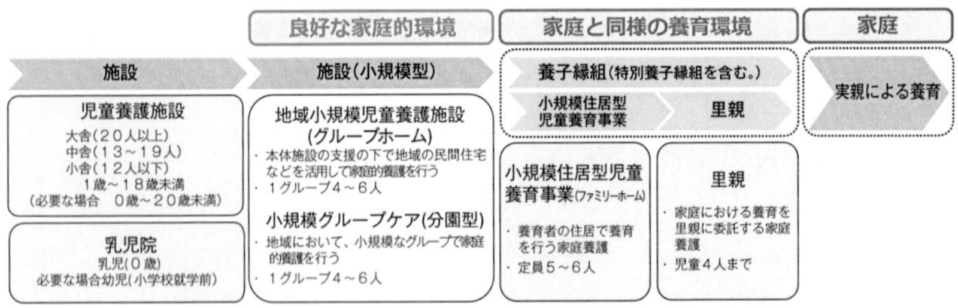


社会的養育の推進に向けて(令和5年4月　こども家庭庁支援局家庭福祉課)

### 社会的養護に関わる専門職

社会的養護に関わる専門職員の職種や人員の規定は，「**児童福祉施設の設備及び運営に関する基準**」に定められている。各種資格の要件やそれぞれの専門性，また，職種間の連携の在り方等についても理解しておきたい。

## 5. 社会的養護の現状と課題

### 社会的養護に関する社会的状況

社会的養護の対象となる子どもの大半は施設で生活をしている。近年は特に虐待により措置される子どもが継続して増加傾向にあり，児童養護施設を利用する子どもの約65％程度が虐待を受けた経験を有している。

### 施設等の運営管理

社会的養護の施設は，要保護児童に対する適切な支援や援助を提供するために，子どもの人権や最善の利益を保障できる運営管理が求められている。各施設の運営管理に関する具体的な方針として，運営指針やガイドラインがこども家庭庁などにより定められているので，確実に理解しておきたい。

### 被措置児童等の虐待防止

社会的養護の施設や里親委託先で子どもが職員(里親)から虐待を受けること(被措置児童等虐待)を防止するための取り組みとして，**第三者評価制度**や**苦情解決制度**に関して理解をしておきたい。また，「**被措置児童等虐待対応ガイドライン**」など各種指針やガイドラインについても把握しておくことが大切である。

### 社会的養護と地域福祉

社会的養護の対象は，要保護児童や家庭に限定されるものではなく，児童相談所や施設には地域の中での子育て相談や社会的養護への理解や啓発の活動も行われている。それら取り組みについても理解しておきたい。

## 演習問題

**1** 民間の児童福祉事業の代表的施設と，その創設者の組み合わせとして適切なものを，次の①～⑤から１つ選びなさい。 (難易度■■□□□)

① 滝乃川学園――石井十次
② 家庭学校―――石井亮一
③ 岡山孤児院――留岡幸助
④ 整肢療護園――柏倉松蔵
⑤ 二葉幼稚園――野口幽香

**2** 社会的養護の体系における施設養護として適当でないものを，次の①～⑤から１つ選びなさい。 (難易度■■■□□)

① 乳児院
② グループホーム
③ ファミリーホーム
④ 児童自立支援施設
⑤ 児童心理治療施設

**3** 里親制度に関する記述として適切なものを，次の①～⑤から１つ選びなさい。 (難易度■■■□□)

① 里親には，養育里親，専門里親，親族里親，短期里親，養子縁組里親の５種類がある。
② 全ての里親になろうとする者には，必要な研修を受講することが義務づけられている。
③ 里親への委託が可能な子供の年齢は原則として15歳未満までとされている。
④ ファミリーホーム(小規模住居型児童養育事業)は，社会福祉法に定める第二種社会福祉事業である。
⑤ 里親及びファミリーホームは，社会的養護を必要とする子どもを，養育者の家庭に迎え入れる「家庭的養護」である。

**4** フォスタリング機関(里親養育包括支援機関)の業務として不適切なものを，次の①～⑤から１つ選びなさい。 (難易度■■■□□)

① 養子縁組成立のための相談及び縁組成立後の養親と養子へのフォロー
② 里親登録の前後及び委託後における里親に対する研修
③ 子どもと里親家庭のマッチング
④ 里親養育への支援
⑤ 里親のリクルート及びアセスメント

**5** 社会的養護の歴史に関する記述として適切なものを，次の①～⑤から1つ選びなさい。 (難易度■■■□□)

① 明治期には，石井十次らキリスト教徒や宣教師によって，家庭的環境を重視した非行少年教育が実践された。
② 国際障害者年以降，日本では障害者のための居住施設整備が進み，障害児入所施設も増加している。
③ 日本では戦後まで知的障害児のための施設は存在せず，戦後の児童福祉法成立によって初めて児童福祉施設の一つとして位置づけられた。
④ 国連の「児童の権利に関する条約」への批准を受け，わが国でも特定の児童・母子を対象とするのではなく，すべての子どもの健全育成を対象とする施策へと転換が図られた。
⑤ 欧米では人格形成などの観点から集団での養護が望ましいとされており，家庭養護から施設での集団的な施設養護へと移行が進んでいる。

**6** 児童福祉施設に関する記述として正しいものを，次の①～⑤から1つ選びなさい。 (難易度■■■■□)

① グループホームは原則6人までの少人数で，一般住宅などを利用して本来育つべき家庭や地域に近い形態で子どもを養育する家庭養護の一形態である。
② 児童養護施設で養育されるのは父母が死別，または遺棄された子どもであり，虐待を受けている子どもは母子生活支援施設で保護される。
③ 乳児院では，1歳未満の乳児の養育を行い，1歳以上になった子どもは両親，里親，親戚などの元へ引き取られるか，または児童養護施設に措置変更となる。
④ 児童自立支援施設は，非行児童を教護する児童福祉施設で，市区町村の決定によって措置を行っている。
⑤ 福祉型障害児入所施設では，障害のある児童の保護，日常生活の指導

及び独立自活に必要な知識技能の付与を目的としている。

**7** 児童福祉施設の運営・管理に関する記述として正しいものの組み合わせを，あとの①～⑤から1つ選びなさい。 (難易度■■■■□)

ア 児童心理治療施設には，心理療法を担当する職員を，おおむね児童10人につき1名以上配置しなければならない。

イ 児童養護施設には，児童指導員，看護師，保育士，栄養士及び調理員，職業指導を行う場合は職業指導員を配置しなければならない。

ウ 保育所における保育士の数は，乳児おおむね6人につき1人以上が必要である。

エ 乳児院の設備は，寝室，観察室，診察室，病室，ほふく室，相談室，調理室，浴室及び便所を設けなければならない。

オ 母子生活支援施設には，母子支援員，嘱託医，児童指導員，及び調理員を配置しなければならない。

① ア，ウ　② ア，エ　③ イ，エ　④ ア，オ
⑤ ウ，エ

**8** 里親制度に関する記述として正しいものを，次の①～⑤から1つ選びなさい。 (難易度■■■□□)

① 2002(平成14)年の改正で，単親でも里親として認定されることになった。

② 日本では近年，里親登録数，委託数が増加しており，里親等委託率は全国で3割程度となっている。

③ 里親制度についての規定は，「児童の権利に関する条約」により定められている。

④ 委託児童を養育している里親家庭が一時的な休息を必要とする場合，レスパイト・ケアの制度が利用できる。

⑤ 専門里親とは，厚生労働省によって，要保護児童を養育する里親として名簿に登録された者である。

**9** 近年の社会的養護の動向として適切な記述を，次の①～⑤から1つ選びなさい。 (難易度■■■■□)

① 近年，社会的養護は里親制度から施設養護への移行が進められている。

② 保育所等訪問支援は，平成24年4月1日施行の改正児童福祉法により

創設された支援である。

③ 被虐待児童に対してはより専門的な処遇が必要であるとの観点から，被虐待児童は里親やファミリーホームではなく，児童養護施設に措置することが適当とされる。

④ 近年は里親制度に関する改革と理解が進み，乳児院を利用する児童数は減少傾向にある。

⑤ 重度障害児や知的障害児は，従来は在宅で親と一緒に暮らしている者が多かったが，社会的養護の必要性から，近年は施設での生活へと移行している。

**10** 虐待に関する記述として正しいものを，次の①～⑤から１つ選びなさい。
(難易度■■□□□)

① 虐待を受けた子どものほとんどは，虐待を行った養育者ともう一度一緒に生活したいとは考えられず，養護施設の援助者や里親との関係に依存する傾向がある。

② 虐待を行う保護者が，保護した子どもに面会や通信を求めた場合，家庭裁判所の命令がない限り拒否することはできない。

③ 子どもの前でDV行為を行うことや，放置，好ましくないしつけなどは虐待ではなく家庭環境問題として扱われる。

④ 子どもの両親，家族からの暴力だけでなく，同居人や婚姻関係のないパートナーなどからの暴力も虐待通報することができる。

⑤「小さな子どもを残して親が度々外出している」,「子どもの泣き声が頻繁に聞こえる」などの理由だけでは，他人が関係機関や専門家に通報することはできない。

**11** 養護技術に関する記述として適切なものを，次の①～⑤から１つ選びなさい。
(難易度■■■□□)

① 児童養護施設での援助は生活面での日常的援助に限られ，知的障害や発達障害などを持つ子どもは他の機関での専門的援助を要する。

② 日課は子どもと職員が話し合って作成し，決めたことを確実に遂行していくことを重視する。

③ 一人一人が自分の時間をのびのびと過ごし，個性を伸ばしていくような働きかけが大切である。

④　集団にとけ込めない子どもや，問題行動の多い子どもには本人なりの理由があるので，無理に指導せず，距離を置いて見守る。

⑤　子どもの指導法として，民法に抵触しない程度に，適切なタイミングで体罰を与えることは許されている。

**12** 社会的養護に関連する用語について述べた文として正しいものを，次の①～⑤から１つ選びなさい。　(難易度■■■□□)

①　パーソナルスペースとは，他人に近づかれると不快に感じる空間・対人距離のことである。近年，社会的養護関連施設における子ども間の性的問題等とも関連して，その教育・対応が重要視されている。

②　スーパービジョンとは，子どもに役割を与えることで責任や達成感などを学ばせる指導法のことである。

③　ホスピタリズムとは，相手の立場に立って考え，心地よさや喜びを提供しようと努める姿勢のことである。

④　ノーマライゼーションとは，子どもの個性やニーズを認識し，個別に対応するよう心がける姿勢のことである。

⑤　アタッチメントとは，乳幼児期に関わるさまざまな養育者との間に形成される愛着関係のことである。

**13** 次のア～エの記述は，乳幼児期におけるアタッチメントの形成過程に関するものである。ア～エを形成過程の順に並べたものとして適切なものを，あとの①～⑤から１つ選びなさい。　(難易度■■■□□)

ア　いつも世話をしてくれる人を識別する。その人がいないと不安になったり，人見知りをしたりする。

イ　自分をかわいがり，世話をしてくれる人に関心を示す。その人に対して，笑ったり，泣いたり，しがみついたりする。

ウ　自立して行動するようになる。恐いときや不安なときなど以外は，世話をしてくれる人にまとわりつくことが少ない。

エ　人に対して関心を示す。人の顔を見たり，人の声を聞いたり，人に抱かれたりすることを好む。

①　ウ－ア－イ－エ

②　ウ－イ－ア－エ

③　エ－ア－イ－ウ

④ エ－イ－ア－ウ

⑤ エ－ア－ウ－イ

**14** 児童心理治療施設に関する記述として正しいものを，次の①～⑤から１つ選びなさい。 (難易度■■■■□)

① 児童心理治療施設は居住型のほか，自宅から通うタイプのものもあり，学校に行ける子どもは地域の学校に通いながら施設での治療を併用することもできる。

② 児童心理治療施設には心理療法を担当する職員として，児童養護の知識を有する看護師，保育士，児童指導員などを配置することができる。

③ 児童心理治療施設での心理療法はプレイセラピーや箱庭療法などが中心であり，カウンセリングの形式では行われない。

④ 児童心理治療施設では，さまざまな原因から社会不適応が起きている子どもの治療として，均等に役割が分担され，集団行動や社会性の訓練を重視する。

⑤ 児童心理治療施設のニーズは高いものの施設数は年々減少している。

**15** 要保護児童等の進路に関する記述として正しいものを，次の①～⑤から１つ選びなさい。 (難易度■■■■□)

① 近年は，生活技術の習得，職場体験など施設退所後の自立を念頭に置いたトレーニングや，退所後も継続的に連絡を取り，自立を助けるレスパイト・ケアが重視されている。

② 児童養護施設の児童が高校に進学する際の学費や必要経費は，奨学金やアルバイトなどによる自己負担となる。

③ 児童養護施設の入所対象は，原則として満１歳以上満 18 歳未満とされているが，必要に応じて満 22 歳に達するまで延長できる。

④ 施設を退所した自閉症児の作業活動は，生活が単調にならないよう，日ごとに多様な経験ができるようなものが望ましい。

⑤ 自立援助ホームとは，犯罪などの不良行為をしたり，またはするおそれのある児童を入所または通所させ，指導を行って自立を支援する施設である。

**16** 自立支援計画および子どもの権利擁護に関する記述として適切なものを，次の①～⑤から１つ選びなさい。　(難易度■■□□□)

① 援助者は，それぞれの子どもの重点テーマを決めて日常生活を記録し，その記録をもとに援助サービスを評価することが大切である。

② 子どもの権利がどのようなものかを知るために，施設の職員と保護者には子どもの権利ノートが配布される。

③ 被虐待児が「家に帰りたい」と言う場合は，親権者の状態が不安定であったり，虐待リスクが高いと考えられる場合でも面会させ，両者間で話し合わせて決めるべきである。

④ 子どもが施設での生活に慣れて自発的に努力するようになるまでは時間がかかるので，援助がうまく展開しない場合でも，最初に作成した援助計画は変更するべきではない。

⑤ 児童養護施設に入所する子どもへの援助は，個別援助が基本であり，グループワークは行われない。

**17** 次のア～オのうち，児童福祉施設の職員構成として正しいものの組み合わせを，あとの①～⑤から１つ選びなさい。　(難易度■■■■□)

ア 乳児院－小児科の診療に相当の経験を有する医師または嘱託医，看護師，個別対応職員，家庭支援専門相談員，栄養士，調理員

イ 児童自立支援施設－児童生活支援員，児童の遊びを指導する者，嘱託医及び精神科の診療に相当の経験を有する医師または嘱託医，個別対応職員，家庭支援専門相談員，栄養士，調理員

ウ 児童養護施設－児童指導員，嘱託医，保育士，個別対応職員，家庭支援専門相談員，栄養士，調理員

エ 児童心理治療施設－医師，心理療法担当職員，児童指導員，保育士，個別対応職員，看護師，家庭支援専門相談員，栄養士，調理師

オ 主として重症心身障害児を通わせる福祉型児童発達支援センター－嘱託医，看護師，児童指導員，心理担当職員，栄養士，調理員，児童発達支援管理責任者

① ア，イ，オ　② ア，ウ，オ　③ イ，ウ，エ
④ ア，ウ，エ　⑤ イ，エ，オ

**18** 次のア～オのうち,「児童福祉法」に規定されている児童福祉施設の組み合わせとして正しいものを，あとの①～⑤から１つ選びなさい。

(難易度■■■□□)

ア　少年院　　イ　特別支援学校　　ウ　助産施設
エ　児童自立支援施設　　オ　母子生活支援施設

①　ア，ウ，エ　②　イ，ウ，エ　③　イ，オ　④　エ，オ
⑤　ウ，エ，オ

**19** 「新しい社会的養育ビジョン」(厚生労働省)に関する記述として誤っているものを，次の①～⑤から１つ選びなさい。(難易度■■■□□)

①　里親委託率について３歳未満の子どもについては，おおむね３年以内に75％以上の実現を目指している。

②　施設での養育は，小規模・地域分散化された養育環境を整え，その滞在期間は，原則として乳幼児は数か月以内，学童期以降は１年以内とする。

③　特に就学前の子どもは，家庭養育原則を実現するため，原則として施設への新規措置入所を停止すべきである。

④　社会的養護に係わる全ての機関の評価を行う専門的評価機構を創設するとともに，アドボケイト制度の構築を行う。

⑤　社会的養護を受けている子どもに関しては定期的に意見を傾聴し，意見表明支援や代弁をする訪問アドボカシー支援などが可能になる子どもの権利擁護事業や機関を創設することが必要である。

**20** 次のア～オのうち,「児童福祉法」に示された都道府県の業務として正しいものの組み合わせを，あとの①～⑤から１つ選びなさい。

(難易度■■■□□)

ア　児童に関する家庭その他からの相談のうち，専門的な知識及び技術を必要とするものに応ずること。

イ　児童の保健について，正しい衛生知識の普及を図ること。

ウ　児童及びその家庭につき，必要な調査並びに医学的，心理学的，教育学的，社会学的及び精神保健上の判定を行うこと。

エ　児童の一時保護を行うこと。

オ　児童の健康相談に応じ，又は健康診査を行い，必要に応じ，保健指導を行うこと。

① ア，エ　② ウ，エ　③ ウ，オ　④ ア，イ，エ
⑤ ア，ウ，エ

## 解答・解説

**1** ⑤

解説

① 1891(明治 24)年に石井亮一によって設立された「孤女学院」(孤児のための施設)を，1897(明治 30)年日本で最初の知的障害児教育の専門施設の「滝乃川学園」として改修・改称したもので日本初の知的障害者の教育施設とされている。

② 家庭学校は，不良少年の感化施設として，留岡幸助によって 1899(明治 32)年に東京巣鴨に設立された。今日の児童自立支援施設の先駆けである。

③ 岡山孤児院は 1887(明治 20)年に石井十次によって設立された，今日の児童養護施設の先駆けである。

④ 柏倉松蔵は 1921(大正 10)年に日本初の肢体不自由児の療育のための施設である柏学園を東京小石川に開設した。整肢療護園は 1942(昭和 17)年に高木憲次により開設された肢体不自由児の療育施設である。

⑤ 正しい。1900(明治 33)年に野口幽香と森島峰によって，保育施設の先駆とされる二葉幼稚園(後，保育園)が東京の麹町に開設された。

**2** ③

解説

社会的養護とは，家庭で適切な養育が受けられない子どもを国や社会が養育する仕組みであり，施設養護と家庭養護の 2 種の類型がある。施設養護では，基本的に子どもたちは施設に入所して集団生活を送っており，そこに職員が通勤・住み込み等をする形態をとる。一方，家庭養護は養育者の住居等(養育者の生活拠点)で子どもを養育する形態をとる。なお，施設養護の中で可能な限り家庭的な環境を提供しようとする施設の分園であるグループホーム(地域小規模児童養護施設)や施設における小規模グループケアの導入をする取り組みのことを家庭的養護という。

① 乳児院は，保護者の養育を受けられない乳幼児を養育する施設。乳幼児の基本的な養育機能に加え，被虐待児・病児・障害児などに対応できる専門的養育機能も持つ。

② 児童養護施設の分園として運営されるグループホーム(地域小規模児童養護施設)はファミリーホーム(小規模住居型児童養育事業)と形態が似て

おり混同しやすいが，子どもたちが施設に居住しそこに職員が通勤・住み込みをする形態を取るので施設養護の位置づけとなる。

③ ファミリーホーム(小規模住居型児童養育事業)は，里親や児童福祉事業に携わったことのある養育者が5～6人の子どもたちを自身の生活拠点(住居等)で養育する家庭養護で，里親を拡大・事業化したようなものと考えると理解しやすい。

④ 児童自立支援施設は不良行為を行った子どもや行う恐れのある子ども，家庭の環境上の理由により生活指導などを要する子どもを対象とする施設である。

⑤ 児童心理治療施設は「家庭環境，学校における交友関係その他の環境上の理由により社会生活が困難となった児童を，短期間入所させ，又は保護者の元から通わせて，社会生活に適応するために必要な心理に関する治療および生活指導を主として行う」施設である。

 ④

解説

① 養育里親は，さまざまな事情により保護者と暮らせない子どもを一定期間，家族に迎え入れ養育する里親のことである。専門里親は，養育里親のうち一定期間の里親経験のある者や，児童福祉の分野に従事した経験のある者が，専門里親研修を受けて登録できる里親のことである。親族里親は擁護を必要とする子どもを三親等以内の親族が養育するものである。現在，短期里親の区分は省令上，廃止されて養育里親に含まれる形となっている。養子縁組里親は，将来的に養子縁組をすることを前提として，最低6か月以上の期間，子どもを養育する里親である。

② 現在，親族里親については研修の義務化はなされていない(任意で受けることは可能)。養子縁組里親については平成28年の児童福祉法改正により，研修が義務付けられることになった。

③ この内容は特別養子縁組に関するもの。特別養子縁組は原則として15歳未満までの子どもに対して行われる。

⑤ 家庭的養護とは，施設における小規模化の取り組み(グループホームや小規模グループケアの導入など)のことである。里親やファミリーホームは「家庭養護」に位置付けられる。

 ①

解説

②～⑤は2018(平成30)年の厚生労働省通知の別添として示された「フォスタリング機関(里親養育包括支援機関)及びその業務に関するガイドライン」にフォスタリング業務として定義されている。

5 ④

解説

① 記述は留岡幸助による家庭学校についての記述である。熱心なキリスト教徒であった石井十次は明治期に岡山孤児院を設立した。

② 国際障害者年には「障害のある人も地域であたりまえの生活を」というノーマライゼーションの理念が具現化され，日本においても施設整備中心の施策から在宅福祉施策へと転換が図られた。知的障害児施設数も年々減少している。

③ 1891(明治24)年に石井亮一によって孤女学院(孤児のための施設)を滝乃川学園と改装・改称し，知的障害児の教育施設とした。

④ 正しい。1993(平成5)年の「子どもの未来21プラン研究会報告書」で示唆された方針である。

⑤ 欧米では脱施設化やノーマライゼーションの考え方が浸透しており，養護の形は里親やグループホームなどの小規模なものが多くなっている。

6 ⑤

解説

① グループホームは2000年から制度化された児童養護施設の本体から分離した地域小規模児童養護施設の通称であり，施設養護に位置づけられる。

② 児童養護施設には虐待を理由に保育環境を得られない子どもが多く入所しており，近年は増加傾向にある。

③ 乳児院では主に1歳未満の乳児の養育を行うが，2004年の児童福祉法改正により年齢要件が変更され，必要に応じて小学校入学前の幼児も養育できることとなった。

④ 家庭裁判所などの決定により児童自立支援施設への措置を行っているのは児童相談所である。

⑤　正しい。

**7** ②

**解説**

**イ**　児童養護施設には，児童指導員，嘱託医，保育士，個別対応職員，家庭支援専門相談員，栄養士及び調理員並びに乳児が入所している施設では看護師を配置しなければならない。

**ウ**　保育所における保育士の数は，乳児おおむね3人につき1人以上，満1歳以上満3歳に満たない幼児おおむね6人につき1人以上，満3歳以上満4歳に満たない幼児おおむね20人につき1人以上，満4歳以上の幼児おおむね30人につき1人以上が必要である。

**オ**　児童指導員ではなく，少年を指導する職員を配置する必要がある。

**8** ④

**解説**

①　単親里親制度は1987(昭和62)年の改正で認定されている。

②　社会的養護を必要とする児童のうち，ファミリーホームを含む里親等に委託された割合(里親等委託率)は23.5％(2021(令和3)年度末)であり，依然低調である。

③　「児童福祉法」第6条の4に定められている。

④　正しい。2002(平成14)年の厚生労働省通知「里親の一時的な休息のための援助の実施について」により，レスパイト・ケアが制度化されている。なお，同通知は2012(平成24)年3月の改正により「里親の一時的な休息のための援助(レスパイト・ケア)実施要綱」と改題されている。レスパイト・ケアは，年7日以内とされていたが，改正により都道府県が必要と認める日数，委託児童を児童養護施設や他の里親に再委託することができるようになった。

⑤　厚生労働省ではなく，都道府県知事が正しい。

**9** ②

**解説**

①　国の方針として，施設養護から里親制度やファミリーホームなど，より本来の家庭に近い養護への移行が図られている。

②　適切。「児童福祉法」第6条の2の2第6項に規定されている。

③　被虐待児童にはより個別的で専門的な処遇が必要であるとの観点から，

里親制度やファミリーホームでの処遇が重要であると指摘されている。

④ 里親制度に対する理解は十分ではなく，乳児院を利用する児童数も増加傾向にある。

⑤ 地域移行とそのための支援が重要視されており，重度障害児や知的障害児は在宅者の割合が高く，近年はさらに増加傾向にある。

**10** ④

**解説**

① ほとんどの子どもは虐待さえなければ本来の養育者と一緒に生活したいと望む。援助者は子どもと養育者が関係を修復できるよう支援していくべきである。

② 子どもの意に反したり，子どもの権利が守られない場合は，親の同意を得て保護した場合でも面会や通信の拒否を行うことができる。

③ 子どもの前でのDV(ドメスティック・バイオレンス)行為や放置，好ましくないしつけも児童虐待である。

④ 正しい。同居人からの虐待や，それを知りながら放置することも児童虐待に含まれる。

⑤ 保護者が子どもの監護を著しく怠る行為は虐待とされる。それらの徴候に気付いた者は，虐待が事実か確認できなくても，児童相談所や市区町村の関係機関などに通報する義務がある。

**11** ③

**解説**

① 児童養護施設にも障害を持つ子どもが多く入所している。専門機関と連携を取りながら，子どもの発達や能力に合った日課や生活習慣を見つけていく。

② 子どもと話し合って日課を決め，家庭における日課と同様，ある程度柔軟性を持たせるべきである。

③ 適切。子どもが主体性を持ってのびのびと過ごせるよう働きかけるべきである。

④ 施設入所する子どもには少なからず心理的な不安がある。家庭環境や子どもの心の葛藤，欲求不満や怒り，寂しさなどの心理的な背景を知り，職員との信頼関係を深めながら徐々に周囲と協調的な人間関係を築けるよう支援する。

⑤ 「児童福祉施設の設備及び運営に関する基準」(第9条の3)に「身体的苦痛を与え，人格を辱める等その権限を濫用してはならない」と明記されている。

**12** ①

**解説**

① 正しい。

② スーパービジョンとは，対人援助職において指導的立場にある者(スーパーバイザー)から援助者(スーパーバイジー)がスキル向上等のために指導してもらうこと。

③ ホスピタリズムは施設で育った子どもが母親との接触や愛情関係を得られなかったために発育の遅れや情緒不安定などの症状を示し，成熟した後も人格の発達が不完全である状態のこと。施設症とも呼ばれる。

④ ノーマライゼーションとは，障害を持っている人も健常者と均等に，当たり前に生活するという福祉の理念である。

⑤ アタッチメントとは，乳幼児期に特定の養育者との間に形成される愛着関係のこと。

**13** ④

**解説**

アタッチメントの形成過程順に並べると，**エ**は生後2～3か月頃，**イ**は生後6か月頃，**ア**は生後7～8か月頃，**ウ**は生後1歳過ぎ頃である。もちろん成長に個人差はあるが，このような過程を経て愛着関係が形成される。愛着関係が形成されない場合はかえって親から離れられない場合がある。

**14** ①

**解説**

① 正しい。児童心理治療施設の利用には入所と通所があり，児童相談所が決定し措置する。

② 心理療法を担当する職員は，「児童福祉施設の設備及び運営に関する基準」に学校教育法の規定による大学(短期大学を除く。以下この項において同じ。)若しくは大学院において，心理学を専修する学科，研究科若しくはこれに相当する課程を修めて卒業した者又は同法の規定による大学において，心理学に関する科目の単位を優秀な成績で修得したことにより，同法第百二条第二項の規定により大学院への入学を認められた者で

あつて，個人及び集団心理療法の技術を有し，かつ，心理療法に関する一年以上の経験を有するものでなければならない。」と定められている。

③　ある程度年長の子どもにはカウンセリングも行われる。

④　児童心理治療施設では軽度の情緒障害児の社会的適応を図ることを目的とし，集団生活をしながら，一人一人の状況に合った個別の治療が行われる。

⑤　厚生労働省は児童心理治療施設を各都道府県に1施設以上設置することを求めており，施設数は年々増加している。全国に53施設(2020年)となっている。

 ③

解説

①　記述はリービングケア(退所準備)およびアフターケア(退所後のケア)についての説明である。レスパイト・ケアは里親が一時的に休息を必要とする場合，施設や他の里親に児童を再委託できる制度。

②　児童福祉施設入所児や里親委託児が高校進学を希望する際は，国から特別育成費が支給される。

③　正しい。大学への進学や，障害があることによりすぐに自立ができないなど特別な理由がある場合は満22歳まで延長できる。

④　自閉症児はやり方を変更せず継続的に行えるような作業活動に適性があるとされる。

⑤　記述は児童自立支援施設についての説明である。自立援助ホームは，義務教育終了後，他の社会的養護(児童養護施設，里親，児童自立支援施設など)の措置を解除された15歳から20歳未満(状況によっては22歳になる年度の末まで)の者に対して，共同生活を営む住居においての相談，その他の日常生活の援助，生活指導，就業の支援等を行う事業のことである。

16 ①

解説

①　適切。数人がチームを組んで援助する際，子どもの本来の姿を把握するためにも記録は大切である。また，援助サービスを記録に基づいて評価することは，サービスを向上させていくために不可欠である。

②　子どもの権利ノートは，施設での意志表明権や知る権利などについて

知るために子ども自身に配布される。

③　子どもの心身の安全が優先され，客観的に判断されなければならない。児童相談所が，家族分離が必要と判断した場合は措置や面会・通信の制限ができる。

④　実践したプログラムの評価を必ず行い，うまく展開しないときには問題点を明確化し，展開のしかたを点検し，変更していく。

⑤　グループワークも行われる。一人一人のニーズに応じた援助が基本であるが，集団がもつ力動性，ピアカウンセリングの機能，社会性獲得のための集団遊びなどの役割も大きい。

 ④

解説

**イ**の児童自立支援施設には児童の遊びを指導する者ではなく児童自立支援専門員を，**オ**の主として重症心身障害児を通わせる福祉型児童発達支援センターには心理担当職員ではなく看護師を配置しなければならない。したがって解答は**ア**，**ウ**，**エ**の④である。

18 ⑤

解説

**ア**の少年院は「少年院法」，**イ**の特別支援学校は「学校教育法」に規定されている。**ウ**，**エ**，**オ**は「児童福祉法」で規定されている。助産施設は保健上必要があるにもかかわらず，経済的理由により入院助産を受けることができない妊産婦を入所させて，助産を受けさせることを目的とする。児童自立支援施設は不良行為をなし，又はなすおそれのある児童及び家庭環境その他の環境上の理由により生活指導等を要する児童を入所させ，又は保護者の下から通わせて，個々の児童の状況に応じて必要な指導を行いその自立を支援し，あわせて退所した者について相談その他の援助を行うことを目的とする。母子生活支援施設は母子家庭の母と子を入所させ，これらの者を保護するとともに，自立の促進のためにその生活を支援し，あわせて退所した者には相談その他の援助を行う施設である。したがって解答は⑤である。

 ①

**解説**

3歳児未満の子どもについては，おおむね5年以内に75％以上の実現を目指している。

 ⑤

**解説**

**ア**，**ウ**，**エ**は，児童福祉法第11条第2項に規定されている。**イ**，**オ**は児童福祉法第12条の6に保健所の業務として示されている。

# 第12章

# 専門試験
# 保育実習理論

## POINT

### 1. 保育所・児童福祉施設における保育

#### 保育所における保育

保育所における保育は，「**保育所保育指針**」についてよく理解しておく必要がある。各年齢の発達や発達に応じたねらいなどは特にしっかり覚えておきたい。それぞれの違いや使用している言葉の違い(例えば，「特定の保育士」と「担当の保育士」)など細かな点にも注意をしたい。

#### 児童福祉施設における保育

児童福祉施設における保育は，「**児童福祉施設の設備及び運営に関する基準**」や「**児童養護施設運営指針**」についてよく理解しておく必要がある。それぞれの施設の運営指針や特徴をしっかりと押さえておきたい。幼稚園と保育所の違いはもちろんのこと，認定こども園や子育て支援などについても確実に覚えておきたい。

### 2. 保育と実習

指定保育士養成施設では，原則在学中に三回実習をすることになる。ただ，養成施設による名称と位置づけの違いもあるので注意したい。

一回目　必修の保育所
二回目　必修の施設
(二度の実習は順序が反対でも構わない。)
三回目　保育所か施設を選択

#### 保育実習

保育所での実習に臨む際は，実習生も保育者と同様に子どもの人権や子どもの最善の利益に配慮することが求められる。また，**プライバシー**などに留意して，**守秘義務**を守ることも求められる。

実際には，実習先で実習生にできることは限られている，下記のようなことに注意をしながら実習に臨むことが大切である。

① 常に保育者と連携を取り，子どもに関する情報は必ず報告，共有するようにする。

② 実習日誌(「実習ノート」「実習録」など，養成校によってその呼称は異なる)を記入する際は，実習の段階にふさわしい目標を設定し，記録をしていく。

③ 実習日誌に記録される所見を参考にし，日々の実習に役立てていく。

### 施設実習

保育所以外の児童福祉施設(具体的には，乳児院，母子生活支援施設，児童養護施設など)，あるいはその他の障害者支援施設の中から施設実習先を選ぶことになる。どの実習先を選んでも，下記のようなことに注意をしながら，実習に臨むことが大切である。

① どの施設であろうと，児童との信頼関係を築き，児童にとって最も信頼できる存在になれるよう努める。

② 自分自身が配属された施設を含む，各種の施設実習先についてその法的根拠を確認しておく。

③ 実習日誌をまとめる際，当該施設に係る最低設置基準にも注意しておく。

## 3. 保育実技

### 音楽

音楽は，子どもたちに音楽の楽しさを伝えると同時に，子どもたちの想像力や表現力の向上，他の友達と共有することの楽しさなど，さまざまな効果をもたらすことができる。どのような出題がされても対応できるよう下記のこと等に注意をしておきたい。

・楽譜に示された反復記号を見落とさないように気を付けたい。

・移調は音程を理解すれば確実に解くことができる問題である。楽譜で示された音符と鍵盤の位置が一致することも大切である。移調の方法とともに，音階やコードについても確認しておきたい。

・楽譜の「調」を確認できるよう，調号の数が３つまでの調名と主音は覚えておきたい。

・楽語(音楽用語)は基本的にイタリア語が用いられる。速度記号や発想記号などの用語の他，強弱記号や臨時記号は頭に入れておきたい。

## 造形

造形は音楽同様，子どもたちの自由な想像力や表現力，五感の育成，感性の発達など，さまざまな効果をもたらすことができる。また，描画表現と発育の順序など，実際に保育を行う上で覚えておくとよい事項も多い。どのような出題がされても対応できるよう下記のこと等に注意をしておきたい。

・描画表現の発達段階の名称とその時期の特徴は覚えておきたい。
・画材や用具の種類とその安全管理についてはしっかりと理解しておきたい。
・色の相関と補色，明度や彩度に関しては頭に入れておきたい。

## 演習問題

**1** 次の楽譜を演奏すると何小節になるか，あとの①～⑤から１つ選びなさい。（難易度■■□□□）

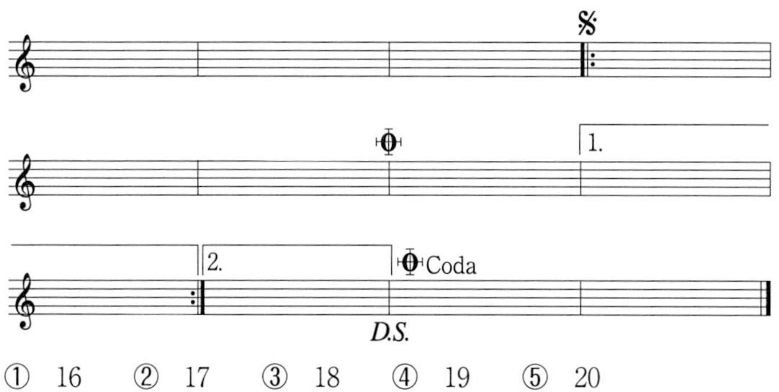


① 16　② 17　③ 18　④ 19　⑤ 20

**2** 次のア～エを子どもの一般的な言語発達の順に並べたものとして適切なものを，あとの①～⑤から１つ選びなさい。（難易度■■□□□）

ア 「ブーブ」「マンマ」など１つの単語で自分の気持ちを伝えようとする。
イ 助詞や簡単な接続詞を使えるようになる。
ウ 「ワンワン　キタ」など二語文を話し始める。
エ 喃語と呼ばれる，泣き声とは異なる音声を意識的に発するようになる。

① ア － エ － イ － ウ
② ア － エ － ウ － イ
③ イ － ア － エ － ウ
④ ウ － ア － イ － エ
⑤ エ － ア － ウ － イ

**3** 次の表は，保育所・幼稚園・認定こども園の特徴をまとめたものである。この表を完成させるのにア～オに当てはまる語句を以下のA～Hから選ぶとき，適切な組み合わせを，あとの①～⑤から１つ選びなさい。（難易度■■■■□）

| | 保育所 | 幼稚園 | 認定こども園 |
|---|---|---|---|
| 対象者 | 保育を必要とする乳児・幼児 | 満3歳から小学校就学の始期に達するまでの幼児 | ア |
| 目的 | イ | 幼児を保育し，適当な環境を与えて，心身の発達を助長する | ウ |
| 一日の保育時間 | エ | 4時間を標準とする | オ |

A　保育を必要とする乳児・幼児

B　満3歳から小学校就学の始期に達するまでの幼児

C　0歳児から満6歳の小学校就学の始期に達するまでの乳幼児

D　幼児教育と保育を一貫して行う

E　保育を必要とする乳児，幼児を保育する

F　原則8時間

G　4時間を標準とする

H　実態に応じて

① ア－A　イ－E　ウ－D　エ－F　オ－H

② ア－B　イ－D　ウ－E　エ－G　オ－H

③ ア－B　イ－E　ウ－D　エ－F　オ－G

④ ア－C　イ－D　ウ－E　エ－G　オ－H

⑤ ア－C　イ－E　ウ－D　エ－F　オ－H

**4** 次の文は，粘土に関する説明である。(　A　)～(　D　)に当てはまる適切な語句の組み合わせを，あとの①～⑤から1つ選びなさい。

(難易度■■■□□)

(　A　)…乾燥するとかたくなり，水を加えるとやわらかくなるが，乾燥が速いので，ビニール袋にくるむか，ポリバケツに入れて保存する。焼きものにでき，その場合は着色も可能。

油粘土…乾燥しないで何度でも使えるが(　B　)によってかたさが変わる。保存は粘土ケースを使う。(　C　)をはじくので，着色は不可能である。

（ D ）…1～数時間のうちに表面がかたくなり，着色ができるようになる。芯材に牛乳瓶，空き缶など身近なものが使える。ぬれぶきんか，ビニール袋に入れて保存する。

① A－紙粘土　B－湿度　C－油　D－油粘土
② A－紙粘土　B－温度　C－水　D－小麦粉粘土
③ A－土粘土　B－温度　C－水　D－紙粘土
④ A－小麦粉粘土　B－湿度　C－水　D－紙粘土
⑤ A－土粘土　B－湿度　C－油　D－油粘土

**5** 3歳未満児の保育において，担当の保育士が交代する場合に留意すべきこととして最も適切といえるものを，次の①～⑤から1つ選びなさい。

（難易度■■□□□）

① 担当が交代することを事前に保護者に伝え，保護者から承諾を得ることが義務づけられている。
② 発達過程における個人差が大きな時期であるため，特に配慮を必要とする関わりについては，十分に話し合う必要がある。
③ 乳児にとってさまざまな人と関わるよい機会となるため，一人一人の保育士の特性を生かすような保育を工夫し，保育士の関わり方が画一的にならないようにする。
④ 生育歴や発達過程等の情報の引き継ぎは行う必要があるが，その他はあくまでも現在の状況を見て判断するようにする。
⑤ 新しい担当保育士等との関係が十分に築かれるまでは，周囲の職員も新しい担当者とともに保育にあたる。

**6** 次のア～オを対人関係の発達段階が早い順に並べたものとして適切なものを，あとの①～⑤から1つ選びなさい。　（難易度■■■□□）

ア 養育者に対する反応を示すようになる。
イ 物の取り合いなどの原因でケンカをするようになる。
ウ ほかの子どもに対する反応を示すようになる。
エ 友だちとの遊びを喜ぶようになる。
オ 自分で物を扱いながら遊べるようになる。

① ア － イ － ウ － オ － エ
② ア － ウ － オ － イ － エ

③ ウ － ア － イ － オ － エ
④ ウ － オ － ア － イ － エ
⑤ ウ － ア － オ － エ － イ

**7** 保育士と子どもとのかかわりに関する記述として適切でないものを，次の①～⑤から１つ選びなさい。 (難易度■■■□□)

① ６か月未満児とのかかわりにおいては，愛情深い信頼関係を築くため，特定の保育士が担当する。

② 保育士は，愛情・知性・技術をもって子どもに接し，同時にこちらから積極的に働きかけ，一般的な基準に合うように子どもを指導していく。

③ ６か月から１歳３か月未満児とのかかわりにおいては，子どもひとりひとりの欲求に応え，愛情をこめて，応答的にかかわる。

④ １歳３か月から２歳未満児とのかかわりにおいては，子どもの生活の安定を図りつつ，子どもの何でも自分でしようとする気持ちを尊重する。

⑤ 保育士は，人間を尊重する心，人格を尊重することなどに留意する。また，保育士には守秘義務がある。

**8** 次の文は，障害児への接し方に関する説明である。空欄( A )～( D )に入る語句の組み合わせとして適切なものを，あとの①～⑤から１つ選びなさい。 (難易度■■■□□)

・肢体不自由児には，可能な限り，( A )ようにする。
・知的障害児には，可能な限り( B )に関する指導を第一にする。
・目の不自由な幼児は，手をつなぐか，腕を軽くつかんで，その子どもの( C )を歩くようにする。
・耳の不自由な幼児には，( D )が見えやすい位置に立つ。

① A－自分でできる　B－身辺的自立　C－半歩前　D－口元
② A－自分でできる　B－認知能力　C－右側　D－指
③ A－手伝う　B－身辺的自立　C－半歩後ろ　D－口元
④ A－手伝う　B－身辺的自立　C－半歩前　D－指
⑤ A－手伝う　B－認知能力　C－右側　D－口元

**9** 言葉を育てる保育活動に関する記述として適切でないものを，次の①～⑤から１つ選びなさい。 (難易度■■■□□)

① ストーリーテリングはいわゆる「おはなし」。テキストを覚えた保育士が子どもたちの前で語るというものである。

② パネルシアターは，ホワイトボードに水性マーカーで描いた絵やマグネットで貼った絵にお話をつけていくもので，保育士と子どもたちの共同作業で行われる。

③ 言葉遊びは，しりとり遊びや早口ことば，伝言遊びなどがある。絵カードや人形を併用すると言語活動がより活発になる。

④ ペープサートは，絵に棒をつけて固定したものを上下左右に動かして用いる。絵は裏表で別の絵を貼ることで，4場面の操作もできる。

⑤ 絵本は保育士が絵を子どもに見せ，文字を読んで聞かせる。別の世界への冒険や追体験も可能である。

**10** 幼児に話を聞かせるときの配慮として適切なものを，次の①～⑤から1つ選びなさい。 (難易度■■■□□)

① きちんと聞かせるために，発音・発声に気をつかい，部屋の広さにかかわらず，できる限り大きな声で話すようにする。

② 一度聞かせた話をくり返すことは避け，新しい話を次々に聞かせる。

③ わざとらしい身振りや言葉使いは避け，素直で自然な話し方を心がける。

④ お話や語りをおこなうとき，その登場人物になりきることがよい表現なので，保育士は本気でキャラクタリゼーションを行う。

⑤ 話を聞かせた後は，幼児が内容をどのくらい理解できたか必ず確かめる。

**11** 音楽分野の教育に関する記述として適切なものを，次の①～⑤から1つ選びなさい。 (難易度■■■□□)

① 声域は，幼児期にあっても一人ひとり違うので，全員で斉唱することは避ける。

② 動きのリズムの楽しみ方を教えるため，教師がまず動きの手本を示す。

③ 幼児に音楽を聞かせるときは，いわゆる幼児向けの歌やにぎやかな曲だけを選ぶ。

④ 楽器の音色の美しさを楽しませるとともに，楽器をていねいに扱うことも教えなければならない。

⑤　リズミカルな集団遊びには,「ずいずいずっころばし」など，わらべ歌の遊びもあるが，その遊び方は昔ながらのものを教えなければならない。

**12** 次のA～Dの美術用語とそれに関連した記述である以下のア～オの組み合わせとして正しいものを，あとの①～⑤から１つ選びなさい。

(難易度■■■□□)

A　フロッタージュ　　B　コラージュ　　C　マーブリング

D　バチック

ア　外からは見えないものを描く表現

イ　紙や布を切り抜いて組み合わせた絵の画法

ウ　木目など凸凹のあるものに紙を当て，その上からクレヨンや色鉛筆などでこすり，その凸凹を写し取る方法

エ　クレヨンで描いた上に絵の具を重ねる画法

オ　水面に墨汁や絵の具を溶いた液を浮かべ，そこに紙を伏せてマーブル(大理石)のような模様を写し取る技法

①　A－ウ　B－イ　C－オ　D－エ
②　A－エ　B－イ　C－オ　D－ア
③　A－イ　B－ウ　C－エ　D－ア
④　A－ウ　B－エ　C－イ　D－オ
⑤　A－エ　B－ア　C－イ　D－オ

**13** 次の曲はA～Cのいずれかの調である。また，この曲をト長調に移調するとア～エのいずれかとなる。ト長調に移調する前の調と，移調した後の調の組み合わせとして正しいものを，あとの①～⑤から１つ選びなさい。

(難易度■■□□□)

A　ニ長調　　B　変ロ長調　　C　ヘ長調

ア

① A－ア　② B－イ　③ C－エ　④ A－ウ　⑤ B－ア

**14** 次のA～Cは，ある曲の歌いはじめの部分である。歌とその歌の内容の組み合わせとして適切なものを，あとの①～⑤から1つ選びなさい。

(難易度■■■■□)

ア　星に関連した歌　　イ　生物をテーマにした歌
ウ　春をテーマにした歌　　エ　植物をテーマにした歌
オ　年の瀬の行事に関連した歌

① A－ア　B－イ　C－オ
② A－イ　B－エ　C－ウ
③ A－ウ　B－オ　C－イ
④ A－エ　B－イ　C－ア
⑤ A－オ　B－ア　C－イ

**15** 次の文は幼児の造形活動の発達段階を示した説明である。空欄( A )～( E )に当てはまる言葉を以下の語群から選ぶとき，組み合わせとして適切なものを，あとの①～⑤から1つ選びなさい。

(難易度■■■□□)

・誕生～1歳ごろ－( A ):幼児が周囲にあるものを手あたり次第いじっていく自発的活動の時期。こうした活動が後の造形活動の土台となる。

・2～3歳ごろ－( B ):表現が記号として意味をもつ以前の段階で，手の運動で不定形の線を描く。絵としての意味はもたない線がきである。

・3～4歳ごろ－命名期，象徴期:( C )

・5～6歳ごろ－( D ):多少なりとも，それらしく描くようになり，並べ描き，重ね描きもしばしば行われる。

・5～6，7歳ごろ－図式期:( E )

〔語群〕

ア　乱画期，なぐりがき期　　イ　前図式期

ウ　写実期　　エ　いじくり期

オ　表現が記号としての意味を持ち，できあがった作品に何らかの意味づけを行う。

カ　表現がしだいに実物に近づくが，あくまでも思ったまま，知ったままを絵にする時期である。

キ　表現しようとする対象とその表現が一致してくる。

① A－ア　B－エ　C－オ　D－イ　E－キ

② A－エ　B－ア　C－オ　D－ウ　E－カ

③ A－エ　B－ウ　C－キ　D－ア　E－オ

④ A－イ　B－ア　C－カ　D－エ　E－キ

⑤ A－エ　B－ア　C－オ　D－イ　E－カ

**16** 次のア～オの幼児期の手腕運動について，発達段階の早い順に並べたものとして適切なものを，あとの①～⑤から1つ選びなさい。

(難易度■■■□□)

ア　円・正方形の模写。はさみが使えるようになる。

イ　手の届くものを持って遊ぶ。

ウ　三角形を模写。箸をうまく使える。積み木を速く正確に揃えて積める。

エ　なぐりがきをする。積み木を2，3個積める。

オ　ひし形の模写。のこぎりが使える。

① イ － エ － ア － ウ － オ
② イ － ア － エ － ウ － オ
③ エ － イ － ア － オ － ウ
④ エ － イ － ウ － ア － オ
⑤ イ － ア － ウ － エ － オ

**17** バイステックのケースワークの原則に関する記述として不適切なものを，次の①～⑤から１つ選びなさい。　(難易度■■■□□)

① クライエントは，ケース，典型例，あるいはある範疇に属する者などとして対応されることを望まない。彼らは一人の個人として迎えられ，対応してほしいと望んでいる。

② クライエントは，否定的な感情と肯定的な感情，そのどちらをも表現する必要性を持っている。これらの感情には，恐れ，不安，怒り，憎しみ，自分の権利が侵害されているという感情などが含まれる。

③ クライエントは，依存しなければならない状態に陥ったり，弱さや欠点をもっていたり，失敗を経験しているとしても，一人の価値ある人間として，あるいは生まれながらに尊厳を持つ人間として受けとめられたいというニーズを持っている。

④ クライエントは，彼らの感情表現に対して，ケースワーカーから共感的な理解と適切な反応を得たいと望んでいる。

⑤ クライエントは，自分の人生に関する選択と決定を誰かに代行してもらいたいとするニーズを持っている。彼らは，ケースワーカーから援助されたいのではなく，命令を求めている。

## 解答・解説

④

**解説**

縦線を使った反復記号のほか，ダルセーニョ(*D.S.*)，コーダ(Coda)の記号が正しく読み取れるかを問う問題。𝄆と𝄇，𝄋と*D.S.*は，基本的に起点と終点を示す記号のセットで，終点まで演奏したら，対になっている起点まで戻って演奏する。縦線を使った反復記号にはこの問題のようにかっこ1とかっこ2が書き添えられている場合があるが，かっこ1の小節は反復の1回目のみ，かっこ2の小節は反復の2回目のみ演奏する。楽譜どおりに演奏すると，「1，2，3，4，5，6，7，8，9，4，5，6，7，10，4，5，6，11，12」の順の19小節となる。

⑤

**解説**

**ア**は1歳～1歳半，**イ**は3～4歳，**ウ**は1歳半～2歳，**エ**は0～1歳の子どもの言語能力に関する記述である。「アー」や「バブバブ」「ウー」などの喃語は，生後6か月ごろにはさらに盛んになり，1歳～1歳半には「ブーブ」「マンマ」などの片言が現れ，それらの単語1つで自分の欲求を伝えようとする。その後1歳半～2歳で二語文を話すようになる。2歳半以降は，言葉の記憶の広がりとともに，知識欲も出てくる。また，子どもは大人の真似をし，会話をすることで語彙を増やしていくので，保育者としては子どもへの適切な声かけを心がけたい。

⑤

**解説**

保育所・幼稚園・認定こども園の差異に関しては，設問のほかにも，関係法，管轄庁，設置者，保育内容の基準について確認しておきたい。認定こども園に関する記述の選択に迷ったときは，認定こども園は保育園・幼稚園のいいところだけを取り入れたようなものを選べばよい。**ア**の設問なら，保育の必要のあるなしにかかわらず，乳児も幼児も対象者とする**C**が正しい。また，「目的」と「対象者」は密接な関係にあり，**イ**は**E**，**ウ**は**D**となる。一日の保育時間は，保育所が原則8時間，認定こども園が「実態に応じて」となっており，仕事を持つ保護者の勤務中，子どもを保育することが考慮されている(2015年度より児童福祉法施行規則の一部改正により,「保育に欠ける」は「保育を必要とする」という表現で運用されている)。

 ③

**解説**

上から順に,土粘土,油粘土,紙粘土に関する記述である。土粘土は,形を作るのが比較的難しいので,幼児が使うのは油粘土や,芯材の使える紙粘土が多い。また,着色するかどうかもポイントで,何度も作り直して遊ぶだけで着色はしないなら油粘土,何らかの形を作って着色するなら紙粘土と,その特性に応じて使い分けるようにするとよい。紙粘土の場合,ニスやラッカーで仕上げることもできる。保存に使うのは,土粘土がビニール袋かポリバケツ,油粘土が粘土ケース(油を吸う紙などでくるまないように注意),紙粘土がぬれぶきんかビニール袋である。なお,ぼろぼろになってしまうので,土粘土と紙粘土は凍結させないように注意する。

**5** ②

**解説**

① 担当が替わることを保護者に伝え,お互いの情報を交換することで保護者に安心してもらえるようにする。承諾を得る義務は定められていない。
② 適切。
③ 子どもが不安にならないよう,それまでの経験や発達の状態などに関する情報を職員間で共有し,関わり方が大きく変わらないように注意する。
④ ③の通り,生育歴や発達過程のほか,それまでの経験,生活や遊びのなかでの乳児の様子などについても情報を共有する。
⑤ 新しい担当保育士等を安全基地としながら,少しずつさまざまな人と関わっていけるよう,職員全員で温かく見守っていく。

**6** ②

**解説**

標準的な発達をしている子どもの場合,生後2か月で**ア**,10か月で**ウ**,1歳で**オ**,3歳で**イ**,4歳で**エ**の行動が見られる。ほかの子どもと仲良く遊べるような社会性が身につくまでには,他者を認識するようになる→自分のものと他人のものの区別がつき,自己主張をするようになる→他者との折り合いをつけられるようになるといった段階を通る。その点,3歳児クラスなどで物の取り合いなどでケンカが起きるのは，幼児の発達段階からして仕方のないことではあるが，ケンカがエスカレートして互いに傷つけ合うことのないよう，さらに，親同士の対立にまでつながることのないよう，保育士は子どもたちを見守り，状況に応じて声をかけるようにしなくてはならない。

**7** ②

**解説**

① 適切。この時期は特定の保育士とのかかわりが基本的な信頼関係の礎となるので，担当制の導入などによる工夫が必要。

② 適切ではない。一般的な基準に子どもを合わせるために働きかけるのではなく，発達の個人差を理解し，子ども自身が自発的かつ能動的に活動できるよう支援するのが保育である。

③，④ ともに適切。この時期はまだ安定してかかわれる大人を必要とするので，特定の保育士とのかかわりは大切である。また，気持ちをうまく伝えられない，思い通りにいかないなどのことで子どもは大人が困るようなことをすることもあるが，それも発育過程のひとつと理解する。

⑤ 適切。保育士には守秘義務があり，それは保育士でなくなった後も同様である。

**8** ①

**解説**

A 肢体不自由だからとすべて手伝うのではなく，不自由でない部分を使って，自分でできるよう指導する。

B 排泄，食事など知的障害児の身辺的自立は，本人にとっても，保護者など周囲の人間にとっても，大きな価値がある。

C からだが接触するぐらいの距離を保ちつつ，障害児の半歩前に立って，行き先を案内するようにすると，障害児は安心感が得られる。

D 何かを言おうとしていることが耳の不自由な子どもに伝わるのを第一とする。指が見えるようにすれば手話を理解しやすいと考えがちだが，手話は身振りも含めたものであり，指が見えやすければいいというものではない。また，幼児が手話を理解できるとは限らない。

**9** ②

**解説**

① 適切。絵が言葉のイメージを補ってくれるものと違い，想像力を育て

るといわれている。

② 適切ではない。パネルシアターはパネルをはった板に専用の不織布で作った人形などを置いたり取り除いたりしてストーリーを展開させる。歌を楽しむこともでき，類似のものにエプロンシアターがある。

③ 適切。言葉遊びは思考力を高める方法でもある。他の教材も活用し，子どもたちに言葉への関心興味を持たせるようにする。

④ 適切。ペープサートは英語のpaper puppet theaterを縮めた言い方で，紙人形劇のこと。絵は自分で描くほか，不要になった絵本などを再利用することもできる。子どもも製作段階から参加でき，興味を持つ教材である。

⑤ 適切。ただし，絵本は発達段階に応じたものの選択が大切である。

 ③

解説

① 部屋の広さと子どもの人数に合った音量で話すのが望ましい。人間の体自体が音を吸収することも計算に入れる。

② 子どもは気に入った話を何度でもせがむが，丁寧に応じるのが望ましい。

③ 適切。保育士は通常の自分の声に自信をもって話し，作り声や，妙にゆったりした話し方など，わざとらしい演出は避けるべきである。

④ 大人が本気でキャラクタリゼーションを行うと，子どもには異常なものや怖いものに映ることがある。

⑤ 話を聞かせることは，子どもたちが楽しめることを主眼とする。上記のほかにも，お話をするには，「話の長さを，そのときの幼児の状態を見て加減する」「話を選ぶときは，内容が単純で面白く，筋が反復するものを選ぶ」ことが求められる。

11 ④

解説

① 幼児が無理なく歌えるように，極端な高音域や低音域が含まれる歌は避けなくてはならないが，斉唱すること自体に問題はない。

② 子どもは先生と同じ動きをしたがるものである。動きのリズムには，いろいろな楽しみ方があってよいので，見本を最初に示すことは慎む。

③ 将来，様々な音楽を楽しめるようになるよう，聞かせる音楽には極力

バラエティをもたせる。

④　正しい。楽器の片付け方なども徐々に教えていくとよい。

⑤　わらべ歌の遊び方は，地域などによっても違う。いろいろな遊び方があってよい。幼児教育においては，音楽はその発達段階に応じて自由に楽しむのを主眼とする。画一的な楽しみ方を押し付けたりするのは禁物である。

①

**解説**

正解は①だが，基本的な美術用語は自分なりにまとめておきたい。正答に使われなかった選択肢アは，レントゲン表現と呼ばれるもので，幼児の描いた絵に多く見られ，車の中やポケットの中など，物理的には見えないものが描かれる。また，Aのフロッタージュには「こすりだし」，Dのバチックには「はじき絵」という別称があるので，注意しよう。このほか頻出用語として，色の三属性(明度，彩度，色相，色の三要素ともいう)，補色，光の三原色，モンタージュ(写真を使った貼り絵)，スクラッチ技法(紙を明るい色のクレヨンで塗り分け，その上を黒のクレヨンで塗りつぶし，あとから釘などとがったもので引っかいて〈スクラッチ〉，下のクレヨンの色を生かしながら絵を描く技法)などがある。

①

**解説**

移調とは，曲やメロディの音程を変えずに別の調に移すことをいう。歌い手の声域に合わせて移調すると歌いやすくなるので，幼児教育の現場においてはしばしば行われる。調は，どの音を主音とするかによって決まる。この問題に使われているボヘミア民謡の「ぶんぶんぶん」の楽譜は，ニの音，すなわちレを主音とするニ長調で書かれている。**ア**はト長調(ソが主音)，**イ**はハ長調(ドが主音)，**ウ**はヘ長調(ファが主音)，**エ**は変ホ長調(ミが主音)である。

④

**解説**

幼児がよく歌う歌は，楽譜を見てどの曲かわかるようにしておきたい。

A　「どんぐりころころ」(青木存義作詞・梁田貞作作曲)はどんぐりがテーマの歌。ストーリー性があり，一年中歌われるが，特に，どんぐりの実がとれる秋に，可愛らしいどんぐりの絵を掲示しながら取り上げるとよい。

B 「かたつむり」は文部省唱歌。梅雨の雨降りとアジサイなど，季節感を感じさせるものとともに取り上げる。

C 「きらきら星」(武鹿悦子作詞・フランス民謡)は夜空の星を取り上げた歌。一年中とりあげることができ，音域もあまり広くなく，リズムパターンも簡単で，幼児には歌いやすい。リズムパターンを様々に変えて歌い，リズム遊びに誘導することもできる。そのほか，簡単な手の動きで星の瞬きを表現するのもよい。

 ⑤

解説

A 誕生から1歳ごろまではいじくり期と呼ばれる。「幼児が周囲にあるものを手あたり次第いじる」ということは，「何でも口にいれてみる」ということにつながるので，口に入れると危険なものは幼児の周囲からなくしておく配慮も必要である。

B 2～3歳ごろは乱画期，なぐりがき期と呼ばれる。

C 3～4歳ごろの命名期，象徴期には，表現が記号としての意味を持ち，子どもは自分の作品に何らかの意味づけを行う。

D, E 5～6歳ごろは前図式期と呼ばれ，7歳ごろの子どもまでが含まれる図式期には表現がしだいに実物に近づくが，あくまでも思ったまま，知ったままを絵にする時期でもある。学齢期に入って，写実期を迎え表現しようとする対象とその表現が一致してくる。

 ①

解説

幼児期の手腕運動は次のような発達段階をたどる。設問で扱っているのは，**ア**－3歳児，**イ**－6か月児，**ウ**－5歳児，**エ**－18か月児，**オ**－6歳児の発達段階である。また，上記以外に，次のような発達段階が認められる。3か月児：静止物に手が届く。8～9か月児：手指で物を把握する。12か月児：クレヨンの握り持ちができる。2歳児：模倣して縦線を引く。積み木を押し付けるようにして5，6個積める。4歳児：積み木を押し付け式なしに積める。はさみで形を切り抜く。クレヨンを正しく持てる。保育士は，以上の発達段階を念頭に，子どもの表現する意欲を十分に発揮させられるように環境の整備などを図るようにする。

⑤

解説

バステック(Felix Biestek)が提唱した七原則は，施設における支援者の基本である。「クライエントは，自分の人生に関する選択と決定を自ら行いたいとするニーズを持っている。彼らは，ケースワーカーから命令されたいのではなく，援助を求めている」が適切な第六原則である。因みに，第五原則では「クライエントを一方的に非難しない」，第七原則では「秘密を保持して信頼感を醸成する」ことが求められる。

# 第13章

# 専門試験
# 保育内容

## POINT

### 1．保育所保育における保育

平成29年に告示された保育所保育指針では，第1章「総則」の中で,「1　保育所保育に関する基本原則」,「2　養護に関する基本的事項」,「3　保育の計画及び評価」「4　幼児教育を行う施設として共有すべき事項」について記述されている。

第2章以降の内容はすべて第1章を基礎として記述されているため，第1章は保育所保育指針の核となる箇所である。特に下線部分は，保育所保育指針内で何度も説明される内容であるので，要点を押さえておきたい。

保育所保育指針(抜粋)

1　保育所保育に関する基本原則

(1)保育所の役割

ア　保育所は，児童福祉法(昭和22年法律第164号)第39条の規定に基づき，①保育を必要とする子どもの保育を行い，その健全な心身の発達を図ることを目的とする児童福祉施設であり，入所する子どもの最善の利益を考慮し，その福祉を積極的に増進することに最もふさわしい生活の場でなければならない。

イ　保育所は，その目的を達成するために，保育に関する専門性を有する職員が，②家庭との緊密な連携の下に，子どもの状況や発達過程を踏まえ，保育所における環境を通して，③養護及び教育を一体的に行うことを特性としている。

ウ　保育所は，入所する子どもを保育するとともに，家庭や地域の様々な社会資源との連携を図りながら，入所する子どもの保護者に対する支援及び④地域の子育て家庭に対する支援等を行う役割を担うものである。

エ　保育所における保育士は，児童福祉法第18条の4の規定を踏まえ，保育所の役割及び機能が適切に発揮されるように，⑤倫理観に裏付けられた専門的知識，技術及び判断をもって，子どもを保育するとともに，子どもの②保護者に対する保育に関する指導を行うものであり，その職責を遂行するための専門性の向上に絶えず努めなければならない。

近年の保育の背景では，下線①から⑤の部分に特に注目が集まっている。

**〈保育を必要とする子どもの保育(①)〉**

「保育を必要とする子どもの保育」を行うことが保育所の目的と記述されているが，改定前は「保育に欠ける子どもの保育」という表現であった。これは共働きなどの家庭の子どもを指すが，共働きでなくても「保育が必要」である子どもであれば誰でも保育を受ける権利があるという視点に変化した。質の高い乳幼児保育・教育が，子どもの将来に良い影響を及ぼすという国内外の様々な研究結果の成果でもある。

**〈家庭との緊密な連携(②)〉**

乳幼児への虐待などの不適切な養育をする保護者や子育ての技術が未熟である家庭に対し，保育所が家庭と共に子育てをし，保護者自身が子育ての喜びを感じられるように支援することが重要視されている。

**〈養護及び教育を一体的に行う(③)〉**

養護については今まで通りであるが，教育については保育所も幼稚園と同様に「幼児教育を行う施設」として位置付けられ，さらに養護と教育が一体となって保育が展開されていることを理解しておきたい。

**〈地域の子育て家庭に対する支援等(④)〉**

在園児の保護者だけでなく，在園外の地域の子育て支援をすることが保育所の役割となっている。保育所は地域の子育て支援の拠点となることが重要であり，地域の子育て家庭を園に招いて一緒に行事を楽しんだり，近隣の公園で出前保育を行い，地域の子育て家庭と一緒に遊びを楽しんだり，相談にのったりする活動等がなされている。

**〈倫理観に裏付けられた専門的知識，技術及び判断(⑤)〉**

社会福祉法人全国社会福祉協議会・全国保育協議会・全国保育士会の「全国保育士会倫理綱領　プライバシーの保護」で「私たちは，一人ひとりのプライバシーを保護するため，保育を通して知り得た個人の情報や秘密を守ります」と示されている。特に，個人情報の扱い方には細かい配慮が必要であるため，専門職としての知識や判断も重要である。

## 2. 保育の内容

保育所保育指針では，乳児保育，1歳以上3歳未満児，3歳以上児の保育の3つに分けて子どもの発達に裏付けられた保育内容を記述している。また，それぞれの「ねらい及び内容」については，乳児保育では3つの視点としてまとめられ，1歳以上3歳未満児，3歳以上児の保育では5領域としてまとめられている。それぞれの関連性，発展性は以下の図の通りである。視点，領域が個々に独立しているわけではなく，それぞれが関連し合い，発展しながら学びとなり，子どもの生活や遊びを支えているのである。養護については,「生命の保持」と「情緒の安定」を図るために保育士等が行う援助や関わりのことであり，教育は5領域に関連する側面を扱っているが，実際の保育では養護と教育が一体となって展開されている。

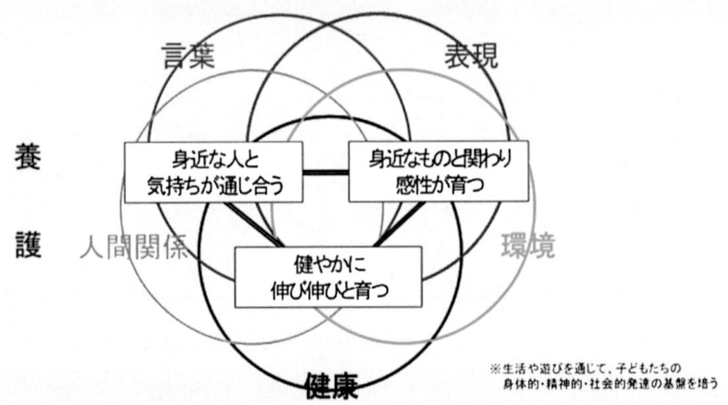


「保育所保育指針の改定について」(平成29年7月　厚生労働省　子ども家庭局　保育課)

## 3. 保育の内容における5領域

1歳以上3歳未満児，3歳以上児の保育では5領域として保育の内容が保育所保育指針にまとめられている。

> 2　1歳以上3歳未満児の保育に関わるねらい及び内容
> (1)基本的事項
> イ　本項においては，この時期の発達の特徴を踏まえ，保育の「ねらい」及び「内容」について，心身の健康に関する領域「健康」，人との関わりに関する領域「人間関係」，身近な環境との関わりに関する領域「環境」，言葉の獲得に関する領域「言葉」及び感性と表現に関する領域「表現」としてまとめ，示している。

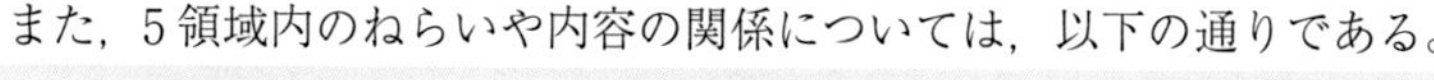

また，5領域内のねらいや内容の関係については，以下の通りである。

第2章　保育の内容

この章に示す「ねらい」は，第1章の1の(2)に示された保育の目標をより具体化したものであり，子どもが保育所において，安定した生活を送り，充実した活動ができるように，保育を通じて育みたい資質・能力を，子どもの生活する姿から捉えたものである。また,「内容」は,「ねらい」を達成するために，子どもの生活やその状況に応じて保育士等が適切に行う事項と，保育士等が援助して子どもが環境に関わって経験する事項を示したものである。

内容はねらいを達成するために保育士等が行う事項等のことである。さらにそれぞれについて「内容の取扱い」という項目があり，細かい留意点が記述されている。

## 演習問題

**1** 次の文のうち,「保育所保育指針」(平成29年3月)の「第1章　総則」の「1　保育所保育に関する基本原則」に関する記述として，適切な記述を○，不適切な記述を×とした場合の正しい組み合わせを，あとの①～⑤から1つ選びなさい。　(難易度■■■■□)

A　保育を必要とする子どもの保育を行い，その健全な心身の発達を図ることを目的とする児童福祉施設である。

B　保育所は,その目的を達成するために子どもの状況や発達過程を踏まえ，保育所における環境を通して保育及び教育を一体的に行うことを特性としている。

C　保育所は，入所する子どもの保護者に対する支援及びすべての子育て家庭に対する支援等を行う役割を担うものである。

D　保育所における保育士は，子どもの保護者に対する保育に関する指導を行うものであり，その職責を遂行するための積極性の向上に絶えず努めなければならない。

| | A | B | C | D |
|---|---|---|---|---|
| ① | ○ | ○ | × | × |
| ② | ○ | × | × | × |
| ③ | ○ | × | × | ○ |
| ④ | × | × | ○ | ○ |
| ⑤ | × | ○ | ○ | ○ |

**2** 次のア～オの文のうち,「保育所保育指針」(平成29年3月)の「第1章　総則」の「3　保育の計画及び評価」の「(1)全体的な計画の作成」に関する記述として，正しいものの組み合わせを，あとの①～⑤から1つ選びなさい。　(難易度■■■□□)

ア　保育所は，保育の目標を達成するために，各保育所の保育の方針や目標に基づき，子どもの発達過程を踏まえて，保育の内容が組織的・計画的に構成され，保育所の生活の全体を通して，総合的に展開されるよう，全体的な計画を作成しなければならない。

イ　保育所は,保育の目標を達成するために,保育の基本となる「保育課程」を編成するとともに，これを具体化した「指導計画」を作成しなければならない。

ウ　全体的な計画は，子どもや家庭の状況，地域の実態，保育時間などを考慮し，子どもの育ちに関する長期的見通しをもって適切に作成されなければならない。

エ　保育課程に基づき，子どもの生活や発達を見通した長期的な指導計画と，それに関連しながら，より具体的な子どもの日々の生活に即した短期的な指導計画を作成しなければならない。

オ　全体的な計画は，保育所保育の全体像を包括的に示すものとし，これに基づく指導計画，保健計画，食育計画等を通じて，各保育所が創意工夫して保育できるよう，作成されなければならない。

①　ア，イ，ウ，オ　②　ア，ウ，オ　③　イ，ウ，オ
④　イ，エ　⑤　ウ，エ，オ

**3**　「保育所保育指針」(平成29年3月)の「第1章　総則」の「4　幼児教育を行う施設として共有すべき事項」では，10項目の幼児期の終わりまでに育ってほしい姿をあげている。次のア～コのうち，その内容として誤っているものの組み合わせを，あとの①～⑤から1つ選びなさい。(難易度■■■■□)

ア　健康な心と体
イ　自立心
ウ　協調性
エ　学び・意識向上の芽生え
オ　社会生活との関わり
カ　思考力の芽生え
キ　自然との関わり・生命尊重
ク　数量や図形，標識や文字などへの関心・感覚
ケ　表現力による伝え合い
コ　豊かな感性と表現

①　ア，イ，ウ　②　ウ，エ，カ　③　カ，キ，ク
④　ウ，エ，ケ　⑤　キ，ケ，コ

**4**　次の(a)～(d)の下線部のうち，「保育所保育指針」(平成29年3月)の「第1章　総則」の「1　保育所保育に関する基本原則」の「(4)保育の環境」に関する記述として，正しいものを○，誤ったものを×とした場合の正しい組み合わせを，あとの①～⑤から1つ選びなさい。

(難易度■■□□□)

保育の環境には，保育士等や子どもなどの人的環境，施設や遊具などの

物的環境，更には(a)自然や社会の事象などがある。保育所は，こうした人，物，場などの環境が相互に関連し合い，子どもの(b)生活が豊かなものとなるよう，次の事項に留意しつつ，(c)総合的に環境を構成し，(d)安全に保育しなければならない。

| | (a) | (b) | (c) | (d) |
|---|---|---|---|---|
| ① | ○ | ○ | × | × |
| ② | ○ | × | ○ | ○ |
| ③ | × | ○ | ○ | × |
| ④ | ○ | × | ○ | ○ |
| ⑤ | × | ○ | × | ○ |

**5** 次の文のうち，「保育所保育指針」(平成29年3月)の「第1章　総則」の「3　保育の計画及び評価」の「(3)指導計画の展開」に関する記述として，適切な記述を○，不適切な記述を×とした場合の正しい組み合わせを，あとの①～⑤から1つ選びなさい。　(難易度■■■■□)

A　施設長，保育士など，全職員による適切な役割分担と協力体制を整えること。

B　子どもが行う具体的な活動は，生活の中で様々に変化することに留意して，子どもが望ましい方向に向かって自ら活動を展開できるよう積極的な支援を行うこと。

C　子どもの能動的な遊びを促すためには，保育士等が多様な関わりをもつことが重要であることを踏まえ，子どもの情緒の安定や発達に必要な豊かな体験が得られるよう援助すること。

D　保育士等は，子どもの実態や子どもを取り巻く状況の変化などに即して保育の過程を記録するとともに，これらを踏まえ，指導計画に基づく保育の内容の見直しを行い，改善を図ること。

| | A | B | C | D |
|---|---|---|---|---|
| ① | ○ | × | × | ○ |
| ② | ○ | × | ○ | × |
| ③ | × | ○ | ○ | × |
| ④ | × | × | ○ | ○ |
| ⑤ | × | ○ | × | ○ |

**6** 「保育所保育指針」(平成 29 年 3 月)の「養護に関わるねらい及び内容」のうち，生命の保持のねらいとして適切でないものを，次の①～⑤から 1 つ選びなさい。　(難易度■□□□□)

① 一人一人の子どもが，快適に生活できるようにする。

② 一人一人の子どもが，健康で安全に過ごせるようにする。

③ 一人一人の子どもの生理的欲求が，十分に満たされるようにする。

④ 一人一人の子どもの健康増進が，積極的に図られるようにする。

⑤ 一人一人の子どもの心身の疲れが癒されるようにする。

**7** 「保育所保育指針」(平成 29 年 3 月)の「第 1 章　総則」の「2　養護に関する基本的事項」に関する記述として，適切でないものを，次の①～⑤から 1 つ選びなさい。　(難易度■■□□□)

① 一人一人の子どもの平常の健康状態や発育及び発達状態を的確に把握し，異常を感じる場合は，速やかに適切に対応する。

② 子どもは疾病への抵抗力が弱く，心身の機能の未熟さに伴う疾病の発生が多いことから，一人一人の発育及び発達状態や健康状態についての適切な判断に基づく保健的な対応を行う。

③ 清潔で安全な環境を整え，適切な援助や応答的な関わりを通して子どもの生理的欲求を満たしていく。また，家庭と協力しながら，子どもの発達過程等に応じた適切な生活のリズムがつくられていくようにする。

④ 子どもの発達過程等に応じて，適度な運動と休息を取ることができるようにする。また，食事，排泄(せつ)，衣類の着脱，身の回りを清潔にすることなどについて，子どもが意欲的に生活できるよう適切に援助する。

⑤ 家庭との連携を密にし，嘱託医等との連携を図りながら，子どもの疾病や事故防止に関する認識を深め，保健的で安全な保育環境の維持及び向上に努める。

**8** 次の(a)～(d)の下線部のうち，「保育所保育指針」(平成 29 年 3 月)の「第 1 章　総則」の「1　保育所保育に関する基本原則」の「(5)保育所の社会的責任」として，正しいものを○，誤ったものを×とした場合の正しい組み合わせを，あとの①～⑤から 1 つ選びなさい。

(難易度■■□□□)

ア　保育所は，(a)<u>子どもの発達</u>に十分配慮するとともに，子ども一人一人の人格を尊重して保育を行わなければならない。

イ　保育所は，(b)地域社会との交流や連携を図り，保護者や地域社会に，当該保育所が行う保育の内容を適切に説明するよう努めなければならない。

ウ　保育所は，入所する子ども等の(c)プライバシーを適切に取り扱うとともに，(d)保護者の苦情などに対し，その解決を図るよう努めなければならない。

| | (a) | (b) | (c) | (d) |
|---|---|---|---|---|
| ① | ○ | ○ | × | × |
| ② | ○ | × | ○ | ○ |
| ③ | ○ | ○ | ○ | × |
| ④ | × | × | ○ | ○ |
| ⑤ | × | ○ | × | ○ |

**9** 「保育所保育指針」(平成29年3月)の「第2章　保育の内容」の「3　3歳以上児の保育に関するねらい及び内容」の「(2)ねらい及び内容　イ　人間関係」の内容に関する記述として適切でないものを，次の①～⑤から1つ選びなさい。　　(難易度■■■■■)

① 自分で考え，自分で行動する。

② 自分でできることは自分でする。

③ よいことや悪いことがあることに気付き，考えながら行動する。

④ 保育士等や友達と触れ合い，安定感をもって行動する。

⑤ 共同の遊具や用具を大切にし，皆で使う。

**10** 次のA～Dの文のうち，「保育所保育指針」(平成29年3月)の「第2章　保育の内容」の「3　3歳以上児の保育に関するねらい及び内容」の「(2)ねらい及び内容　エ　言葉」に関する記述として，適切な記述を○，不適切な記述を×とした場合の正しい組み合わせを，あとの①～⑤から1つ選びなさい。　　(難易度■■■■□)

A　子どもが自分の思いを言葉で伝えるとともに，他の子どもの話などを聞くことを通して，次第に話を理解し，言葉による伝え合いができるようになるよう，気持ちや経験等の言語化を行うことを援助するなど，子ども同士の関わりの仲立ちを行うようにすること。

B　身近な人に親しみをもって接し，自分の感情などを伝え，それに相手が応答し，その言葉を聞くことを通して，次第に言葉が獲得されていくものであることを考慮して，楽しい雰囲気の中で保育士等との言葉のやり取りができるようにすること。

C　絵本や物語などで，その内容と自分の経験とを結び付けたり，想像を巡らせたりするなど，楽しみを十分に味わうことによって，次第に豊かなイメージをもち，言葉に対する感覚が養われるようにすること。

D　子どもが日常生活の中で，文字などを使いながら思ったことや考えたことを伝える喜びや楽しさを味わい，文字に対する興味や関心をもつようにすること。

| | A | B | C | D |
|---|---|---|---|---|
| ① | ○ | ○ | × | ○ |
| ② | ○ | × | ○ | ○ |
| ③ | × | ○ | ○ | × |
| ④ | × | × | ○ | ○ |
| ⑤ | × | ○ | ○ | × |

**11** 次の(a)～(d)の下線部のうち，「保育所保育指針」(平成 29 年３月)の「第２章　保育の内容」の「3　３歳以上児の保育に関するねらい及び内容」の「(2)ねらい及び内容　ウ　環境」として，正しいものを○，誤ったものを×とした場合の正しい組み合わせを，あとの①～⑤から１つ選びなさい。（難易度■■■□□）

ア　身近な環境に親しみ，(a)動植物と触れ合う中で様々な事象に興味や関心をもつ。

イ　身近な環境に自分から関わり，発見を楽しんだり，考えたりし，それを(b)遊びに取り入れようとする。

ウ　身近な事象を見たり，考えたり，扱ったりする中で，(c)物の性質や数量，文字などに対する(d)知識を豊かにする。

| | (a) | (b) | (c) | (d) |
|---|---|---|---|---|
| ① | × | ○ | × | × |
| ② | × | ○ | ○ | ○ |
| ③ | × | × | ○ | × |
| ④ | ○ | × | ○ | ○ |
| ⑤ | ○ | × | × | ○ |

⑫ 次のA～Dの文のうち,「保育所保育指針」(平成29年3月)の「第2章　保育の内容」の「3　3歳以上児の保育に関するねらい及び内容」の「(2)ねらい及び内容　オ　表現」に関する記述として,適切な記述を○,不適切な記述を×とした場合の正しい組み合わせを,あとの①～⑤から1つ選びなさい。(難易度■■■■■)

A　生活の中で様々な音,形,色,手触り,動きなどに気付いたり,感じたりするなどして楽しむ。

B　友達同士で表現する過程を楽しんだりし,表現する喜びを味わい,意欲をもつようになる。

C　音楽に親しみ,歌を歌ったり,簡単なリズム楽器を使ったりなどする楽しさを味わう。

D　自分のイメージを動きや言葉などで表現したり,演じて遊んだりするなどの楽しさを味わう。

| | A | B | C | D |
|---|---|---|---|---|
| ① | ○ | ○ | × | ○ |
| ② | ○ | × | ○ | ○ |
| ③ | ○ | ○ | ○ | × |
| ④ | × | ○ | × | × |
| ⑤ | × | × | ○ | × |

⑬ 「保育所保育指針」(平成29年3月)の「第2章　保育の内容」の「2　1歳以上3歳未満児の保育に関わるねらい及び内容」の「(2)ねらい及び内容　ア　健康」の内容に関する記述として,適切でないものを,次の①～⑤から1つ選びなさい。(難易度■■□□□)

① 食事や午睡,遊びと休息など,保育所における生活のリズムが形成される。

② 走る,跳ぶ,登る,押す,引っ張るなど全身を使う遊びを楽しむ。

③ 個人差に応じて授乳を行い,離乳を進めていく中で,様々な食品に少しずつ慣れ,食べることを楽しむ。

④ 保育士等の助けを借りながら,衣類の着脱を自分でしようとする。

⑤ 便器での排泄(せつ)に慣れ,自分で排泄(せつ)ができるようになる。

**14** 次の(a)～(d)の下線部のうち,「保育所保育指針」(平成29年3月)の「第2章　保育の内容」の「4　保育の実施に関して留意すべき事項」として,正しいものを○,誤ったものを×とした場合の正しい組み合わせを,あとの①～⑤から1つ選びなさい。 (難易度■■■□□)

子どもの生活の(a)重要性を踏まえ,家庭及び地域社会と(b)協力して保育が展開されるよう配慮すること。その際,家庭や地域の機関及び団体の協力を得て,(c)地域の自然,(d)外国籍や地域の子ども等を含む人材,行事,施設等の地域の資源を積極的に活用し,豊かな生活体験をはじめ保育内容の充実が図られるよう配慮すること。

| | (a) | (b) | (c) | (d) |
|---|---|---|---|---|
| ① | × | × | ○ | × |
| ② | × | ○ | ○ | ○ |
| ③ | ○ | ○ | × | × |
| ④ | ○ | × | ○ | ○ |
| ⑤ | ○ | × | × | ○ |

## 解答・解説

**1** ②

**解説**

A　適切。児童福祉施設の設備及び運営に関する基準第35条の規定に基づいた施設である。

B　不適切。保育及び教育ではなく，「養護及び教育」である。養護と教育が一体となり，保育は展開される。

C　不適切。すべての子育て家庭ではなく，「地域の子育て家庭」である。第4章子育て支援には，地域の保護者等に対する子育て支援について記述されている。

D　不適切。積極性ではなく「専門性」である。第5章「職員の資質向上」では，保育所職員に求められる専門性についての記述がある。

**2** ②

**解説**

**イ**，**エ**はともに「旧保育所保育指針」(平成20年3月)に含まれているものである。

**3** ④

**解説**

**ウ**は「協調性」ではなく「協同性」，**エ**は「学び・意識向上」ではなく「道徳性・規範意識の芽生え」，**ケ**は「表現力による伝え合い」ではなく「言葉による伝え合い」である。

**4** ①

**解説**

(a)　正しい。保育環境は3つに分類されている。人的環境，物的環境，自然や社会の事象である。

(b)　正しい。イの記述に「子どもの活動が豊かに展開されるよう，保育所の設備や環境を整え，保育所の保健的環境や安全の確保などに努めること」とあるように，すべての環境が子どもの生活に影響していると考えられている。

(c)　誤り。正しくは「計画的に」である。「3　保育の計画及び評価」では「保育の内容が組織的・計画的に構成され，保育所の生活の全体を通して，総合的に展開されるよう，全体的な計画を作成しなければならない」と記述されている。計画的に環境を構成し，総合的な保育へつなげていくということである。

(d) 誤り。正しくは「工夫して」である。(b)の引用にあるように，保健や安全の確保にも記述があるが，そのことだけにはとどまらない。

 ①

解説

A 適切。保育所では多様職種の職員が協力して保育を実施している。第5章「職員の資質向上」では，「保育士・看護師・調理員・栄養士等，それぞれの職務内容に応じた専門性を高めるため」とその職員構成を具体的に記述している。

B 不適切。積極的な支援ではなく「必要な援助」である。「援助」は子どもへ，「支援」は保護者や家庭へ使用する。

C 不適切。能動的な遊びではなく「主体的な活動」である。保育所保育指針では子どもの主体性や主体的な活動を重視している。

D 適切。「(4)保育内容等の評価」では，保育記録を通して評価を行い，保育実践の改善に努めることが記載されている。

 ⑤

解説

①～④は「子どもの命を守り，一人一人の子どもが快適に，そして健康で安全にすごせるようにするとともに，その生理的欲求が十分に満たされ，健康増進が積極的に図られるようにすることは一人一人の子どもの生存権を保障する」ことでもある。　⑤は「情緒の安定」のねらいの１つである。

7 ②

解説

① 適切。養護の理念には「子どもの生命の保持及び情緒の安定を図るために保育士等が行う援助や関わりである」と記述されている。これは，生命の保持に関連する文である。

② 不適切。この文は「乳児保育における保育の実施に関わる配慮事項」の記述である。正しくは，「家庭との連携を密にし，嘱託医等との連携を図りながら，子どもの疾病や事故防止に関する認識を深め，保健的で安全な保育環境の維持及び向上に努める」である。

③ 適切。養護のねらいにあるように，健康や安全についての記述である。

④　適切。養護のねらいにあるように，積極的な健康増進についての記述である。

⑤　適切。特に生命の保持に関わる子どもの体調の変化には迅速な対応と正確な判断が求められる。

⑤

**解説**

(a)　誤り。正しくは「子どもの人権」である。第5章「職員の資質向上」では，保育所職員の専門性として，「子どもの最善の利益を考慮し，人権に配慮した保育を行う」ために倫理観等が基盤となることが記述されている。

(b)　正しい。家庭及び地域社会との連携は保育所保育指針の中で重要とされている。

(c)　誤り。正しくは「個人情報」である。プライバシーについては第4章「子育て支援」で「子どもの利益に反しない限りにおいて，保護者や子どものプライバシーを保護し，知り得た事柄の秘密を保持すること」と記述されている。

(d)　正しい。「苦情」という言葉が出てくるのは，この文だけである。

④

**解説**

①, ②　適切。人間領域では人々と支え合って生活するために，自立心を育てることをねらいとしている。

③, ⑤　適切。社会生活における望ましい習慣や態度を身に付けることがねらいとされている。

④　不適切。健康領域の内容である。しなやかな心と体の発達を促すことが，健康領域の内容の取扱いで記述されている。

**10** ④

**解説**

A, B　不適切。この文は「1歳以上3歳未満児の保育に関わるねらい及び内容」の記述である。

C, D　適切。絵本や物語，文字などへの記述は3歳以上児の保育で初めて示されている。

 ③

解説

(a)　不適切。正しくは「自然」である。環境領域では，自然と動植物への親しみや感動などが大切にされている。

(b)　不適切。正しくは「生活」である。「生活や遊び」と並列で記述されることが多いが，ここでの「生活」は，遊びを含んだ子どもの日常生活全般を指す。

(c)　適切。幼児期の終わりまでに育ってほしい姿にも数量などに対する記述がある。

(d)　不適切。正しくは「感覚」である。「育みたい資質・能力」のひとつに「知識及び技能の基礎」と記述されているが，それらを身につけさせることは体験を通した感覚である。

 ②

解説

A　適切。表現領域の「内容」①における記述である。このために遊具や用具などを整えることが大切である。

B　不適切。「幼児期の終わりまでに育ってほしい姿」の「コ　豊かな感性と表現」における記述の一部である。

C　適切。Aと同様の⑥における記述である。乳児保育以外では表現領域に「音楽」に関連する記述が見られ，乳児保育では「歌やリズム」と限定的な表現になっている。

D　適切。Aと同様の⑧における記述である。「演じる」ことについての記述はこの部分だけであるが，3歳児以下の保育でも演じる経験，何かを模倣する経験は大切にされている。

13 ③

解説

①　適切。健康領域の「内容」②における記述である。乳児保育では「生活のリズムの感覚が芽生える」とされ，1歳以上児の保育ではこのような記述となっている。

②　適切。「内容」③における記述である。この時期の運動発達での特徴は歩行の完成である。また手指の細かい動きも可能となってくる。

③　不適切。この記述は，乳児保育での「健やかに伸び伸びと育つ」視点での記述である。離乳は生後5か月前後からスタートする。

④　適切。領域の「内容」⑥における記述である。手指の動きが発達してくる時期なので，ボタンはめなどもできるようになる。

⑤　適切。領域の「内容」⑦における記述である。おむつがはずれる時期は個人差があるが，この時期には排尿感覚がわかるようになり，また「おしっこ出た」など言語での伝達も可能となる。

**14** ①

**解説**

(a)　不適切。正しくは「連続性」である。連続性とは長期的スパンでの時間的経過を指しているが，乳児期から幼児期，児童期以降への切れ目のない保育・教育が重要とされている。

(b)　不適切。正しくは「連携」である。協力は力を合わせることであるが，連携は連絡提携の意味を持ち，こまめに連絡を取り合いながら一緒に物事を進めていくことである。

(c)　適切。

(d)　不適切。正しくは，「高齢者や異年齢の子ども」である。外国籍の子どもに対しては，第４章「子育て支援」で個別配慮の対象として記述されている。

# 第14章

# 専門試験
# 保育の現状

**POINT**

## 1．少子化問題・対策

### 少子化問題・対策

日本の合計特殊出生率は，第1次ベビーブーム期には4.3を超えていたが，1950年以降急激に低下し，2005年には過去最低である1.26まで落ち込んだ。その後，2015年には1.45まで上昇したものの，2022年は1.26と前年の1.30より低下し，過去最低となった。

少子化の背景には，核家族化の進展など家族を取り巻く環境の多様化や，個々人の結婚や出産，子育ての希望の実現を阻む様々な要因が絡み合っている。

### 新たな「少子化社会対策大綱」

新たな「**少子化社会対策大綱**」が2020年5月29日に閣議決定された。基本的な目標として「**希望出生率1.8**」の実現を掲げ，目標実現のための具体的な道筋を示すことがねらいである。

**【新たな「少子化社会対策大綱」のポイント】**

(1) **結婚支援**

地方公共団体が行う総合的な結婚支援の取組を一層支援し，結婚に伴う新生活のスタートアップに係る経済的負担を軽減

(2) **妊娠・出産への支援**

〈不妊治療〉不妊治療の費用助成を行うとともに，適応症と効果が明らかな治療には広く医療保険の適用を検討し，支援を拡充

〈切れ目のない支援〉産後ケア事業の充実等

(3) **仕事と子育ての両立**

〈男性の家事・育児参画促進〉男性の育休取得率30％を目標に向けた総合的な取組の推進

〈育児休業給付〉上記取組の推進状況を踏まえ，中長期的な観点からその充実を含め，効果的な制度の在り方を総合的に検討

〈待機児童解消〉保育の受け皿確保

(4) **地域・社会による子育て支援**

保護者の就業の有無等にかかわらず多様なニーズに応じて，全ての子育て家庭がそれぞれが必要とする支援にアクセスでき，安全かつ安心して子供を育てられる環境を整備

(5) **経済的支援**

〈児童手当〉財源確保の具体的な方策と併せて，子供の数や所得水準に応じた効果的な給付の在り方を検討

〈高等教育の修学支援〉多子世帯に更に配慮した制度の充実を検討

〈幼児教育・保育の無償化〉2019 年からの無償化を着実に実施

## 2. 認可保育所と認可外保育所

認可保育所とは，児童福祉法に基づき都道府県または政令指定都市または中核市が設置を認可した施設をいう。児童福祉法上の保育所に該当するが認可を受けていない保育施設は，「認可外保育施設」または「認可外保育所」と呼ばれ，設置は届出制である。

令和 4 年度の認可保育所数は 30,358 か所であり，利用児童は 2,936,183 人である(令和 4 年社会福祉施設等調査の概況)。また，認可外保育所数は 20,058 か所であり，利用児童数は 232,995 人である(令和 3 年度 認可外保育施設の現況取りまとめ)。

「**新子育て安心プラン**」では，さらに保育の受け皿の整備を行うとし，幼稚園の空きスペースやベビーシッター(認可外の居宅訪問型保育事業)を含めた地域のあらゆる子育て資源を活用するとしている。

## 3. 多様な保育サービスと支援

子どもを取り巻く環境は多様になってきている。子どもの貧困，虐待，外国籍，ひとり親など子どもの成長・発達にネガティブな影響を与えると考えられている要因が数多く存在し，それぞれの家庭の背景に応じて，多様なサービスを用意し，必要な支援をしていく必要がある。

保育所保育指針「第 4 章　子育て支援」では，「保育所における保護者に対する子育て支援は，全ての子どもの健やかな育ちを実現することができるよう，第 1 章及び第 2 章等の関連する事項を踏まえ，子どもの育ちを家庭と連携して支援していくとともに，保護者及び地域が有する子育てを自ら実践する力の向上に資するよう，次の事項に留意するものとする」と記載されている。その中でも「2　保育所を利用している保護者に対する子育て支援」で病児保育，障害や発達上の課題，外国籍家庭，育児不安，不適切な養育，虐待など配慮が必要な家庭への支援について次のように記載されている。

(2)　保護者の状況に配慮した個別の支援
ア　保護者の就労と子育ての両立等を支援するため，保護者の多様化した保育の需要に応じ，病児保育事業など多様な事業を実施する場合には，保護者の状況に配慮するとともに，子どもの福祉が尊重されるよう努め，子どもの生活の連続性を考慮すること。
イ　子どもに障害や発達上の課題が見られる場合には，市町村や関係機関と連携及び協力を図りつつ，保護者に対する個別の支援を行うよう努めること。
ウ　外国籍家庭など，特別な配慮を必要とする家庭の場合には，状況等に応じて個別の支援を行うよう努めること。
(3) 不適切な養育等が疑われる家庭への支援
ア　保護者に育児不安等が見られる場合には，保護者の希望に応じて個別の支援を行うよう努めること。
イ　保護者に不適切な養育等が疑われる場合には，市町村や関係機関と連携し，要保護児童対策地域協議会で検討するなど適切な対応を図ること。また，虐待が疑われる場合には，速やかに市町村又は児童相談所に通告し，適切な対応を図ること。

## 4. 保育の課題と対策

### 少子化対策

少子化対策の一環として，結婚支援，妊娠・出産への支援，男女共に仕事と子育てを両立できる環境の整備，地域・社会による子育て支援，経済的な支援等，ライフステージに応じた総合的な少子化対策を推進している。**令和3年版子供・若者白書**「第5章　子供・若者の成長のための社会環境の整備」の「第2節　子育て支援等の充実」には，子どもと子育てを応援する取り組みとして以下の記載がある。

平成27年度から施行された子ども・子育て支援新制度では，質の高い保育・教育の提供を行うこととしている。

令和2年4月1日時点の待機児童数は12,439人で，前年度と比較して約4,300人の減少となり，待機児童数調査開始以来最少の調査結果となった。これまで25歳から44歳までの女性就業率の上昇や，それに伴う保育利用申込み率の伸びに対応するため，平成29年6月に「子育て安心プラン」を公表し，女性就業率8割に対応できるよう，令和2年度末までに32万人分の保育の受け皿を整備することとして，整備を行ってきた。

令和3年度以降については，25歳から44歳の女性就業率の更なる上昇に対応するため，令和2年12月に取りまとめた「新子育て安心プラン」に基づき，令和3年度から令和6年度末までの4年間で約14万人分の保育の受け皿を整備するほか，①地域の特性に応じた支援，②魅力向上を通じた保育士の確保，③地域のあらゆる子育て資源の活用を柱とする各種施策を推進することにより，できるだけ早く待機児童の解消を目指す。また，保育の受け皿整備に対応した保育人材の確保を進めるため，処遇改善などの総合的な確保策を実施している。

### 子ども虐待

子ども虐待による死亡事例等の検証結果等について(第19次報告，厚生労働省)では，虐待死亡事例のおよそ半数が0歳児であることからも，子どもが低年齢・未就園である場合や離婚・未婚等によりひとり親である場合に，特に注意して対応する必要があるとしている。

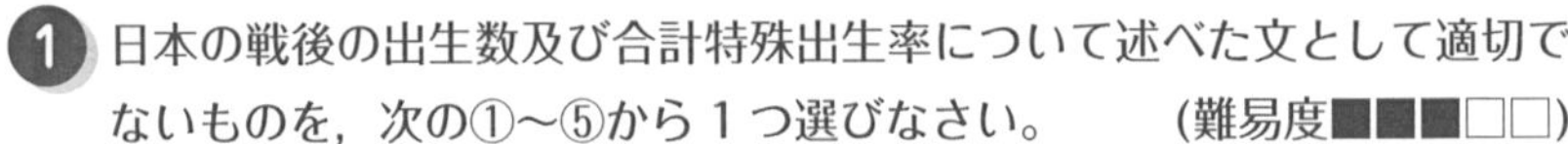


**1** 日本の戦後の出生数及び合計特殊出生率について述べた文として適切でないものを，次の①～⑤から1つ選びなさい。　(難易度■■■□□)

① 合計特殊出生率とは，一人の女性が一生の間に産むとした子供の数の平均を示す。

② 第1次ベビーブーム期の1949年は，戦後最高の出生数であった。

③ 1966年のひのえうまの年は，前年より合計特殊出生率が下がった。

④ 2005年は，過去最低の合計特殊出生率であった。

⑤ 2015年からは，毎年合計特殊出生率が上がり続けている。

**2** 次のA～Dの文のうち，少子高齢化に関する2022年度の国民生活基礎調査の結果の概要の記述として，適切な記述を○，不適切な記述を×とした場合の正しい組み合わせを，あとの①～⑤から1つ選びなさい。

(難易度■■□□□)

A 65歳以上の高齢者が単独で生活している世帯は873万世帯(31.8% )となっている。

B 児童のいる世帯は全世帯の18.3%となっており，児童が1人いる世帯は児童のいる世帯の49.3%となっている。

C 1986年の調査では，1～3人以上の児童がいる世帯は46.2%であったが，年々減少し，2022年では18.3%となっている。

D 少子高齢化になり，高齢者と児童が共に生活する三世代世帯は増加傾向にある。

| | A | B | C | D |
|---|---|---|---|---|
| ① | ○ | ○ | ○ | × |
| ② | ○ | × | × | × |
| ③ | ○ | × | × | ○ |
| ④ | × | × | ○ | ○ |
| ⑤ | × | ○ | ○ | ○ |

**3** 次の(a)～(d)の下線部のうち，令和３年度出生に関する統計の概況における国際比較の内容として，正しいものを○，誤ったものを×とした場合の正しい組み合わせを，あとの①～⑤から１つ選びなさい。

(難易度■■■■□)

韓国，シンガポール，フランス，ドイツ，イタリア，スウェーデン，イギリス及びアメリカについて合計特殊出生率の年次推移をみると，ヨーロッパの５か国は，1960 年代後半から 1970 年代前半にかけて(a)上昇傾向がみられた後，フランス，スウェーデン及びイギリスは上下変動しながらも 2000 年から 2010 年頃まで(b)上昇したものの，その後(c)低下している。一方，(d)アメリカ及びシンガポールは，時期に差があるものの，合計特殊出生率３～４という高い水準からの急激な低下がみられた後，１に近い水準で推移している。

| | (a) | (b) | (c) | (d) |
|---|---|---|---|---|
| ① | ○ | ○ | × | × |
| ② | ○ | × | ○ | ○ |
| ③ | × | ○ | ○ | × |
| ④ | ○ | × | ○ | ○ |
| ⑤ | × | ○ | × | ○ |

**4** 2020 年５月 29 日に閣議決定された「少子化社会対策大綱～新しい令和の時代にふさわしい少子化対策へ～」の概要に示されている５つの基本的な考え方に該当しないものを，次の①～⑤から１つ選びなさい。

(難易度■■■□□)

① 自己の意思決定により，子供が生涯を見通せる社会をつくる
② 多様化する子育て家庭の様々なニーズに応える
③ 結婚，妊娠・出産，子供・子育てに温かい社会をつくる
④ 地域の実情に応じたきめ細かな取組を進める
⑤ 科学技術の成果など新たなリソースを積極的に活用する

**5** 認定こども園に関する記述として不適切なものを，次の①～⑤から１つ選びなさい。

(難易度■■□□□)

① 認定こども園は，教育・保育を一体的に行う施設で，幼稚園と保育所の両方の良さを併せ持っている施設である。

② 認定こども園には，幼保連携型，幼稚園型，保育所型，地方裁量型の4つのタイプが認められている。

③ すべてのタイプの認定こども園における必要な職員資格は，幼稚園教諭免許である。

④ 2011年には認定こども園数は762であったが，2022年には9,220に増加した。

⑤ 幼稚園型の認定こども園は，認可幼稚園が，保育が必要な子どものための保育時間を確保するなど，保育所的な機能を備えて認定こども園としての機能を果たすタイプである。

**6** 認定こども園の説明について適切でないものを，次の①～⑤から1つ選びなさい。 (難易度■□□□□)

① 幼稚園，保育所のうち，一定の機能と基準を満たす施設が，厚生労働大臣から認定を受けることができる。

② すべての子育て家庭を対象に，子育て不安に対応した相談活動や親子の集いの場の提供を行う。

③ 保護者が働いている，いないにかかわらず子どもを受け入れて，教育・保育を一体的に行う。

④ 具体的な認定基準は，文部科学大臣と厚生労働大臣が協議して定める「国の指針」を参酌して，各都道府県が条例で定める。

⑤ 地域の実情に応じて，幼保連携型，幼稚園型，保育所型，地方裁量型の多様なタイプが認められる。

**7** 次の表は，2013年から2023(令和5)年4月1日時点までの待機児童数の推移を示したものである。この表の説明として誤っているものを，あとの①～⑤から1つ選びなさい。 (難易度■□□□□)

| | 待機児童数 | |
|---|---|---|
| | 4月1日時点 | 増減数 |
| 2013(平成25)年 | 22,741人 | ▲2,084人 |
| 2014(平成26)年 | 21,371人 | ▲1,370人 |
| 2015(平成27)年 | 23,167人 | 1,796人 |
| 2016(平成28)年 | 23,553人 | 386人 |
| 2017(平成29)年 | 26,081人 | 2,528人 |
| 2018(平成30)年 | 19,895人 | ▲6,186人 |
| 2019(平成31)年 | 16,772人 | ▲3,123人 |
| 2020(令和2)年 | 12,439人 | ▲4,333人 |
| 2021(令和3)年 | 5,634人 | ▲6,805人 |
| 2022(令和4)年 | 2,944人 | ▲2,690人 |
| **2023(令和5)年** | **2,680人** | **▲264人** |

(厚生労働省　保育所等関連状況取りまとめ　令和5年4月1日)

① 2023年4月の待機児童数は，前年と比べて少なくなっている。

② 2017年4月の待機児童数が最も多い。

③ 2020年4月の待機児童数は，前年よりも4,333人増加している。

④ 最も待機児童数が少ないのは，2023年4月である。

⑤ 待機児童数は2017年をピークに現在では減少している。

**8** 待機児童に関する記述として適切なものを，次の①～⑤から1つ選びなさい。 (難易度■■■■□)

① 待機児童とは，保育を必要とする保育所入所申請をしているにもかかわらず，保育所の施設定員超過などの理由で入所できない状態，またはその状態にある児童のことをいう。

② 1994年の「エンゼルプラン」を契機に保育所の新設が例年実施されてきたが，待機児童の数は増える一方となっている。

③ 待機児童は都市部よりも，認可保育所の数が少ない地方，特に過疎地域に多く見られるという現象が起きている。

④ 待機児童を3歳児以上と3歳児未満で区分した場合，3歳児未満が減少しているのに対し，3歳児以上の待機児童は1999(平成11)年以降，右肩上がりに増えている。

⑤ 待機児童の解消を目指し，女性の就業率の上昇を踏まえた保育の受け皿整備，地域の子育て資源の活用を進めるため,「子育て安心プラン」が2020(令和2)年に策定された。

**9** 次の【Ⅰ群】の記述と【Ⅱ群】の語句を結びつけた場合の正しい組み合わせを，あとの①～⑤から1つ選びなさい。 (難易度■■■■□)

【Ⅰ群】

A　すべての子どもは，豊かな愛情のなかで心身ともに健やかに育てられ，自ら伸びていく無限の可能性を持っています。

B　全て児童は，児童の権利に関する条約の精神にのっとり，適切に養育されること，その生活を保障されること，愛され，保護されること，その心身の健やかな成長及び発達並びにその自立が図られることその他の福祉を等しく保障される権利を有する。

C　保育所は，児童福祉法(昭和 22 年法律第 164 号)第 39 条の規定に基づき，保育を必要とする子どもの保育を行い，その健全な心身の発達を図ることを目的とする児童福祉施設であり，入所する子どもの最善の利益を考慮し，その福祉を積極的に増進することに最もふさわしい生活の場でなければならない。

【Ⅱ群】

ア　保育所保育指針

イ　児童福祉法

ウ　児童憲章

エ　全国保育士会倫理綱領

|  | A | B | C |
|---|---|---|---|
| ① | ウ | イ | ア |
| ② | エ | イ | ア |
| ③ | ウ | ア | イ |
| ④ | エ | ウ | イ |
| ⑤ | イ | ウ | ア |

**10** 次の(a)～(d)の下線部のうち，ひとり親の状況における内容として，正しいものを○，誤ったものを×とした場合の正しい組み合わせを，あとの①～⑤から 1 つ選びなさい。　(難易度■■■□□)

子供のいる世帯は徐々に(a)減少しているが，昭和 60(1985)年には全世帯の 4 割を占めていた「夫婦と子供」の世帯は令和 2(2020)年時点では全体の25%となり，単独世帯とひとり親世帯が全体の約半数を占めるようになった。厚生労働省「全国ひとり親世帯等調査」(令和 3 年度)によると，ひとり親世帯の 88.9%が(b)母子世帯である。また，(c)母子世帯の平均年間収入は(d)200万円未満である。

| | (a) | (b) | (c) | (d) |
|---|---|---|---|---|
| ① | ○ | ○ | × | × |
| ② | ○ | ○ | ○ | × |
| ③ | × | ○ | ○ | × |
| ④ | ○ | × | ○ | ○ |
| ⑤ | × | ○ | × | ○ |

**11** 次のA～Dの文のうち，ヤングケアラーに関する記述として適切な記述を○，不適切な記述を×とした場合の正しい組み合わせを，あとの①～⑤から１つ選びなさい。 (難易度■■■□□)

A　令和４年の調査報告で「ヤングケアラー」と思われる子どもがいるかわからないと回答した学校に理由をきいたところ，「家族内のことで問題が表に出にくく，子どものヤングケアラーとしての状況の把握が難しい」という回答が85％以上あった。

B　令和４年の調査報告では，ヤングケアラーと思われる子どもの状況については，「きょうだいの世話」が最も高く，80％近くを占めている。

C 「ヤングケアラー」とは，本来大人が担うと想定されているような家事や家族の世話などを時々行っている18歳未満の子どものことを指す。

D 「ヤングケアラー」はその責任や負担の重さにより，学業や友人関係などに影響が出てしまうことがあるので，周囲の人々の気付きや支援が必要である。

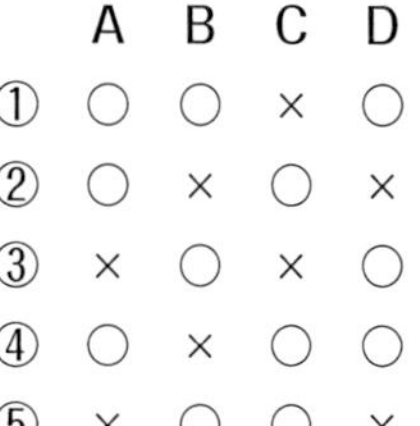

| | A | B | C | D |
|---|---|---|---|---|
| ① | ○ | ○ | × | ○ |
| ② | ○ | × | ○ | × |
| ③ | × | ○ | × | ○ |
| ④ | ○ | × | ○ | ○ |
| ⑤ | × | ○ | ○ | × |

**12** 次のネグレクトに関する記述のうち，【Ⅰ群】の記述と【Ⅱ群】の語句を結びつけた場合の正しい組み合わせを，あとの①～⑤から１つ選びなさい。 (難易度■■■■■)

【Ⅰ群】

A　本人・家族に寄り添った支援を継続することに加え，母本人への早期のアプローチとして，母の生活圏において妊娠期や周産期に関する情報を容易に取得・相談等ができる支援体制の整備等，中心となって進めていく必要がある。

B　0日児死亡事例の母は，社会的孤立が顕著で，助産師などの立ち会いなしに自宅等で出産した事例が多いと考えられるため，把握が難しい。

C　一定程度のリスクを有する母や妊婦の情報を把握した場合は，ネグレクトが生じる可能性のある事例として関係者間で共有するなどし，その家庭を見守り，慎重に対応していくことが重要である。

【Ⅱ群】

ア　地方自治体　　イ　児童相談所　　ウ　医療機関　　エ　家族

|  | A | B | C |
|---|---|---|---|
| ① | ウ | イ | ア |
| ② | エ | イ | ウ |
| ③ | ウ | エ | イ |
| ④ | ア | ウ | イ |
| ⑤ | イ | ウ | ア |

**13** 次の(a)～(d)の下線部のうち，保育所の状況における内容として，正しいものを○，誤ったものを×とした場合の正しい組み合わせを，あとの①～⑤から１つ選びなさい。　(難易度■■□□□)

「保育所等関連状況取りまとめ(令和５年４月１日)」によると，保育所等利用定員は305万人であり，前年比0.7万人の(a)<u>増加</u>となっている。また，保育所等を利用する児童の数は272万人であり，前年比1.3万人の(b)<u>増加</u>である。年齢区分別待機児童数を見てみると，(c)<u>3歳未満児</u>が全体の90.9％を占める。そのうち，特に(d)<u>0・1歳児</u>(2,280人(85.1％))が多い。

|  | (a) | (b) | (c) | (d) |
|---|---|---|---|---|
| ① | ○ | × | ○ | × |
| ② | ○ | × | ○ | ○ |
| ③ | × | ○ | ○ | × |
| ④ | ○ | × | × | ○ |
| ⑤ | × | ○ | × | ○ |

**14** 保育所等に関する記述として適切なものを，次の①～⑤から１つ選びなさい。 (難易度■■■■■)

① 保育所等数は平成27年度から令和５年度まで，平成28年に一度減少に転じた以外は増加しつづけている。

② 保育所の定員は，平成27年度から令和５年度まで，増加し続けている。

③ 保育所等利用児童数は，平成27年度から令和４年度まで増加し続けていたが，令和５年度では減少した。

④ 保育所等待機児童数は，令和２年度に１万人を切った。

⑤ 保育利用率は平成26年度以降，増加しつづけている。

**15** 認可保育所に関する記述として適切なものを，次の①～⑤から１つ選びなさい。 (難易度■□□□□)

① 保育所，幼稚園ともに児童福祉施設である。

② 対象児童は保育所が０歳から就学前の保育を必要とする児童であるのに対し，幼稚園は満３歳から就学前の幼児である。

③ 入所は保育所，幼稚園とも市町村と保護者との契約によって決定する。

④ 幼稚園には春，夏，冬休みがあるが，保育所の休みとなるのは基本的に祝祭日に限られている。

⑤ 保育所や認定こども園を管轄するのは厚生労働省，幼稚園を管轄するのは文部科学省である。

**16** 児童福祉施設の設備及び運営に関する基準に規定された保育所の設備の基準として適切なものを，次の①～⑤から１つ選びなさい。

(難易度■■□□□)

① 乳児又は満２歳に満たない幼児を入所させる保育所には，乳児室，医務室，調理室及び便所を設けること。

② 乳児室の面積は乳児又は満２歳に満たない幼児１人につき，3.3平方メートル以上であること。

③ 満２歳以上の幼児を入所させる保育所には，保育室又は遊戯室，屋外遊戯場，調理室及び便所を設けること。

④ 保育室又は遊戯室の面積は満２歳以上の幼児１人につき，3.3平方メートル以上であること。

⑤ 保育室には，保育に必要な用具を備えること。

**17** 次の(a)～(d)の下線部のうち，医療的ケア児における状況として，正しいものを○，誤ったものを×とした場合の正しい組み合わせを，あとの①～⑤から１つ選びなさい。　　　　　　　　　(難易度■■□□□)

医療的ケア児とは，医学の進歩を背景として，NICU等に長期入院した後，引き続き人工呼吸器や胃ろう等を使用し，たんの吸引や経管栄養などの医療的ケアが(a)日常的に必要な児童のことである。全国の医療的ケア児(在宅)は推計約2万人とされている。医療的ケア児の支援に向けた主な取組としては，医療的ケア児(b)保育支援事業があげられる。保育所等において医療的ケアを必要とする子どもの受入体制の整備を推進するため，(c)医師等の配置や(d)看護師等の喀たん吸引等に係る研修の受講等への支援を実施する。

| | (a) | (b) | (c) | (d) |
|---|---|---|---|---|
| ① | ○ | × | ○ | × |
| ② | ○ | ○ | × | × |
| ③ | × | × | ○ | × |
| ④ | ○ | ○ | × | ○ |
| ⑤ | × | ○ | × | ○ |

**18** 次のA～Dの文のうち，多様な保育状況に関する記述として，適切な記述を○，不適切な記述を×とした場合の正しい組み合わせを，あとの①～⑤から１つ選びなさい。　　　　　　　　　(難易度■■□□□)

A　夜間保育は，夜間，保護者の就労等により保育に欠ける児童の保育を実施することであり，おおよそ午後10時までとされている。

B　延長保育事業は，就労形態の多様化等に伴い，やむを得ない理由により，保育時間を延長するものであるが，年々利用実績は減少している。

C　病児保育事業は，子どもが病気で自宅での保育が困難な場合に，病院や保育所等で病気の児童を一時的に保育する事業である。

D　障害児保育は，平成22年には13,950か所で行われており，令和元年度には18,947か所で行われ，増加している。

| | A | B | C | D |
|---|---|---|---|---|
| ① | ○ | ○ | × | ○ |
| ② | ○ | × | ○ | × |
| ③ | × | ○ | × | ○ |
| ④ | ○ | × | ○ | ○ |
| ⑤ | × | ○ | ○ | × |

**19** 次の(a)～(d)の下線部のうち，外国籍の子どもの状況に関する記述として，正しいものを○，誤ったものを×とした場合の正しい組み合わせを，あとの①～⑤から１つ選びなさい。 (難易度■■■■□)

近年，日本に在留する外国人の増加に伴い，外国籍の乳幼児数が増加している。そのため，保育所等においても外国にルーツを持つ子どもの受入れが増加し，(a)英語が通じないことによるコミュニケーションの問題や(b)文化の違いに起因するトラブル，子どもの(c)行動発達の課題など様々な困難に直面する可能性があることが明らかになっている。

| | (a) | (b) | (c) |
|---|---|---|---|
| ① | × | × | ○ |
| ② | ○ | × | ○ |
| ③ | × | ○ | ○ |
| ④ | ○ | × | × |
| ⑤ | × | ○ | × |

**20** 「新子育て安心プラン」に関する記述として適切なものを，次の①～⑤から１つ選びなさい。 (難易度■■■■□)

① 待機児童の解消を目指し，保育の受け皿を整備する「新子育て安心プラン」が令和元年にスタートした。

② 保育士の確保として，勤務時間が30時間以下の保育補助者の活躍や，短時間勤務の保育士の活躍が促進される。

③ 小学校の空きスペースを活用し，預かり保育や小規模保育等を整備する。

④ 女性(25～44歳)の就業率の上昇を支えるプランである。

⑤ 保護者への「寄り添う支援」を強化し，マッチングを促す。その施策例として，タクシー等による送迎に対する支援の拡充などがあげられている。

**21** 次のA～Dの文のうち，保育士のキャリアアップに関する記述として，適切な記述を○，不適切な記述を×とした場合の正しい組み合わせを，あとの①～⑤から１つ選びなさい。　(難易度■■■□□)

A　保育士等キャリアアップ研修とは，保育現場におけるリーダー的職員の育成に関する研修である。

B　研修時間は，1分野15時間以上とされており，研修終了後には，修了証が交付される。

C　研修実施機関は各園であり，園内研修などが含まれる。

D　専門分野別研修・マネジメント研修・保育実践研修の３つの研修分野があり，すべてを受講しなければいけない。

| | A | B | C | D |
|---|---|---|---|---|
| ① | ○ | ○ | × | ○ |
| ② | ○ | × | ○ | × |
| ③ | × | ○ | × | ○ |
| ④ | × | × | ○ | ○ |
| ⑤ | ○ | ○ | × | × |

**22** 子どもや家族を支える施設や機関，法律等として適切でないものを，次の①～⑤から１つ選びなさい。　(難易度■■□□□)

①　各市町村などに設置されている子育て支援センターでは，子育て中の親が集う場を提供したり，様々な相談活動などを実施したりしている。

②　子育てを巡る様々な課題を解決するために,「子ども・子育て支援法」という法律が平成24年に公布された。

③　幼稚園と保育所は，厚生労働省所管の児童福祉施設である。

④　保護者が労働等により昼間家庭にいない児童(小学生)が，放課後に小学校の余裕教室，児童館等で過ごすことができるようにしている取組として，放課後児童クラブがある。

⑤　認定こども園とは，保育所と幼稚園の機能を合わせもつ施設である。0歳から就学前までのすべての乳幼児が対象となる。

**23** 次の(a)～(d)の下線部のうち，認可外保育施設における状況に関する記述として，正しいものを○，誤ったものを×とした場合の正しい組み合わせを，あとの①～⑤から１つ選びなさい。　(難易度■■■■□)

「認可外保育施設」とは，児童福祉法に基づく認可を受けていない(a)ベビーホテルなどの保育施設のことである。届出対象の認可外保育施設数は令和4年3月現在全国に20,058か所あり，前年の令和3年度よりも(b)減少している。就学前入所児童数は232,995人であり，その他に両親が夜間働いているなどの理由で認可外保育施設を利用している(c)幼児も10,167人いる。最も多く認可外保育施設が設置されている都道府県は(d)神奈川県である。

| | (a) | (b) | (c) | (d) |
|---|---|---|---|---|
| ① | ○ | × | ○ | × |
| ② | ○ | ○ | × | × |
| ③ | × | × | ○ | × |
| ④ | ○ | ○ | × | ○ |
| ⑤ | × | ○ | × | ○ |

**24** 次のア～オの文のうち，「少子化社会対策大綱～新しい令和の時代にふさわしい少子化対策へ～」(令和2年5月29日閣議決定)で示されている基本的な考え方に関する記述として，正しい記述の組み合わせを，あとの①～⑤から1つ選びなさい。 (難易度■■■□□)

ア　結婚・子育て世代が将来にわたる展望を描ける環境をつくる
イ　多様化する子育て家庭の様々なニーズに応える
ウ　家庭内の事情に応じたきめ細かな取組を進める
エ　結婚，妊娠・出産，子供・子育てに温かい社会をつくる
オ　特別給付金制度など新たなリソースを積極的に活用する

①　ア，イ，エ　②　ア，ウ，オ　③　イ，ウ　④　イ，エ，オ
⑤　ウ，オ

## 解答・解説

 ⑤

解説

2006年から合計特殊出生率の上昇傾向が続き，2015年は1.46で上昇傾向が続いていたが，2022年は1.26で7年連続で下がり続け過去最低となっている。晩産化や結婚をしない人が増えている影響が大きいとされている。

2 ①

解説

A　適切。夫婦のみの世帯は882万1千世帯(65歳以上の者のいる世帯の32.1％)で最も多い。

B　適切。児童のいる世帯18.3％のうち，一人っ子が最も多く9.0％，2人が6.9％，3人以上が2.3％である。

C　適切。2022年では8割以上が児童のいない世帯である。

D　不適切。児童が生活する三世代世帯は，1986年では468万8千世帯(27.0％)，2022年では110万4千世帯(同11.1％)となっており，減少している。

3 ③

解説

(a)　誤り。正しくは「低下傾向」である。

(b)，(c)　正しい。上昇した理由には，保育サービスの充実や子育て・就労に関する選択肢の増加などが原因として考えられるが，根本的な解決にはならなかった。

(d)　誤り。正しくは，「韓国」である。シンガポールは1970年には4を超えていたが，2020年は1.10である。また韓国は，1975年に3.3程度であったが，2020年には0.84であり，世界で最速で0人台になった。これはOECD加盟の37か国でも韓国だけである。

 ①

解説

2019年の出生数が90万人を割り込み，「86万ショック」とも呼ぶべき危機的な少子化の進展が浮き彫りになった。深刻さを増す少子化の問題は，社会経済に多大な影響を及ぼし，新型コロナウイルス感染症を乗り越えた先にも存在し続ける国民共通の困難である。この困難に真正面から立ち向かい，子供や家族が大事にされる社会への転換が急務となっている。こうした少子化の問題に取り組むための基本方針として，2020年5月29日に新たな少子化社会対策大綱が閣議決定された。新たな大綱では，基本的な目標として「希望出生率1.8」の実現に向け，令和の時代にふさわしい環境を整備し，国民が結婚，妊娠，出産，子育てに希望を見出せるとともに，男女が互いの生き方を尊重し，主体的な選択により，希望する時期に結婚でき，かつ，希望するタイミングで希望する数の子どもを持てる社会をつくることを掲げている。基本的な考え方の残り1つは「結婚・子育て世代が将来にわたる展望を描ける環境をつくる」である。

 ③

解説

① 適切。子ども・子育て支援新制度の中で，地域の実情に応じて設置される幼稚園・保育所の両方の機能を併せ持った施設である。

② 適切。もっとも多く設置されているタイプは幼保連携型であり，令和4年まででは全体のおよそ70％以上を占める。ついで，保育所型，幼稚園型，地方裁量型である。

③ 不適切。幼保連携型では保育士資格と幼稚園教諭免許の併有が求められているが，一定の経過措置がある。他のタイプでは満3歳児未満の保育には保育士資格が必要とされている。

④ 適切。認定こども園の数は，令和元年7,208，令和2年8,016，令和3年8,585，令和4年9,220と増加を続けている。

⑤ 適切。保育所型は，「保育が必要な子ども以外の子どもも受け入れるなど，幼稚園的な機能を備えることで認定こども園としての機能を果たすタイプ」である。

6 ①

解説

① 不適切。認定こども園は，就学前の子どもに幼児教育・保育と提供する機能と地域における子育て支援を行う機能を備え，認定基準を満たした施設(幼稚園，保育所など)が都道府県から認定を受ける。

②，③ 適切。認定こども園の機能は「就学前の乳幼児に幼児教育・保育を提供」「地域における子育て支援」の2つである。

④　適切。都道府県に担当部署を設けることも推進されている。

⑤　この4つのタイプが地域の実情に応じて設置されている。東京都，山口県，福岡県では幼稚園型が多いが，長野県，島根県では保育所型が多い。その他の道府県は幼保認定型が多い(令和4年4月1日現在　認定こども園の数)。

**7** ③

**解説**

2020年4月の待機児童数は，前年より減少している。待機児童が減少した原因として，保育の受け皿が拡充したことや，新型コロナウイルス感染症を背景とした利用控えが考えられている。

**8** ①

**解説**

①　適切。ただし，入所可能な保育所があるにもかかわらず，第1志望の保育所に入所するため待機している児童などはあてはまらない。

②　エンゼルプランの策定後も様々な対策が継続的に講じられ，待機児童数は増減している。2010(平成22)年に「子ども・子育てビジョン」が制定された後，待機児童は2011(平成23)年から2014(平成26)年にかけて減少した。2015(平成27)年以降待機児童数は増加していたが，2017年(平成29年)をピークに減少している。

③　待機児童は都市部に多く見られる状況にあり，全体の約6割を占めている。

④　待機児童は1・2歳児に多く全体の85.1％を占めており，1・2歳児の受け皿拡大を中心に対策を進めていく方針である。

⑤　2020(令和2)年に策定されたのは「新・子育て安心プラン」，「子育て安心プラン」は2017(平成29)年に策定。

**9** ②

**解説**

A　全国保育士倫理綱領の一部である。

B　児童福祉法「第1章　総則」の第1条である。

C　保育所保育指針「第1章　総則」の「1　保育所保育に関する基本原則」の「(1)保育所の役割」である。

 ②

解説

(a) 適切。少子化に伴い，子供のいる世帯は減少している。

(b) 適切。厚生労働省「全国ひとり親世帯等調査」によると，平成28(2016)年はひとり親家庭数141.9万世帯のうち，母子世帯数は123.2万世帯，父子世帯数は18.7万世帯となっている。

(c) 適切。

(d) 不適切。母子世帯の平均年間収入は，236万円である。

 ①

解説

A，B 適切。子ども自身も家庭も「ヤングケアラー」だという自覚がない場合もあり，その把握は困難である。

C 不適切。正しくは，「日常的に」である。

D 適切。障害のある家族に代わり家事をしたり，幼いきょうだいや障害児者の身の回りの世話を日常的にしているため，学業や友人関係に使える時間が少なくなっている。

 ④

解説

A 地方自治体についての説明である。そのほかにも，「妊娠・出産や避妊に関する知識の提供，内容及びそれら知識を獲得できる機会の充実等」があげられている。

B 医療機関についての説明である。同居中の祖父母を含め，周囲に妊娠を告げることが少ないため，把握が難しい。

C 児童相談所についての説明である。担当者がネグレクトに関する正しい知識を持ち，正しくアセスメントを行うことが支援の第一歩として重要である。

 ①

解説

(a) 適切。

(b) 不適切。正しくは「減少」である。

(c) 適切。

(d) 不適切。正しくは「1・2歳児」である。

**14** ⑤

**解説**

以下の数値は全て「保育所等関連状況取りまとめ」(こども家庭庁，令和5年9月1日)による。

① 平成27年度から順に，28,783カ所，30,859カ所，32,793カ所，34,763カ所，36,345カ所，37,652カ所，38,666カ所，39,244カ所，39,589カ所と増加を続けており，1度も減少していない。

② 保育所に限れば定員は平成27年から令和5年にかけて平成31年から令和2年を除き減少している。

③ 保育所等利用児童数は令和3年まで増加していたが，令和4年度から減少に転じている。

④ 保育所等待機児童数は令和2年は12,439人，令和3年は5,634人，令和4年は2,944人，令和5年は2,680人となっている。

⑤ 適切。

**15** ②

**解説**

① 保育所は児童福祉施設だが，幼稚園は学校教育法に位置づけられており，学校という扱いになる。

② 適切。保育所が「保育を必要とする児童」すなわち，親の就労など入所に条件があるのに対し，幼稚園や認定こども園は誰でも利用できる。

③ 保育所は市町村と保護者との契約だが，幼稚園は幼稚園と保護者の契約による。②の解説でも述べたとおり，保育所への入所は条件があるが，幼稚園はだれでも入れるので，希望する幼稚園と保護者が直接契約すればよい。

④ 保育所は「保育を必要とする児童」を預かる施設なので，春，夏，冬休みがないだけでなく，休日，祝祭日にも対応する。

⑤ 2023年3月まで，認定こども園は内閣府，保育所は厚生労働省，幼稚園は文部科学省の管轄であった。2023年4月のこども家庭庁創設にともない，認定こども園と保育所はこども家庭庁の成育部門に移管された。

**16** ③

**解説**

① 「乳児室」ではなく，「乳児室又はほふく室」である。児童福祉施設の設

備及び運営に関する基準第32条第一号に規定されている。

② 「3.3平方メートル以上」ではなく，「1.65平方メートル」。同条第二号に規定されている。なお，「3.3平方メートル以上」はほふく室についての基準で，同条第三号に規定されている。

③ 適切。同条第五号に規定されている。なお，屋外遊戯場には，保育所付近にある屋外遊技場に代わるべき場所を含む。

④ 同条第六号の規定で，「保育室又は遊戯室の面積は，前号の幼児1人につき1.98平方メートル以上，屋外遊戯場の面積は，前号の幼児1人につき3.3平方メートル以上であること」となっている。

⑤ 「保育室」ではなく，「保育室又は遊戯室」。同条第七号に規定されている。

**17** ②

(a) 適切。日常的なケアを医療機関から在宅へ，そして保育の場でも支援する。

(b) 適切。乳幼児期にはこのほかにも，「医療的ケア児支援センター」の設置などの医療的ケア児総合支援事業や妊娠期から子育て期にわたる切れ目のない支援のための子育て世代包括支援センターなどがある。

(c) 不適切。正しくは看護師である。

(d) 不適切。正しくは保育士である。

**18** ④

A 適切。令和2年度では，全国76か所の保育所で夜間保育が実施されている。

B 不適切。利用実績は増加しており，平成29年度には29,936か所であったが，令和元年度は29,463か所で実施されている。

C 適切。

D 適切。多様な保育は，このほかにも医療的ケア児の保育や一時預かり事業がある。

**19** ⑤

(a) 不適切。正しくは「言語が通じないことによるコミュニケーション」で

ある。英語だけにはとどまらない。

(b) 適切。宗教や食文化，保育や教育に対する考え方などがあげられる。

(c) 不適切。正しくは「言語発達」である。家庭では外国にルーツをもつ言語，保育所では日本語を主として使用するため，子どもの言語発達への課題がある。

**20** ④

**解説**

① 正しくは令和3年度にスタートしている。その前身は，子育て安心プランである。

② 正しくは「30時間以下」という要件は撤廃された。

③ 正しくは「幼稚園の空きスペース」である。

④ 適切。女性の就業率の上昇のため，保育の受け皿を整備するプランである。

⑤ タクシーではなく正しくは「巡回バス等」である。

**21** ⑤

**解説**

A 適切。保育現場では，初任後から中堅までの職員が，多様な課題への対応や若手の指導等を行うリーダー的な役割を果たしており，こうした職務内容に応じた専門性の向上を図るための研修機会である。

B 適切。指定保育士養成施設の教員又は研修内容に関して，十分な知識及び経験を有すると都道府県知事が認める者が講師として配置される。

C 不適切。都道府県又は都道府県知事の指定した研修実施機関が実施できる。

D 不適切。専門分野研修はリーダー的職員育成のため，マネジメント研修はミドルリーダーを担う保育士の育成のため，保育実践研修は実習経験の少ない者や潜在保育士が対象になっている。

**22** ③

**解説**

③が誤りであり，幼稚園は文部科学省の管轄，保育園は厚生労働省の管轄である。②に関して，平成24年「子ども・子育て支援法」によって，「認定こども園」が開設された。更に平成27年4月，内閣府は「子ども・子育て支援新制度」を立ち上げ，認定こども園の改善や居宅訪問型保育，家庭

的保育，小規模保育，事業所保育の地域型保育事業を創設した。

 ②

解説

(a)　適切。ベビーホテルの他に，院内保育施設を含む事業所内保育施設，ベビーシッターなどの認可外の居宅訪問型保育事業等である。

(b)　適切。令和３年度20,263か所であり，205か所減少している。

(c)　不適切。正しくは「小学校就学児」である。

(d)　不適切。正しくは「東京都」である。東京都の認可外保育施設数は4,118か所，次いで千葉県が593か所，埼玉県が484か所である。しかし，指定都市別では神奈川県横浜市が最も多く773か所である。

24 ①

解説

「少子化社会対策大綱」は，少子化社会対策基本法に基づく総合的かつ長期的な少子化に対処するための施策の指針で，2004年，2010年，2015年に続く第４次の大綱である。基本的な目標として，「希望出生率1.8」の実現に向け，令和の時代にふさわしい環境を整備し，国民が結婚，妊娠・出産，子育てに希望を見出せるとともに，男女が互いの生き方を尊重しつつ，主体的な選択により，希望する時期に結婚でき，かつ，希望するタイミングで希望する数の子供を持てる社会をつくる。結婚，妊娠・出産，子育ては個人の自由な意思決定に基づくものであり，個々人の決定に特定の価値観を押し付けたり，プレッシャーを与えたりすることがあってはならないことに十分留意する。**ウ**は「家庭内の事情」ではなく「地域の実情」，**オ**は「特別給付金制度」ではなく「科学技術の成果」である。

## ●書籍内容の訂正等について

弊社では教員採用試験対策シリーズ(参考書，過去問，全国まるごと過去問題集)，公務員採用試験対策シリーズ，公立幼稚園教諭・保育士採用試験対策シリーズ，会社別就職試験対策シリーズについて，正誤表をホームページ（https://www.kyodo-s.jp）に掲載いたします。内容に訂正等，疑問点がございましたら，まずホームページをご確認ください。もし，正誤表に掲載されていない訂正等，疑問点がございましたら，下記項目をご記入の上，以下の送付先までお送りいただくようお願いいたします。

① **書籍名，都道府県・市町村名，区分，年度**
（例：公立幼稚園教諭・保育士採用試験対策シリーズ　秋田市の公立保育士 2025年度版）
② **ページ数**（書籍に記載されているページ数をご記入ください。）
③ **訂正等，疑問点**（内容は具体的にご記入ください。）
（例：問題文では“ア～オの中から選べ”とあるが，選択肢はエまでしかない）

〔ご注意〕
○ 電話での質問や相談等につきましては，受付けておりません。ご注意ください。
○ 正誤表の更新は適宜行います。
○ いただいた疑問点につきましては，当社編集制作部で検討の上，正誤表への反映を決定させていただきます(個別回答は，原則行いませんのであしからずご了承ください)。

## ●情報提供のお願い

協同教育研究会では，これから公立幼稚園教諭・保育士採用試験を受験される方々に，より正確な問題を，より多くご提供できるよう情報の収集を行っております。つきましては，公立幼稚園教諭・保育士採用試験に関する次の項目の情報を，以下の送付先までお送りいただけますと幸いでございます。お送りいただきました方には謝礼を差し上げます。
(情報量があまりに少ない場合は，謝礼をご用意できかねる場合があります。)

◆あなたの受験された専門試験，面接試験，論作文試験の実施方法や試験内容
◆公立幼稚園教諭・保育士採用試験の受験体験記

---

送付先
○電子メール：edit@kyodo-s.jp
○FAX：03－3233－1233（協同出版株式会社　編集制作部 行）
○郵送：〒101－0054　東京都千代田区神田錦町2－5
協同出版株式会社　編集制作部 行
○HP：https://kyodo-s.jp/provision（右記のQRコードからもアクセスできます）

※謝礼をお送りする関係から，いずれの方法でお送りいただく際にも，「お名前」「ご住所」は，必ず明記いただきますよう，よろしくお願い申し上げます。

**【編集協力者】**


阿部 真美子　聖徳大学　教育学部児童学科　教授

小田桐 忍　　聖徳大学　教育学部児童学科　教授

齋藤 有　　　聖徳大学　教育学部児童学科　准教授

作道 訓子　　聖徳大学　実習支援課　専門課長

杉浦 誠　　　常葉大学　保育学部保育学科　准教授

田中 真紀子　聖徳大学　教育学部教育学科　准教授

西園 政史　　聖徳大学　教育学部教育学科　准教授

初鹿 静江　　聖徳大学　教育学部児童学科　准教授

深津 さよこ　聖徳大学　教育学部児童学科　准教授


公立幼稚園教諭・保育士採用試験対策シリーズ

**大分市・中津市の公立保育士**

**(認定こども園)**

---


編　集　　©協同教育研究会

発　行　　令和 6 年 5 月 25 日

発行者　　小貫　輝雄

発行所　　協同出版株式会社

〒101-0054　東京都千代田区神田錦町 2 - 5

TEL.03-3295-1341

http://www.kyodo-s.jp

振替　東京 00190-4-94061

印刷・製本　協同出版・POD工場


---